# Abiturwissen Wirtschaft

Basiswissen für die Oberstufe
mit einem Anhang zu Klausur- und
Arbeitstechniken

von Stephan Podes

C.C. Buchner

# Abiturwissen Wirtschaft

Basiswissen für die Oberstufe
mit einem Anhang zu Klausur- und Arbeitstechniken

von Stephan Podes

2. Auflage, 2. Druck 2021
Die letzte Zahl bedeutet das Jahr des Druckes.
Alle Drucke dieser Auflage sind, weil untereinander unverändert, nebeneinander benutzbar.

Dieses Werk folgt der reformierten Rechtschreibung und Zeichensetzung. Ausnahmen bilden Texte, bei denen künstlerische, philologische oder lizenzrechtliche Gründe einer Änderung entgegenstehen.

© 2015 C.C. Buchner Verlag, Bamberg
Das Werk und seine Teile sind urheberrechtlich geschützt. Jede Nutzung in anderen als den gesetzlich zugelassenen Fällen bedarf der vorherigen schriftlichen Einwilligung des Verlags. Das gilt insbesondere auch für Vervielfältigungen, Übersetzungen und Mikroverfilmungen. Hinweis zu § 52 a UrhG: Weder das Werk noch seine Teile dürfen ohne eine solche Einwilligung eingescannt und in ein Netzwerk eingestellt werden. Dies gilt auch für Intranets von Schulen und sonstigen Bildungseinrichtungen.

Redaktion: Sabine Klingelhöfer
Layout und Satz: alias.medienproduktion Gmbh, Berlin
Druck und Bindung: Friedrich Pustet KG, Regensburg

www.ccbuchner.de

ISBN 978-3-661-**72020**-3

# Vorwort

Liebe Schülerin, lieber Schüler,

Sie befinden sich in der Kursstufe eines allgemeinbildenden Gymnasiums und bereiten sich auf das Abitur im Fach Wirtschaft vor. Wenn Sie in Ihrer Vorbereitung auf der Suche nach Unterstützung sind, dann halten Sie mit diesem Band ein solches Werkzeug in Ihren Händen: eine kompakte Darstellung der wichtigsten Wissensbestandteile zur ökonomischen Bildung. Dieses Fachwissen ist notwendige Bedingung zum Aufbau von Kompetenzen. Die Darstellung orientiert sich an den Standards des Bildungsplans des Wahlkernfachs Wirtschaft für die allgemeinbildenden Gymnasien in Baden-Württemberg.

Die **Konzeption** wird an den Bausteinen der einzelnen Kapitel deutlich:
- Leitfragen am Beginn der einzelnen Kapitel strukturieren den Lernvorgang.
- Merkkästen erleichtern die Konzentration auf das absolut Wesentliche.
- Beispielkästen veranschaulichen die im Text dargestellten Inhalte. Gleiches gilt für die Visualisierungen in Strukturmodellen und Grafiken.
- Diskussionskästen weisen auf kontroverse bzw. problematische Aspekte eines Themas hin.

Eine weitere Besonderheit stellt der **Anhang** dar. Am Beispiel einer vollständigen Musterklausur für die schriftliche Abiturprüfung werden Aufbau der Klausur, Bedeutung der Operatoren und Anforderungen an die Aufgabenlösungen ausführlich erläutert. So erhalten Sie das methodische Rüstzeug für eine optimale Prüfungsvorbereitung.

Der „Beipackzettel" zu diesem Band wäre freilich nicht vollständig ohne einen besonderen Hinweis: Die bloße Lektüre dieses Bandes ersetzt nicht die eigene, mitunter mühevolle, aber auch lohnende intensive Auseinandersetzung mit dem Gegenstand Wirtschaft. Nutzen Sie in diesem Sinne den Band nicht nur als Nachschlagewerk, sondern auch als Arbeitsbuch.

Ich wünsche Ihnen viel Erfolg bei Ihrer Abiturprüfung im Fach Wirtschaft!

Dr. Stephan Podes
Tübingen/Bamberg, im Januar 2018

# Inhalt

| | | |
|---|---|---|
| **1** | **Einführung in die Ökonomie** | **7** |
| 1.1 | Individuelle Entscheidungen in einer Welt der Knappheit | 8 |
| 1.2 | Der Homo Oeconomicus auf dem Prüfstand | 11 |
| 1.3 | Individuelle Entscheidungen und ihre Folgen: Nutzen und Kosten für die Gesellschaft | 14 |
| **2** | **Wirtschaftsordnungen** | **19** |
| 2.1 | Menschen reagieren auf Anreize | 20 |
| 2.2 | Wirtschaftsordnungen im Vergleich: Wie Menschen zusammenwirken | 22 |
| 2.3 | Die Soziale Marktwirtschaft | 31 |
| 2.4 | Der Wirtschaftskreislauf als Analyseinstrument | 44 |
| **3** | **Der Marktmechanismus** | **53** |
| 3.1 | Markt und Marktformen | 54 |
| 3.2 | Preisbildung auf Märkten | 71 |
| **4** | **Grenzen des Preismechanismus** | **79** |
| 4.1 | Unvollständige Märkte und staatliche Eingriffe | 80 |
| 4.2 | Markt und Einkommen | 89 |
| 4.3 | Markt und Verbraucher | 98 |
| 4.4 | Markt und Umwelt | 103 |
| **5** | **Die Welt der Unternehmen** | **113** |
| 5.1 | Unternehmen im Wirtschaftsgeschehen | 114 |
| 5.2 | Ziele und Verantwortung von Unternehmen | 119 |
| 5.3 | Rahmenbedingungen der Unternehmenstätigkeit | 123 |
| 5.4 | Wirtschaften im Unternehmen | 127 |
| 5.5 | Investition und Finanzierung in Unternehmen | 135 |
| **6** | **Die Stabilisierungsaufgabe des Staates** | **143** |
| 6.1 | Von wegen Gleichgewicht: Die Wirtschaft schwankt | 144 |
| 6.2 | Wirtschaftspolitische Zielsetzungen: Das magische Viereck | 148 |
| 6.3 | Wirtschaftspolitische Grundkonzeptionen | 152 |
| **7** | **Arbeitsmarkt und Beschäftigungspolitik** | **155** |
| 7.1 | Ursachen und Formen der Arbeitslosigkeit | 156 |

# Inhalt

| | | |
|---|---|---|
| 7.2 | Beschäftigungspolitik zwischen Angebot und Nachfrage | 162 |
| 7.3 | Die Rolle der Tarifpartner für die Beschäftigung | 165 |

## 8 Finanzpolitik und Staatsverschuldung — 167
| | | |
|---|---|---|
| 8.1 | Finanzpolitik | 168 |
| 8.2 | Staatsverschuldung: Ursachen und Folgen | 174 |

## 9 Geld und Geldpolitik — 179
| | | |
|---|---|---|
| 9.1 | Grundlagen des monetären Systems | 180 |
| 9.2 | Zur Bedeutung der Preisniveaustabilität | 184 |
| 9.3 | Die Geldpolitik der Europäischen Zentralbank | 190 |
| 9.4 | Die Währungspolitik in der Europäischen Union | 197 |

## 10 Strukturwandel und Wirtschaftswachstum — 205
| | | |
|---|---|---|
| 10.1 | Strukturwandel und Strukturpolitik | 206 |
| 10.2 | Wirtschaftliches Wachstum | 212 |

## 11 Internationale Wirtschaftsbeziehungen — 217
| | | |
|---|---|---|
| 11.1 | Globalisierung: Erscheinungsformen und Ursachen | 218 |
| 11.2 | Chancen und Risiken der Globalisierung: Gewinner und Verlierer | 225 |
| 11.3 | Gestaltung der Globalisierung: Internationale Wirtschaftspolitik und Kooperation | 229 |
| 11.4 | Der Standort Deutschland | 237 |
| 11.5 | Außenwirtschaftliches Gleichgewicht als wirtschaftspolitisches Ziel | 240 |
| 11.6 | Stand und Perspektiven der wirtschaftlichen Integration in der EU | 243 |
| 11.7 | Wirtschafts- und Finanzkrisen | 247 |

## Anhang mit Musterklausur und Arbeitstechniken — 253
| | | |
|---|---|---|
| 1. | Beispiel für eine Abitur-Musterklausur | 254 |
| | Beispiel für eine mögliche Lösung der Aufgaben | 262 |
| 2. | Erläuterungen zum Operatorenkatalog | 266 |
| 3. | Hinweise zur Materialbearbeitung | 268 |
| 4. | Hinweise zu einzelnen Operatoren | 269 |

## Legende

 Beispiel

 Merksatz

 Kontroverse

## Bildnachweis

Bergmoser + Höller Verlag, Aachen – S. 33, 124, 144, 159, 165, 195, 227, 234, 244;
ClipDealer GmbH, München – Cover;
Die Zeit Nr., 33/2007 – S. 249;
dpa Info-Grafik, Frankfurt – S. 97, 118, 156, 168, 170, 172, 173, 175, 185, 189, 190, 208, 213, 219, 224, 226, 234, 243;
Fotolia / psdesign1 – Cover; Institut der deutschen Wirtschaft, Köln – S. 239.

# 1 Einführung in die Ökonomie

1.1 Individuelle Entscheidungen in einer Welt der Knappheit

1.2 Der Homo Oeconomicus auf dem Prüfstand

1.3 Individuelle Entscheidungen und ihre Folgen: Nutzen und Kosten für die Gesellschaft

# 1 Einführung in die Ökonomie

## 1.1 Individuelle Entscheidungen in einer Welt der Knappheit

**Leitfragen:**
- Was sind die grundlegenden Rahmenbedingungen für ökonomisches Handeln?
- Wie verhalten sich Menschen in wirtschaftlichen Entscheidungssituationen?

### Knappheit als Grundproblem

Als Kernprinzip allen Wirtschaftens gilt das Knappheitsprinzip. Es besagt, dass nicht alle Güter in so ausreichendem Umfang bereitstehen, um damit sämtliche Bedürfnisse zu befriedigen.

> Während wir grenzenlose Bedürfnisse haben, sind die verfügbaren Ressourcen begrenzt. Von einem Gut mehr zu haben, bedeutet deshalb in der Regel, von einem anderen Gut weniger zu haben.

Auf der Erde herrscht Knappheit an Ressourcen und Gütern. Sie macht wirtschaftliches Handeln des Menschen notwendig, um eine bestmögliche Versorgung mit Gütern zu gewährleisten. Knappheit bezieht sich dabei nicht nur auf materielle Ressourcen. Auch Zeit, Wissen oder Ansehen können knapp sein. Das Knappheitsprinzip erfordert, dass wir Möglichkeiten und Grenzen unserer Handlungen genau kennen sollten. Zu den wichtigsten Einschränkungen der Handlungsmöglichkeiten der Wirtschaftsakteure gehört das verfügbare Einkommen (Budgetrestriktionen).

### Der Mensch hat Bedürfnisse

Ausgangspunkt aller Wirtschaft ist der Mensch. Denn er hat Grundbedürfnisse, die er befriedigen muss, um existieren zu können. Die grundsätzlichsten sind sicherlich Nahrung und Schutz. Aber es gibt auch weitere Bedürfnisse, die der amerikanischen Forscher Abraham Maslow (1908–1970) in seiner Bedürfnispyramide beschrieben hat.
Um die Bedürfnisse zu befriedigen, muss der Mensch seine Arbeitskraft einsetzen. Sind die Grundbedürfnisse gedeckt, so treten weitere Bedürfnisse, wie zum Beispiel das nach Selbstverwirklichung, an deren Stelle. Grundsätzlich sind die menschlichen Bedürfnisse unbegrenzt.

## 1.1 Individuelle Entscheidungen in einer Welt der Knappheit

Bedürfnispyramide nach Abraham Harold Maslow (1908–1970)

**Das Kosten-Nutzen-Prinzip**

Die beschriebene Situation der Knappheit bewirkt, dass die zur Verfügung stehenden Mittel möglichst effizient verwendet werden sollten. Dazu werden Kosten und Nutzen gegeneinander abgewogen. Deshalb spricht man vom Handeln nach dem Kosten-Nutzen-Prinzip. Eine Handlung sollte aus wirtschaftlicher Perspektive nur dann ausgeführt werden, wenn der Nutzen dieser Handlung zumindest gleich groß ist wie die Kosten, die diese Handlung verursacht. Ein Schüler sollte sich deshalb genau überlegen, ob er dem Unterricht fernbleibt, um zusätzlich auf eine bevorstehende Klausur zu lernen. Zwar mag sich die Note in der Klausur dadurch verbessern (zusätzlicher Nutzen), doch können Kosten in Form von Wissensverlust oder Ansehensverlust entstehen, die den zusätzlichen Nutzen wieder aufheben.

# 1 Einführung in die Ökonomie

Als besonders hilfreich erscheint aus dieser Perspektive das Denken in Grenznutzen und Grenzkosten. Vom Grenznutzen spricht man dann, wenn die Alternative gewählt wurde, die einen zusätzlichen Nutzen verspricht, der zumindest marginal (geringfügig) höher ist als die zusätzlichen Kosten. Man spricht deshalb auch von der Marginalanalyse. Dabei geht es weniger um die Entscheidung, ob diese oder jene Handlung überhaupt ausgeführt werden soll, sondern vielmehr um die Frage, ob eine Handlung etwas mehr oder weniger ausgeübt werden soll.

Der örtliche Italiener offeriert ein besonderes Angebot: Wenn Sie eine Pizza zum regulären Preis von 6,00 € kaufen, dann erhalten Sie auf die nächste Pizza 25 % Nachlass, auf die dritte 50 % und auf die vierte 75 % Nachlass auf den Preis einer Pizza. Dieser beträgt – wie gesagt – 6,00 €.
Ihr Grenznutzen (GN) für den Verzehr einer jeden Pizza sei wie in der Tabelle angegeben:

| Pizzen | Grenznutzen (in €) |
|--------|---------------------|
| 1 | 7,00 |
| 2 | 4,00 |
| 3 | 2,00 |
| 4 | 1,00 |

Wenn Sie gemäß dem Kosten-Nutzen-Prinzip überlegen, wie viele Pizzen Sie kaufen sollten, dann würde ein Ökonom Ihnen wie folgt raten:
- Die Kosten einer zusätzlichen Pizza, d. h. die Grenzkosten (GK), betragen laut Aufgabenstellung jeweils: 6,00; 4,50; 3,00; 1,50 €.
- Die Bedingung GN > GK gilt nur für die erste Pizza: 7,00 € > 6,00 €. Schon bei der zweiten Pizza lautet die Ungleichung: 4,00 € < 4,50 €, d. h. Ihre Grenzkosten liegen über Ihrem Grenznutzen.
- In diesem Fall sollte die Aktivität (Pizza kaufen) nicht weiter ausgeführt werden.

Sie sollten also nur eine Pizza kaufen.

## 1.2 Der Homo Oeconomicus auf dem Prüfstand

### Opportunitätskosten

Ökonomen haben einen besonders genauen Blick auf die Kosten. Dabei ist neben anderen ein Kostenbegriff ganz typisch für den ökonomischen Denkansatz: Kosten entstehen dadurch, dass Menschen bei ihren Entscheidungen vor abzuwägenden Alternativen stehen. Die Kosten der gewählten Alternative werden immer durch den entgangenen Nutzen der nächstbesten, aufgegebenen Alternative bestimmt. Denn die Wahl einer Alternative bedingt, dass die zweitbeste Alternative nicht genutzt werden kann. Die dadurch entstehenden Kosten bezeichnet man als Opportunitätskosten.

Im Falle eines Kinobesuchs eines Oberstufenschülers sind folgende Opportunitätskosten denkbar: Zum Beispiel die fehlende Lernzeit für eine Biologie-Klausur am nächsten Tag; der Verzicht auf das (längere) Zusammensein mit der Freundin, die den Film nicht mag; der Verzicht auf den Besuch des gleichzeitig stattfindenden Fußballspiels.

Beim Kosten-Nutzen-Prinzip wird einfach vorausgesetzt, dass der Begriff der Kosten und des Nutzens immer klar definiert werden kann. Der erwartete Nutzen sowie die Kosten werden dabei in Geldeinheiten gemessen, um sie vergleichbar zu machen. Probleme entstehen dabei vor allem bei der Bewertung von nicht am Markt gehandelten Gütern (Menschenleben, Zeit, viele Umweltgüter etc.) sowie bei schwer zu quantifizierenden qualitativen Nutzen (Image, Kundenzufriedenheit, Qualität etc.).

### 1.2 Der Homo Oeconomicus auf dem Prüfstand

**Leitfragen:**
- Kann die ökonomische Verhaltenstheorie alles erklären?
- Müssen wir uns vom Homo Oeconomicus verabschieden?

### Homo Oeconomicus

Aus der Situation der Knappheit und der Erkenntnis, dass die Menschen deshalb nach dem Kosten-Nutzen-Prinzip handeln, hat die Wirtschaftswissenschaft die ökonomische Verhaltenstheorie abgeleitet. Im Zentrum dieser Theorie steht der Homo Oeconomicus als idealtypisches Menschenbild. Der Homo Oeconomicus ist ein Modell für die Erklärung menschlichen Verhaltens in Entscheidungssituationen. Er wird beschrieben als individueller, rationaler (vernunftgeleiteter) und egoistischer (eigennütziger, selbstsüchtiger) Nutzenmaximierer.

*Grundannahmen des ökonomischen Verhaltensmodells*

**Der einzelne Mensch ist Handlungseinheit**

**1. Methodologischer Individualismus**
Achtung: Dies heißt nicht, den Menschen als isoliertes Wesen, sondern sein Verhalten im Zusammenhang mit anderen Menschen und Institutionen zu behandeln.

**2. Anreize bestimmen menschliches Verhalten**
Individuen reagieren in systematischer und vorhersagbarer Weise, wenn ihnen Handlungsmöglichkeiten positiv/negativ erscheinen.

**3. Anreize werden durch Präferenzen hervorgerufen**
Es erfolgt eine strikte Trennung zwischen Präferenzen und Einschränkungen (Restriktionen). Die Handlungsmöglichkeiten des Individuums werden auf beobachtbare Änderungen der Einschränkungen zurückgeführt, z. B. durch beobachtbare Restriktionen, in Form von relativen Preisen, Kosten von Gütern und Handlungen (Zeitkosten).

**4. Individuen sind auf ihren Vorteil bedacht (Eigennutzorientierung)**
Eigennutz kann unter wechselseitigen Umweltbedingungen unterschiedliche Formen annehmen (z. B. Familie, Freunde, Stammkunden, anonyme Umgebung).

**5. Handlungsmöglichkeiten werden durch Einschränkungen beeinflusst und durch Institutionen vermittelt**
Einschränkungen sind z. B.:
- Verfügbares Einkommen, inkl. Vermögen und Kreditmöglichkeiten
- relative Preise (d. h. im Vergleich zu alternativen Gütern und Handlungen)
- Zeit für Konsum und Handlungen
- Rechtsnormen (bei Verletzung entstehen Kosten in Form von Bußen, Gefängnis o. ä.)

## 1.2 Der Homo Oeconomicus auf dem Prüfstand

Inzwischen liegen jedoch zahlreiche Erkenntnisse vor, die zeigen, dass es so einfach nicht ist. Der Mensch handelt auch nicht-rational und ist nicht immer nur an der Maximierung des materiellen Eigennutzes interessiert, er handelt eben auch als soziales Wesen.

Dies ist das Ergebnis psychologischer Experimente, mit denen man seit einiger Zeit versucht hat, die Grundannahmen des Homo Oeconomicus-Modells in speziellen Entscheidungssituationen zu überprüfen. Als besonders aufschlussreich für die Theoriebildung haben sich dabei so- genannte Verteilungsspiele erwiesen.
Im Ultimatumspiel kann eine Person einen vorher erhaltenen Betrag nach ihrem Belieben zwischen sich und einer zweiten Person aufteilen. Der Empfänger hat lediglich die Möglichkeit, die gewählte Aufteilung anzunehmen oder abzulehnen, wenn sie ihm nicht angemessen erscheint. Die Ablehnung hat zur Folge, dass beide Teilnehmer leer ausgehen.

Die klassische Theorie vom Homo Oeconomicus würde prognostizieren, dass der Empfänger auch noch den geringsten Betrag akzeptieren müsste, denn auch ein geringer Betrag würde ihn besser stellen als zuvor. Das Ultimatumspiel und andere Experimente aus der Verhaltensforschung und der experimentellen Psychologie zeigen jedoch, dass die Theorie vom Homo Oeconomicus das Verhalten der Menschen in dieser Situation nicht korrekt vorhersagen kann: Bei Verteilungsfragen handeln die Menschen nicht nur eigennützig. Unter bestimmten Bedingungen akzeptieren sie Verteilungen nicht, die sie als ungerecht oder unfair empfinden; und das, obwohl sie streng materiell betrachtet besser gestellt wären als zuvor. Normen wie Fairness, Vertrauen, Solidarität spielen hier eine Rolle – ein Phänomen, das systematisch auftritt und nicht mehr zur Ausnahme erklärt werden kann.
Diese Beobachtungen haben Folgen, z. B. für den Rationalitätsbegriff: Wird Rationalität als striktes Eigeninteresse der Akteure interpretiert, hat das den Vorteil, dass oft klare und damit gut überprüfbare Voraussagen möglich sind. Als Problem stellt sich heraus, dass diese mitunter falsch sind. Können dagegen auch andere Ziele als das eigene (materielle) Wohlergehen von Bedeutung sein, d. h. Rationalität als Handeln zur Erreichung der gesetzten Ziele, dann kann diese Variante (fast) alles erklären und wird damit sehr beliebig.

Fragt man aufgrund dieser Erkenntnisse der experimentellen und psychologischen Ökonomie nach den Folgen für die Theoriebildung, wird man sich nicht völlig vom Homo Oeconomicus verabschieden. Man sollte ein Modell nämlich erst dann ersetzen, wenn es durch eines abgelöst werden kann, das sich besser bewährt hat. Ein solches ist aber nicht in Sicht.

Das Modell des Homo Oeconomicus gilt als das Modell zur Erklärung menschlichen Verhaltens in Entscheidungssituationen. Mithilfe psychologischer Experimente konnte jedoch nachgewiesen werden, dass das Modell nicht uneingeschränkt gilt. Bis zur Entwicklung eines besseren Modells behält es jedoch seine Berechtigung.

## 1.3 Individuelle Entscheidungen und ihre Folgen: Nutzen und Kosten für die Gesellschaft

● **Leitfragen:**
◐ Wann wirkt sich die Verfolgung des individuellen Vorteils durch den Einzelnen zum gegenseitigen Vorteil aller aus?
◐ Wann wird der gegenseitige Vorteil verfehlt?

### Die unsichtbare Hand des Marktes

Die Ökonomie versucht nicht nur zu erklären, wie Menschen mit knappen Gütern umgehen, sondern sie fragt auch danach, welche Resultate diese Entscheidungen für die Gesellschaft bzw. das Gemeinwohl haben. Das Ergebnis mag überraschen: Das egoistische Verhalten und die Verfolgung des eigenen Vorteils durch die Marktteilnehmer (der Marktprozess) führt dieser Theorie nach nämlich dazu, dass am Ende alle besser gestellt sind.

Dafür verantwortlich ist die „unsichtbare Hand des Marktes". Denn der Mensch kann seine Bedürfnisse nur mit anderen zusammen verwirklichen. Antrieb des eigenen Handelns ist zwar das ökonomische Interesse, Gewinn zu erzielen. Dieses lässt sich aber nur erreichen, wenn dadurch das Bedürfnis eines anderen Marktteilnehmers, z. B. nach dem von diesem nachgefragten Gut, befriedigt wird.

## 1.3 Individuelle Entscheidungen und ihre Folgen: Nutzen und Kosten für die Gesellschaft

Adam Smith (1723–1790), der Urvater der Ökonomie, hatte diesen „Effekt" schon 1776 in seinem Buch „Der Wohlstand der Nationen" beschrieben:

„Nicht vom Wohlwollen des Metzgers, Brauers und Bäckers erwarten wir das, was wir zum Essen brauchen, sondern davon, dass sie ihre eigenen Interessen wahrnehmen. Wir wenden uns nicht an ihre Menschen-, sondern an ihre Eigenliebe, und wir erwähnen nicht die eigenen Bedürfnisse, sondern sprechen von ihrem Vorteil ... Und [der Mensch] wird wie von einer unsichtbaren Hand geleitet, um einen Zweck zu fördern, den zu erfüllen er in keiner Weise beabsichtigt hat. ... [J]a gerade dadurch, dass er das eigene Interesse verfolgt, fördert er häufig das der Gesellschaft nachhaltiger, als wenn er wirklich beabsichtigt, es zu tun."

Individuelle Kosten-Nutzen-Überlegungen bewirken also auf freien Märkten in der Regel, dass beide Marktpartner – Käufer wie Verkäufer, Nachfrager wie Anbieter – aus arbeitsteiliger Produktion und anschließendem Tausch Vorteile für sich ziehen. Man bezeichnet eine solche Situation auch als Win-win-Situation, weil beide Parteien nach der Interaktion besser gestellt sind als vorher. Doch gibt es auch von diesem Prinzip Ausnahmen; eine solche Ausnahme beschreibt das „Gefangenendilemma".

### Das Gefangenendilemma

Unter bestimmten Bedingungen führen individuelle Kosten-Nutzen-Überlegungen auch zu unerwünschten Ergebnissen. Um diese Ergebnisse zu verstehen, werden Entscheidungssituationen mit den Mitteln der Spieltheorie genau beschrieben. Eine bekannte Entscheidungssituation ist das sogenannte Gefangenendilemma.

Das gesetzliche Verbot der Zigarettenwerbung im Fernsehen brachte zwar einen Rückgang der Zigarettenkonsumenten, gleichzeitig aber auch eine deutliche Erhöhung der Gewinne der Zigarettenproduzenten, zumindest kurzfristig, nämlich durch die Einsparung der horrenden Ausgaben für die Werbung. Die Frage ist also durchaus berechtigt, warum die Zigarettenindustrie nicht von sich aus ihre Werbung weiter einschränkt und z. B. auf Werbung in Printform (d. h. in Zeitschriften, auf Plakaten etc.) verzichtet. Einmal angenommen, die Firmen seien mit folgender Entscheidungssituation konfrontiert (Auszahlungen bzw. Nutzenwerte in Millionen €):

|  |  | **Philip Morris** | |
|---|---|---|---|
|  |  | Werben in Printform | Werbeverzicht |
| **Reemtsma Group** | Werben in Printform | 10; 10 | 35; 5 |
|  | Werbeverzicht | 5; 35 | 20; 20 |

Jedes Unternehmen ist mit einem Gefangenendilemma konfrontiert: Es ist offensichtlich, dass sich beide zusammen bei einem Werbeverzicht am besten stellen (20; 20).
Aber: Jedes Unternehmen ist der großen Versuchung ausgesetzt, von dieser Situation abzuweichen und zu werben, d. h. statt 20 sogar 35 Mio. € zu gewinnen. Werben ist jeweils die dominante Strategie. Wenn sich also beide Firmen aus ihrer eigenen Perspektive heraus rational verhalten, dann werden sie weiterhin in den Printmedien werben. Damit ernten sie jeweils 10 Mio. € und stellen sich somit schlechter.
Ein Werbeverbot durch den Gesetzgeber würde diese Situation überwinden und beide Firmen beglücken – wozu sie aus eigener Kraft nicht fähig sind.

Die Anreizstruktur einer Gefangenendilemma-Situation führt zu dem Ergebnis, dass am Ende beide Parteien schlechter gestellt sind, weil bzw. obwohl beide Parteien unabhängig voneinander dieselbe rationale Strategie verfolgen. Das Dilemma besteht also darin, dass sich individuelle und kollektive Rationalität oder Eigennutz und Allgemeinwohl widersprechen. Beispiele sind neben den gezeigten extrem hohen Werbeausgaben in der Wirtschaft die Übernutzung von öffentlichen Gütern, wie z. B. saubere Luft oder das Fischfangverhalten in den Weltmeeren, der Warmwasserverbrauch in Mietshäusern, wenn gemeinsam abgerechnet wird, oder die Tatsache, dass manche Länder versucht sind, die Stabilitätsgrenzen des Euro nicht einzuhalten.

# 1.3 Individuelle Entscheidungen und ihre Folgen: Nutzen und Kosten für die Gesellschaft

Neben dem Gefangenendilemma gibt es weitere Situationen, in denen individuelle, vom Eigeninteresse geleitete Entscheidungen nicht zum Vorteil aller ausfallen: auch diese sogenannten externen Effekte behindern die unsichtbare Hand. Die private Entscheidung, den Gartenabfall an Ort und Stelle zu verbrennen – und damit die Entsorgungskosten zu sparen –, hat durch die Rauchentwicklung negative Folgen für die Nachbarn, ohne dass diese externen Kosten berücksichtigt würden.

*Das Modell des Homo Oeconomicus und seine Beschränkungen*

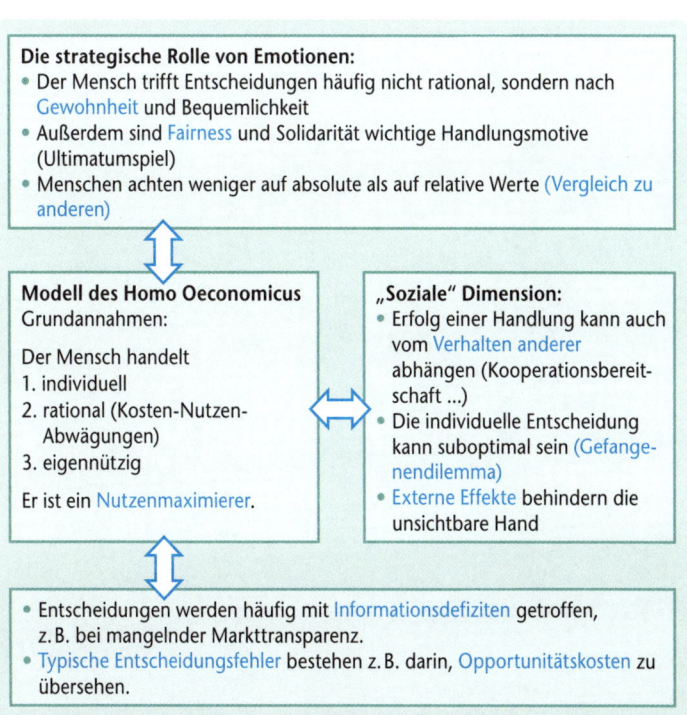

**Die strategische Rolle von Emotionen:**
- Der Mensch trifft Entscheidungen häufig nicht rational, sondern nach Gewohnheit und Bequemlichkeit
- Außerdem sind Fairness und Solidarität wichtige Handlungsmotive (Ultimatumspiel)
- Menschen achten weniger auf absolute als auf relative Werte (Vergleich zu anderen)

**Modell des Homo Oeconomicus**
Grundannahmen:

Der Mensch handelt
1. individuell
2. rational (Kosten-Nutzen-Abwägungen)
3. eigennützig

Er ist ein Nutzenmaximierer.

**„Soziale" Dimension:**
- Erfolg einer Handlung kann auch vom Verhalten anderer abhängen (Kooperationsbereitschaft ...)
- Die individuelle Entscheidung kann suboptimal sein (Gefangenendilemma)
- Externe Effekte behindern die unsichtbare Hand

- Entscheidungen werden häufig mit Informationsdefiziten getroffen, z. B. bei mangelnder Markttransparenz.
- Typische Entscheidungsfehler bestehen z. B. darin, Opportunitätskosten zu übersehen.

Das Modell des Homo Oeconomicus arbeitet mit teilweise unrealistischen Annahmen und ist komplexer als bisher vorausgesetzt; es kann als theoretische Vereinfachung dennoch gute Dienste leisten.

# 2 Wirtschaftsordnungen

2.1 Menschen reagieren auf Anreize

2.2 Wirtschaftsordnungen im Vergleich: Wie Menschen zusammenwirken

2.3 Die Soziale Marktwirtschaft

2.4 Der Wirtschaftskreislauf als Analyseinstrument

# 2 Wirtschaftsordnungen

## 2.1 Menschen reagieren auf Anreize

● **Leitfrage:**
● Wie steuern Regeln das wirtschaftliche Verhalten?

### Die Wirkungen von Anreizen

Im Zentrum der Ökonomie stehen die Wirkungen von Anreizen. Diese Anreize können positiv oder negativ sein, d.h. im Sinne von Belohnungen oder von Bestrafungen wirken.

> Menschen sind bei ihren Entscheidungen Situationen ausgesetzt, die für sie mit bestimmten Kosten und Nutzen verbunden sind. Je nach Situation können diese Kosten und Nutzen verändert werden und die Menschen dazu bringen, darauf zu reagieren.

Einen starken Auslöser mit Anreizcharakter bilden zum Beispiel Preisänderungen. So stellt in der Regel die Preiserhöhung eines bestimmten Produkts einen starken Anreiz dar, von diesem Gut weniger zu kaufen oder gar ganz auf es zu verzichten. Eine zusätzliche Steuer pro Zigarettenpackung stellt einen starken ökonomischen Anreiz gegen den Kauf von Zigaretten dar – zumindest für Konsumenten mit einem begrenzten Budget. Umgekehrt locken Preissenkungen die Käufer an. Das kann man gut bei Sonderangeboten beobachten.

Nicht immer ist aber die Wirkung von Anreizen so leicht zu erkennen. Diese können sich nämlich auch hinter den Regeln einer sozialen Situation (institutionelles Setting) verbergen: Sind die Regeln etwa so gestaltet, dass mehrere Menschen gemeinsam über eine knappe Ressource verfügen, so ist die Neigung groß, sich mehr als nötig von der Ressource anzueignen.

> Besucht eine größere Gruppe ein Restaurant und vereinbart im Vorhinein, die Gesamtrechnung zu gleichen Teilen durch die Zahl der Köpfe zu teilen, dann wird die Rechnung wohl meist höher ausfallen als im Fall einer individuellen Abrechnung. Die Kosten-Nutzen-Betrachtung des Einzelnen könnte bei dieser Anreizstruktur wie folgt aussehen: Bei individueller Abrech-

## 2.1 Menschen reagieren auf Anreize

> nung bin ich allein mit der Rechnung für mein Gericht konfrontiert, bei gemeinsamer (kollektiver) Abrechnung wird die Rechnung für mein Gericht auf mehrere Schultern verteilt. Mein Essen wird also zum Großteil von den anderen bezahlt, während ich umgekehrt mit meinem Anteil auch das Essen der anderen bezahle. Damit ist eine gewisse Versuchung gegeben, vielleicht doch das etwas teurere Gericht zu wählen, denn von den Mehrkosten bleibt ja nur ein Bruchteil an meinem Portemonnaie hängen. Außerdem: Wenn ich mich zurückhalte, käme der ersparte Betrag ja nur zu einem Bruchteil mir selbst zugute. Und kann ich davon ausgehen, dass die anderen sich auch zurückhalten?

Parallelen zum Restaurantbeispiel sind schnell gefunden. So ist der übermäßige Verbrauch von Energie und Wasser in Wohngebäuden mit mehreren Mietern und gemeinsamer Abrechnung darauf zurückzuführen. Dass Menschen auf Anreize reagieren, führt dazu, dass diese in der Welt der Wirtschaft oft strategisch eingesetzt werden, um Menschen zu einem bestimmten Verhalten zu bewegen. So wird menschliche Trägheit oder fehlende Selbstbeherrschung z. B. gezielt ausgenutzt, wenn Zeitschriften zu einem kostenlosen Probeabonnement einladen, das sich automatisch (kostenpflichtig) verlängert, wenn der Kunde nicht rechtzeitig kündigt.

Dieses Phänomen sehen einige Verhaltensökonomen als Chance, die Bürger zu richtigen Entscheidungen zu bewegen. Man nennt den gezielten Einsatz von Anreizen, um ein gewünschtes Verhalten zu erwirken, libertären Paternalismus. Will der Staat z. B. die private Sparrate – etwa für die Altersvorsorge – erhöhen, könnte er für Beschäftigte automatisch Sparverträge abzuschließen, die sie jederzeit kündigen können. Viele werden jedoch die Kündigung unterlassen, weil sie einen gewissen Aufwand erfordert. Hier würden durch die Entscheidungsarchitektur Anreize so gestaltet, dass die Menschen die gewünschten Entscheidungen treffen (deshalb Paternalismus), jedoch ohne dass sie dazu gezwungen würden (deshalb libertär).
Ein weiteres Beispiel, das zugleich den Brückenschlag zu Fragen der Globalisierung erlaubt, ist die Diskussion um die „richtige" Entwicklungshilfe.

# 2 Wirtschaftsordnungen

Wenn Anreize menschliches Verhalten in der beschriebenen Weise steuern, dann erhält eine kritische Position zur pauschalen Entwicklungshilfe besonderes Gewicht: „Wenn Sie ein Land abhängig machen von Hilfen, dann nehmen sie die Karotte weg und den Prügel: Niemand wird bestraft, wenn er nicht innovativ ist, denn die Hilfen fließen trotzdem. Und niemand wird belohnt, wenn er sich anstrengt. Es gibt in Afrika viele sehr smarte Leute, aber die wirtschaftlichen Rahmenbedingungen ermutigen sie nicht dazu, ihr Schicksal selbst in die Hand zu nehmen", so die afrikanische Autorin Dambisa Moyo. Oder in den Worten des Wirtschaftsnobelpreisträgers James M. Buchanan: „Gleiche Spieler, anderes Spiel: Die Spielregeln zu ändern ist leichter, als den Charakter der Spieler zu beeinflussen."

Dies ist eine Perspektive, die nicht nach dem neuen Menschen ruft, sondern Politik als Kunst begreift, die richtigen Anreize zu setzen, um ein gewünschtes Verhalten zu bewirken. Diese Erkenntnis fließt jedoch auch zunehmend in die Gestaltung der Entwicklungszusammenarbeit ein, über deren Ausrichtung und Instrumente seit Jahrzehnten kontrovers diskutiert wird.

## 2.2 Wirtschaftsordnungen im Vergleich: Wie Menschen zusammenwirken

**Leitfragen:**
- Wie lassen sich Wirtschaftsordnungen analysieren?
- Welchen Beitrag leisten Institutionen für wirtschaftliches Handeln?
- Worin bestehen Stärken und Schwächen der freien Marktwirtschaft?
- Worin bestehen Funktion und Grenzen der Planwirtschaft?
- Die Marktwirtschaft: frei oder koordiniert?

### Wiederholung: Steuerung von Verhalten

Versuchen wir in einem ersten Schritt, die verhaltensökonomischen Befunde aus Kapitel 1 und 2 zusammenzufassen, indem wir sie zur politisch-gesellschaftlichen Ebene in Beziehung setzen:

## 2.2 Wirtschaftsordnungen im Vergleich: Wie Menschen zusammenwirken

*Rahmenbedingungen steuern das Verhalten: Ein Verhaltenszyklus*

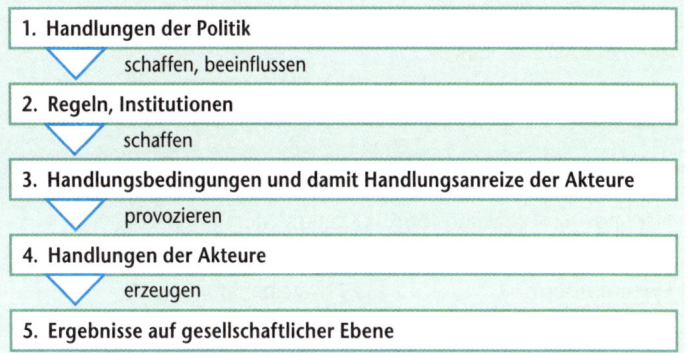

### Bausteine von Wirtschaftsordnungen

Im Zentrum einer Betrachtung von Wirtschaftsordnungen stehen die Schritte zwei und drei der Grafik. Zum besseren Verständnis sind die folgenden begrifflichen Klärungen hilfreich.

### Institutionen

Eine Institution ist ein System miteinander verknüpfter Regeln mit dem Zweck, das individuelle Verhalten in eine bestimmte Richtung zu steuern. Institutionen bringen Ordnung in alltägliche Handlungen und vermindern damit die Unsicherheit von Individuen darüber, was andere Individuen wohl in bestimmten Situationen tun werden. Sie sind meist mit Rechten und Pflichten verbunden. So ist z. B. die „Institution" der Ehe mit wechselseitigen Rechten und Pflichten verbunden (Unterhaltszahlungen, gegenseitige Treue etc.).

### Wirtschaftssystem

Ein Wirtschaftssystem umfasst die Gesamtheit aller Regeln zur Lenkung des Wirtschaftsprozesses. Jedes Wirtschaftssystem muss dabei grundsätzlich folgende Fragen beantworten:
- Wer soll produzieren (Entscheidungssystem)?
- Was, d. h. welche Güter, und wie viel soll produziert werden (Koordinationssystem)?
- Für wen soll produziert werden (Verteilungssystem)?

# Wirtschaftsordnungen

**Wirtschaftsordnung**
Eine Wirtschaftsordnung besteht aus einer jeweils charakteristischen Kombination von Institutionen und Regeln, die als Anreize auf das Verhalten der Akteure wirken.

*Wirtschaftsordnungen: Anreizstrukturen und ihre Ausprägungen*

| Anreizstruktur | mögliche Ausprägung |
|---|---|
| Planungs- und Lenkungsform | • zentral, durch Herrschaft<br>• dezentral, durch Selbstkoordination |
| Eigentumsform | • Privateigentum<br>• Staats-/Gemeineigentum |
| Markt- und Preisbildungsform | • durch staatliche Festsetzung<br>• durch das freie Spiel von Angebot und Nachfrage |
| Unternehmensziele | • Gewinnprinzip<br>• Planerfüllungsprinzip |

Die Beschäftigung mit den grundlegenden Regeln und Institutionen und ihrer Kombination in einer Wirtschaftsordnung ermöglicht es, verschiedene Wirtschaftsordnungen zu beschreiben und zuzuordnen. Dabei sind historische und aktuelle Vergleiche möglich.

Idealtypisch werden die Wirtschaftsordnungen Marktwirtschaft und Zentralverwaltungswirtschaft (auch: Planwirtschaft) gegenübergestellt. Beide Modelle lassen sich auf unterschiedliche wirtschaftliche und gesellschaftliche Leitbilder zurückführen. Das gesellschaftspolitische Leitbild, das der freien Marktwirtschaft entspricht, ist der Liberalismus, der der freien Entfaltung der Persönlichkeit absolute Priorität einräumt. Die Marktwirtschaft wird in dieser Sicht zum logischen Pendant zur Demokratie und zur Bürgergesellschaft. Die Zentralverwaltungswirtschaft hingegen ist dem gesellschaftspolitischen Leitbild des Sozialismus verpflichtet, der das Wohl der Gemeinschaft über das Wohl des Individuums stellt und Gleichheitsrechte höher bewertet als Freiheitsrechte.

## Die freie Marktwirtschaft: Stärken und Schwächen

Bei der Marktwirtschaft handelt es sich um eine Volkswirtschaft, in der die eigennützigen Akteure (v. a. Haushalte und Unternehmen) mit ihren dezentralen Entscheidungen auf Märkten für Güter, Dienstleistungen und Produktionsfaktoren (Arbeit und Kapital) zusammenwirken und konkurrieren und in der die Preise durch Angebot und Nachfrage wesentlich mitgestaltet werden. Der Bürger kann sich uneingeschränkt wirtschaftlich betätigen (Freiheit des Eigentums, der Berufswahl, der Produktion, Niederlassungsfreiheit/Freizügigkeit, Vertragsfreiheit).

> Gewöhnlich sind Märkte mit freier Preisbildung gute Verfahren für die Organisation des Wirtschaftslebens.

Hier zeigt sich die „List" des Marktes: Über frei auf dem Markt gebildete Preise lassen sich dem Modell nach die eigennützigen Handlungen von Millionen Menschen so koordinieren, dass am Ende alle besser dastehen. Man beachte: Alternativ ließe sich das Eigeninteresse auch durch individuelle Tugend oder durch staatlichen Zwang in Richtung übergreifendes gesellschaftliches Gemeinwohl lenken; beides bislang wenig überzeugende Alternativen.

Der Wettbewerbsmarkt mit seiner freien Preisbildung wirkt als Steuerungs-, Anreiz- und Sanktionsmechanismus. Dabei sind es die Marktteilnehmer selbst, die durch ihr Verhalten die Sanktionen (Gewinne und Verluste) herbeiführen. Insofern die individuellen Verhaltensdispositionen der Marktteilnehmer durch die Regeln der Wirtschaftsordnung zur Geltung kommen können und am ehesten mit dem Marktmodell kompatibel sind, ist dieses auch leistungsfähiger. Direkte Anordnungen einer politischen Obrigkeit sind entbehrlich oder gar kontraproduktiv.

Der Staat übernimmt nur die Aufgaben der inneren und äußeren Sicherheit, der Justiz sowie der Bereitstellung nicht auf dem Markt handelbarer öffentlicher Güter und der Sicherung der Spielregeln, die auf dem Markt herrschen.

# 2 Wirtschaftsordnungen

*Das Modell der freien Marktwirtschaft (nach A. Smith):*

| Menschenbild | Nutzenmaximierung als Ziel menschlichen Handelns; ‚gesunder' Egoist, kein Altruist; weder wohlwollend noch missgünstig | |
|---|---|---|
| Wirtschaftlicher Mechanismus | private Wünsche: eigennütziges Verhalten entsprechend den eigenen Bedürfnissen und Zielen<br><br>→ spontaner Marktprozess der unsichtbaren Hand<br><br>→ öffentliche Vorteile: in der Regel sind beide Tauschpartner etwas besser gestellt als vorher; dieses Resultat tritt ein als nicht intendierte Konsequenz individuellen Handelns | Voraussetzungen für den Markttausch:<br>- Konsens der jeweils betroffenen Tauschpartner<br>- minimale Arbeitsteilung, unterschiedliche Fähigkeiten, unterschiedliche Ressourcenausstattung (z. B. Bodenqualität), unterschiedliches Glück<br>Gegenmodell: zentrale Koordination |
| Rolle des Staates | Minimalposition: Produktion von öffentlichen Gütern (das sind Güter, von deren Konsum niemand ausgeschlossen werden kann), u. a.:<br>- Landesverteidigung<br>- Rechtssicherheit (impliziert staatliches Gewaltmonopol);<br>d. h. z. B. keine Umverteilungsaktivität | |

Vieles macht der Markt also gut. Zu den Stärken gehören insbesondere:
- Märkte wandeln Egoismen in Gemeinwohl: Indem die unsichtbare Hand des freien Marktes auch den Egoisten dazu zwingt, sich so zu verhalten, als ob er ein Altruist und am Wohlergehen seiner Kunden interessiert wäre, ist die freie Marktwirtschaft deshalb eine gute Ordnung, „weil sie auch dann gut funktioniert, wenn wir nur Menschen und keine Heiligen sind." (Weede 2003)

## 2.2 Wirtschaftsordnungen im Vergleich: Wie Menschen zusammenwirken

- Märkte gewährleisten i. d. R. jederzeit ein großes Güter- und Dienstleistungsangebot.
- Märkte setzen für die Anbieter starke Anreize, immer bessere Güter und Dienstleistungen für die Konsumenten zu entwickeln.
- Märkte begrenzen wirtschaftliche Macht.
- Märkte zwingen Unternehmen, in der Güterproduktion sparsam („ökonomisch") mit den vorhandenen Ressourcen zu wirtschaften.
- Märkte bewirken, dass Güter vorrangig von den Konsumenten erworben werden, die ihnen den höchsten Wert beimessen.

Doch hat der freie Markt auch Schwächen. Dazu sind zu zählen:
- Märkte garantieren keine gerechte Einkommens- bzw. Güterverteilung, sondern verteilen nach Angebot und Nachfrage. Die Bedürftigkeit spielt keine Rolle. Märkte können soziale Fragen nicht lösen.
- Märkte haben Probleme mit Gütern, für die es keine Preise (und damit keine Märkte) gibt: öffentliche Güter, externe Effekte usw.
- Marktteilnehmer wie Unternehmer haben die Tendenz, sich durch Absprachen und Fusionen dem Wettbewerb zu entziehen.
- Märkte sind gekennzeichnet durch zyklische Schwankungen der wirtschaftlichen Entwicklung.
- Die Voraussetzung vollständiger Märkte ist in der Wirklichkeit oft nicht erfüllt (z. B. nur wenige Anbieter und/oder Nachfrager).

### Die Planwirtschaft: Funktionen und Grenzen
Im Unterschied zur Marktwirtschaft wird die Güterverteilung in der Zentralverwaltungswirtschaft nicht über den Markt, sondern über eine staatliche Behörde zentral geregelt. Festgelegt werden die zu produzierenden Mengen und die Preise. Es gibt kein Privateigentum an Produktionsfaktoren.

## 2 Wirtschaftsordnungen

*Funktionsmechanismen der Planwirtschaft*

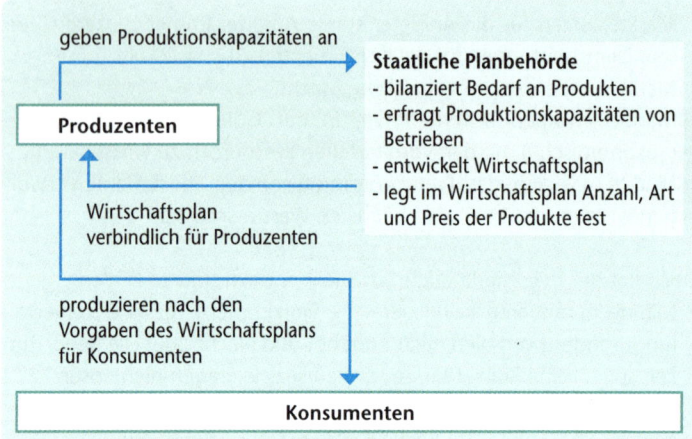

Christian Fischer, Planspiel Planwirtschaft, in: Gesellschaft – Wirtschaft – Politik (Heft 1) 2008, S. 143

In der Realität ergaben sich in der zentralen Planwirtschaft zahlreiche Probleme bei der Versorgung der Bevölkerung. Ursachen dafür waren ein Mangel an Informationen und ein Mangel an Motivation der Wirtschaftsakteure. Den Planungsbehörden gelang es nicht, die Bedürfnisse der Bevölkerung richtig zu prognostizieren. Die Leiter der Unternehmen kannten ja nicht die tatsächliche Nachfrage, sondern nur die im Plan festgelegte Produktionsmenge. Da auch die Preise festgesetzt waren, konnten diese nicht die tatsächliche Knappheit eines Gutes anzeigen. Insgesamt fehlten Anreize, sparsam mit den vorhandenen Ressourcen umzugehen. Die Leiter der Staatsbetriebe profitierten weder von einer gesteigerten Produktion noch von einem effizienten Einsatz der Produktionsfaktoren. Im Ergebnis führte das System zu zahlreichen Versorgungsengpässen bei gleichzeitiger Verschwendung von Ressourcen. Außerdem war die persönliche Handlungsfreiheit der Menschen stark eingeschränkt.

## 2.2 Wirtschaftsordnungen im Vergleich: Wie Menschen zusammenwirken

Die wirtschaftliche Überlegenheit des marktwirtschaftlichen Systems gegenüber der Planwirtschaft trat daher immer deutlicher zutage. Bis heute belegt dies die alljährlich erscheinende Publikation „Economic Freedom of the World". Sie untersucht regelmäßig den Zusammenhang zwischen dem Grad an wirtschaftlicher Freiheit, der in einer Wirtschaftsordnung herrscht, und dem Wohlstand, gemessen als Pro-Kopf-Einkommen: Regelmäßig zeigt sich, dass die freieren Wirtschaftsordnungen über ein größeres Maß an Wohlstand verfügen.

*Wirtschaftsordnungen: Einfluss des Staates*

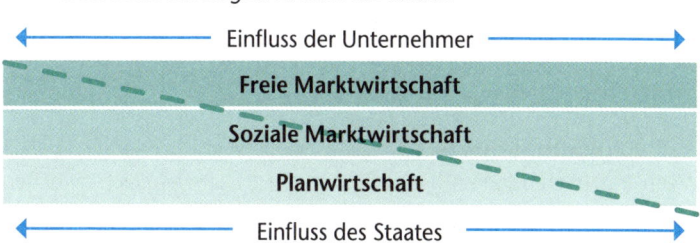

*Idealtypischer Vergleich Marktwirtschaft/Planwirtschaft*

|  | Marktwirtschaft | Planwirtschaft |
|---|---|---|
| **Lenkung und wirtschaftliche Initiative** | Freier Wettbewerb auf Märkten (dezentral): Angebot und Nachfrage Unternehmen/Konsumenten | Zentral durch staatliche Planung<br><br>staatliche Planungszentrale |
| **Preisbildung** | Angebot und Nachfrage regeln den Preis | Staatliche Preisfestsetzung und -kontrolle |
| **Eigentumsverfassung** | Privateigentum an Produktionsmittel (Kapitalismus) | Staatseigentum an Produktionsmitteln (Sozialismus) |
| **Verteilung (Distribution)** | Nach Angebot und Nachfrage | Anspruch: nach Gleichheits- und Bedarfsprinzip |
| **Lohnbildung** | Lohnfestsetzung durch die Tarifpartner | Lohnfestsetzung durch den Staat |

# 2 Wirtschaftsordnungen

|  | Marktwirtschaft | Planwirtschaft |
|---|---|---|
| **Politisches System** | Demokratie | Diktatur |
| **Menschenbild** | größtmögliche Verwirklichung der individuellen Freiheit | starke Eingriffe in die freie Entscheidung des Einzelnen |
| **Schwächen** | Konjunktur-, strukturelle Krisen; soziale Ungleichheit; Arbeitslosigkeit | Fehlplanung und Unterversorgung; Schwarzer Markt; fehlende Flexibilität |
| **Beispielländer** | USA | historisch: Sowjetunion; aktuell: Nordkorea |

**Kapitalismus im Plural**

Wenn in früheren Jahren hauptsächlich der Systemvergleich zwischen Ost und West und damit zwischen kapitalistischer Marktwirtschaft und sozialistischer Planwirtschaft von Interesse gewesen ist, hat sich spätestens mit dem Zusammenbruch des politischen Ostblocks das Interesse gewandelt. Neuere Untersuchungen widmen sich in erster Linie den unterschiedlichen Ausprägungen marktwirtschaftlicher Ordnungen. Die Autoren klassifizieren diese u. a. in eine „unkoordinierte oder liberale" und in eine „koordinierte" Variante der Marktwirtschaften.

- Liberale Marktwirtschaften (USA, Großbritannien) sind geprägt durch hohe Wettbewerbsintensität, hohe Flexibilität der Produktionsfaktoren, geringeres Niveau sozialer Sicherheit, größere Einkommens- und Vermögensunterschiede.
- Koordinierte Marktwirtschaften (Deutschland, Schweiz) sind gekennzeichnet durch geringere Wettbewerbsintensität, geringere Flexibilität der Produktionsfaktoren, höheres Niveau sozialer Sicherheit, höheres Maß an Umverteilung.

## 2.3 Die Soziale Marktwirtschaft

**Leitfragen:**
- Welches sind die Grundzüge der Sozialen Marktwirtschaft?
- Warum betreibt der Staat überhaupt Wirtschaftspolitik?
- Worin besteht das Soziale der Sozialen Marktwirtschaft?
- Worin bestehen aktuelle Herausforderungen für die Soziale Marktwirtschaft?

### Die Anfänge der Sozialen Marktwirtschaft

Die Anfänge der Sozialen Marktwirtschaft liegen in der unmittelbaren Nachkriegszeit nach dem Zweiten Weltkrieg. Im Wesentlichen drei Faktoren begünstigten die Entstehung und Durchsetzung der Sozialen Marktwirtschaft als Wirtschaftsordnung der noch jungen Bundesrepublik Deutschland:

**Ludwig Erhard**
Der deutsche Politiker (1897–1977) war von 1963 bis 1966 Bundeskanzler der Bundesrepublik Deutschland, davor von 1949 bis 1963 Bundesminister für Wirtschaft. Er nahm als „Vater der D-Mark" und Begründer der Sozialen Marktwirtschaft entscheidenden Einfluss auf den wirtschaftlichen Wiederaufstieg der jungen Bundesrepublik. Die Wirtschaftspolitik blieb auch in den folgenden Jahrzehnten eng mit Ludwig Erhards Namen verknüpft und an seinen Konzepten orientiert.

**Marshall-Plan**
Dieser Plan bezeichnet ein Wiederaufbauprogramm (1948–1952) der USA in Form von Krediten, Rohstoffen, Lebensmitteln, Waren für Europa nach dem Zweiten Weltkrieg in Höhe von insgesamt 13,1 Milliarden US-Dollar (entspricht 2010 ca. 80,3 Milliarden US-Dollar).

**Währungsreform**
Der Wechsel der Währung im Juni 1948 von der faktisch wertlosen Reichsmark in die D-Mark in den drei westlichen Besatzungszonen (ab 1949 Bundesrepublik Deutschland). Begleitet wurde diese Reform von der Aufhebung der meisten Preis- und Bewirtschaftungsvorschriften.

## Wirtschaftsordnungen

**Das Konzept der Sozialen Marktwirtschaft**

Das Konzept der Sozialen Marktwirtschaft wurde von Wissenschaftlern der „Freiburger Schule" (z. B. Walter Eucken, Franz Böhm, Alfred Müller-Armack, Wilhelm Röpke, Alexander Rüstow) gegen Ende des Zweiten Weltkriegs entwickelt und griff die Grundgedanken des Liberalismus und der christlichen Soziallehre auf. Politisch durchgesetzt hat diese Konzeption Ludwig Erhard als Wirtschaftsdirektor der Bizone (US-amerikanische und britische Besatzungszone) und als erster Wirtschaftsminister der Bundesrepublik Deutschland.

Die Soziale Marktwirtschaft baut auf den grundlegenden Elementen der freien Marktwirtschaft auf. Freie Preisbildung, Wettbewerb und Gewinnprinzip bleiben erhalten. Die Rolle des Staates beschränkt sich auf die Schaffung eines Rahmens, innerhalb dessen sich das wirtschaftliche Handeln abspielen kann:

- Er garantiert einen Rechtsrahmen, der die Freiheitsrechte für alle Akteure sichert (Vertragsfreiheit, Konsumfreiheit, Freiheit der Berufswahl, Gewerbefreiheit, Privateigentum an Produktionsmitteln).
- Er sorgt für die Sicherung des Wettbewerbs, indem wettbewerbswidrige Kartelle (Zusammenschlüsse von Unternehmen) verhindert werden und der Machtmissbrauch durch die marktbeherrschende Stellung einzelner Unternehmen kontrolliert wird.
- Er etabliert ein System der sozialen Sicherung, welches durch eine gerechte Ausgestaltung des Steuersystems, durch eine Sozialversicherungspflicht für jeden Einzelnen und staatliche Transferzahlungen für sozialen Ausgleich sorgen soll.

Da die Marktwirtschaft als die ökonomisch effizienteste Wirtschaftsordnung gilt, fördert sie in der Theorie automatisch den sozialen Fortschritt: Wirtschaftswachstum schafft „Wohlstand für alle", indem es für Vollbeschäftigung sorgt und breite Bevölkerungskreise an der wachsenden Konsumkaufkraft teilhaben lässt.

Flankierend wirkt die Sozialordnung als System der sozialen Absicherung in allen Lebenslagen. Durch Sozialpolitik und das System der sozialen Sicherung gewährleistet der Staat Schutz für schwächere Marktteilnehmer. Die staatlichen Interventionen in den Marktprozess müssen jedoch marktkonform sein. Staatliche Preisfestsetzungen z. B. würden diese Bedingung nicht erfüllen. Ziel ist es, die unerwünschten Ergebnisse eines rein marktwirtschaftlichen Systems zu korrigieren und auf diese Weise persönliche Freiheit mit sozialer Sicherheit zu verbinden.

### Die Wettbewerbsordnung als Grundlage der Sozialen Marktwirtschaft

Grundlage der Sozialen Marktwirtschaft ist die funktionierende Wettbewerbsordnung. Der Marktprozess sorgt nur dann für effiziente Produktion und eine leistungsgerechte Verteilung der Einkommen und Gewinne.

Die Konkurrenz zwischen den Unternehmen bewirkt Innovationen und technischen Fortschritt und stellt die Konsumenten in den Mittelpunkt des Marktgeschehens. Politische und wirtschaftliche Macht werden durch den Wettbewerb begrenzt. Jedoch sind die Anreize groß, sich dem Wettbewerb durch Kartelle, Konzentration und Monopolbildung zu entziehen und diesen so zu zerstören. Der Staat muss deshalb die für einen dauerhaft funktionierenden Wettbewerb notwendigen rechtlichen und institutionellen Voraussetzungen schaffen.

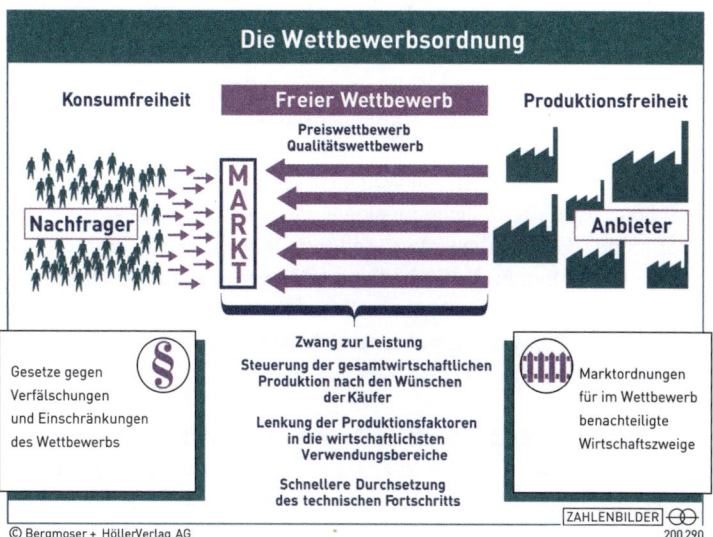

## Die konstituierenden Prinzipien der Wettbewerbsordnung

Als wesentliche Voraussetzungen für einen funktionierenden Wettbewerb können (nach Walter Eucken) gelten:

- Ein funktionierendes Preissystem: Flexible Preise informieren über sich verändernde Knappheiten und Präferenzen; sie üben ihre Signalfunktion als Mittler zwischen Angebot und Nachfrage aus.
- Primat der Währungspolitik: Ein stabiler Binnen- und Außenwert der Währung ist erforderlich, um die Bewertungen von gegenwärtiger und künftiger sowie heimischer oder fremder Verwendung nicht zu verzerren. Inflation schadet letztlich allen.
- Offene Märkte: Der freie Marktzutritt ist eine wesentliche Grundvoraussetzung für den Wettbewerb.
- Privateigentum: Eigentum motiviert („Auf das, was einem gehört, passt man besser auf.") und gibt Sicherheit und Unabhängigkeit. Eigentum ist nicht absolut, es muss eingehegt sein: von den Eigentumsrechten anderer, vom Wettbewerb, von klarer Haftung. Das Grundgesetz stellt es unter den Vorbehalt der Sozialpflichtigkeit.
- Vertragsfreiheit: Sie ist ein konstituierendes Prinzip der Wettbewerbsordnung, da diese darauf fußt, dass wirtschaftliche Entscheidungen dezentral und freiwillig getroffen werden. Verträge über Transaktionen werden z. B. an der Ladentheke, in Gehaltsgesprächen oder in den Verhandlungen mit Zulieferunternehmen geschlossen.
- Haftung: Wer nicht für die Konsequenzen seines Tuns einstehen muss, wird leichtfertig. Mit dem Geld anderer geht man weniger sorgfältig um als mit dem eigenen. Für Walter Eucken, Gründer der ordoliberalen Schule, „ist Haftung nicht nur eine Voraussetzung für die Wirtschaftsordnung des Wettbewerbes, sondern überhaupt für eine Gesellschaftsordnung, in der Freiheit und Selbstverantwortung herrschen".
- Konstanz der Wirtschaftspolitik: Die politischen Rahmenbedingungen sollen zuverlässig berechenbar sein, damit die wirtschaftlichen Akteure planen können.

## Der Staat in der Sozialen Marktwirtschaft

Ein grundlegendes Charakteristikum der Sozialen Marktwirtschaft ist die Tatsache, dass der Staat regulierend in den Marktprozess eingreift. Hinter dem Begriff des Staates verbergen sich allerdings ganz unterschied-

## 2.3 Die Soziale Marktwirtschaft

liche Entscheidungsträger. Der Staat allein kann durch Gesetze den Rahmen für die Wirtschaftspolitik setzen. An der Ausführung der Wirtschaftspolitik sind jedoch weitere Akteure beteiligt. Im Bereich der öffentlichen Finanzen (= Fiskalpolitik) sind dies die Gebietskörperschaften Bund, Länder, Gemeinden und z. T. die Europäische Union. Im Bereich der Geld- und Währungspolitik liegt die Verantwortung bei der Europäischen Zentralbank. Die Lohnpolitik spielt sich zwischen den Tarifparteien ab, d. h. den Arbeitnehmer- und Arbeitgeberverbänden.

Neben vergleichbaren Akteuren im Ausland treten auf supranationaler Ebene zusätzliche Akteure wie z. B. der Internationale Währungsfonds oder die Welthandelsorganisation auf.

Nichtstaatliche Einflussträger sind die Parteien, Wirtschaftsforschungsinstitute wie das RWI in Essen oder das DIW in Berlin oder auch der Sachverständigenrat zur Begutachtung der gesamtwirtschaftlichen Entwicklung. Spätestens seit der Finanzkrise gehören auch die großen Ratingagenturen wie z. B. Standard & Poor's zu den Mitspielern.

Die Abbildung zeigt vereinfacht den Zusammenhang zwischen Marktprozess auf der einen Seite und Staatseingriff auf der anderen Seite.

*Soziale Marktwirtschaft und Staat*

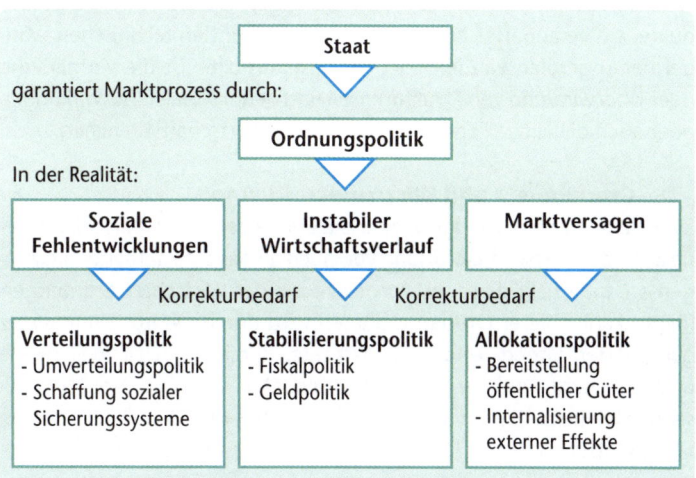

Bundesverband deutscher Banken (Hrsg.), Schul | Bank, Lehrermappe Wirtschaft, 2014, S.74

## Wirtschaftspolitische Handlungsfelder: Ordnungs-, Prozess-, Strukturpolitik

Die Ordnungpolitik hat die allgemeinen, die gesamte Volkswirtschaft betreffenden Regeln, wie z. B. die Wettbewerbspolitik, zum Gegenstand. Über die Steuer- und Haushaltspolitik gestaltet sie die Bereitstellung öffentlicher Güter.

Demgegenüber hat die Prozesspolitik eine stärker interventionistische Komponente: Sie greift in die Wirtschaftsprozesse ein und versucht, diese im Sinne einer Stabilisierung zu beeinflussen (Ablaufpolitik). Im sogenannten Stabilitäts- und Wachstumsgesetz von 1967 wird die Regierung darauf verpflichtet, das gesamtwirtschaftliche Gleichgewicht zu wahren, indem sie zur gleichzeitigen Verwirklichung der Ziele Geldwertstabilität, Vollbeschäftigung, stetiges und angemessenes Wirtschaftswachstum sowie außenwirtschaftliches Gleichgewicht beitragen soll (siehe Kap. 6).

Die Strukturpolitik ist zwischen diesen beiden Extremen anzusiedeln und umfasst die Gesamtheit der wirtschaftspolitischen Maßnahmen zur (langfristigen) Gestaltung der Wirtschaftsstruktur eines Staates oder einer Region. Die Allokations- und Distributionspolitik (siehe Abb. S. 35) stellen typische Strukturpolitiken dar. Es geht um die wirtschaftspolitische Gestaltung tiefgreifender Veränderungen, die z. B. durch neue Produkte, ein verändertes Nachfrageverhalten oder den technischen Wandel hervorgerufen werden. Ziel der Strukturpolitik ist die Vermeidung oder Überwindung von Strukturkrisen und deren sozialen Auswirkungen oder auch die aktive Förderung bestimmter Wirtschaftsbranchen.

## Grundgesetz und Wirtschaftsordnung

Zwar schreibt das Grundgesetz für die Bundesrepublik Deutschland keine konkrete Wirtschaftsordnung vor, doch gibt es die Rahmenbedingungen an, innerhalb derer die Ausgestaltung der Wirtschaftsordnung erfolgen kann. Dieser Ordnungsrahmen wird durch die im Grundgesetz garantierten Grund- und Freiheitsrechte, durch die Gleichheitsrechte und das Sozial- und Rechtsstaatspostulat (Art. 20,1 und Art. 28,1) gesetzt. Man kann deshalb davon ausgehen, dass das Modell der Sozialen Marktwirtschaft der Verfassungsidee am ehesten entspricht.

## 2.3 Die Soziale Marktwirtschaft

*Verfassungsrechtliche Grundlagen der Sozialen Marktwirtschaft*

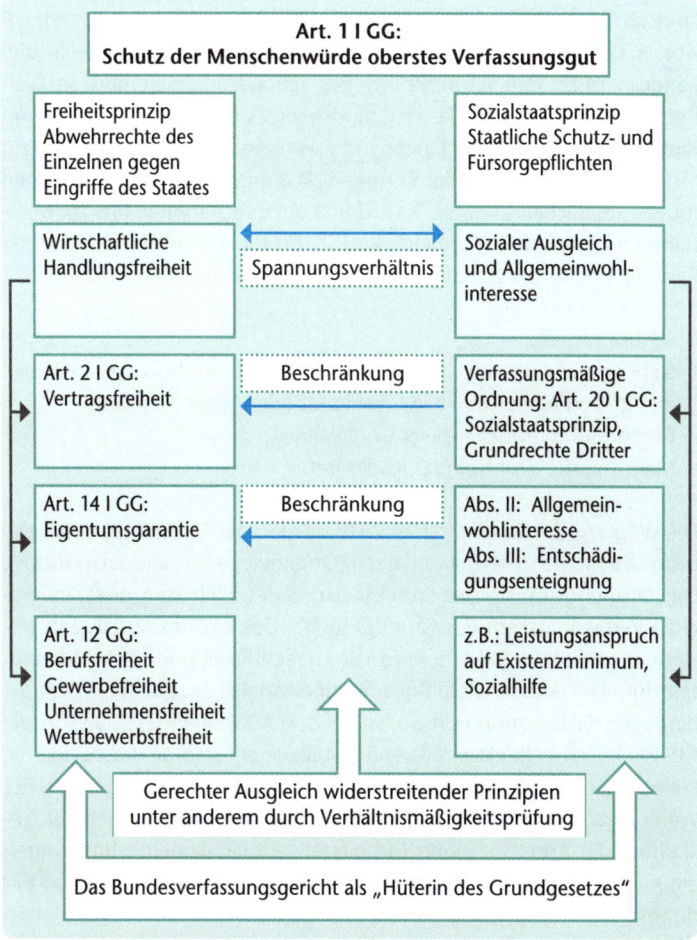

nach: Arne Stemmann, Unterricht Wirtschaft + Politik 2/2011, S. 10

### Das Soziale der Sozialen Marktwirtschaft

In Art. 20 Abs. 1 des Grundgesetzes wird die Bundesrepublik Deutschland als „demokratischer und sozialer Bundesstaat" definiert. Art. 28 Abs. 1 GG führt näher aus: „Die verfassungsmäßige Ordnung in den Ländern muss den Grundsätzen des republikanischen und sozialen Rechtsstaates im Sinne dieses Grundgesetzes entsprechen." Aufgrund dieses Sozialstaatsgebots (auch: Sozialstaatsprinzip) des Grundgesetzes formulierten die Richter des Bundesverfassungsgerichts zwei Aufgaben für alle staatlichen Organe: 1. ist durch entsprechende politische Maßnahmen für sozialen Ausgleich und 2. für die Sicherung der sozialen Existenz der Bürger zu sorgen. Konkret bedeutet dies:

- Schutz vor Not;
- Sicherung gegen Wechselfälle des Lebens (z. B. Einkommensausfall infolge von Alter, Krankheit, Invalidität oder Arbeitslosigkeit);
- Bekämpfung großer sozialer Ungleichheit;
- Mehrung des Wohlstandes insgesamt.

Die Wege zur Erreichung dieser Ziele werden der Gestaltung durch demokratische Mehrheiten überlassen (Offenheit des Sozialstaatsprinzips). Das Ordnungsprinzip des Sozialstaatsgebotes zählt zum unveränderlichen Verfassungskern des Grundgesetzes. Das Ziel des Sozialstaats besteht darin, soziale Sicherheit, soziale Gerechtigkeit und soziale Integration für alle Gesellschaftsmitglieder zu ermöglichen. Nicht gemeint ist hingegen die Errichtung eines allumfassenden Wohlfahrtsstaates, der die Menschen zum Objekt umfassender staatlicher Fürsorge macht und die Freiheit zur eigenverantwortlichen Lebensführung in unangemessener Weise einschränkt. Zur Sozialpolitik gehören auch Regelungen zur Gestaltung der Arbeitsordnung (Arbeitszeit, Arbeitsschutzbestimmungen etc.), Maßnahmen im Bereich Gesundheit und Wohnen sowie das Bildungswesen.

### Maßnahmen und Bereiche der Sozialpolitik

Sozialpolitik umfasst jene Maßnahmen des Staates, der Sozialversicherung und der Betriebe, die allen Gesellschaftsmitgliedern Schutz vor Not- und Mangellagen gewährleisten sollen. Das System sozialer Sicherung gilt als Kernstück der Sozialstaatlichkeit. In diesem Rahmen ist die

## 2.3 Die Soziale Marktwirtschaft

Sozialversicherung zentral. Sie ist ein gesetzlich geregeltes Pflicht-Vorsorgesystem für nahezu die gesamte Bevölkerung und nicht nur für die Benachteiligten der Gesellschaft. Ziel der Sozialversicherung ist es, durch Beitragszahlungen der Versicherten wichtige Lebensrisiken und ihre Auswirkungen finanziell auszugleichen oder zumindest zu begrenzen. Zudem sollen besonders für sozial Schwache Verbesserungen ihrer materiellen Situation und damit die Bedingungen für mehr soziale Gerechtigkeit erreicht werden, womit sich die Ziele des Sozialstaatsgebots – Existenzsicherung und sozialer Ausgleich – vermischen.

Versicherungspflichtig sind i. d. R. alle Arbeitnehmer, deren Bruttoeinkommen unterhalb der sogenannten Versicherungspflichtgrenze liegt. Mit geringfügigen Schwankungen liegen die Beiträge seit Mitte der 1990er Jahre bei ca. 40 Prozent des Bruttoarbeitslohns. 20 Prozent werden den Arbeitnehmern direkt vom Lohn abgezogen, die Arbeitgeber überweisen noch einmal die gleiche Summe an die Sozialversicherung (paritätische Finanzierung). Bestimmte Personengruppen tragen aber nicht zur Finanzierung der Sozialversicherung bei. Das sind neben allen Selbständigen – mit Ausnahme der Landwirte – und Arbeitnehmern, die mehr verdienen, als die Versicherungspflichtgrenze vorgibt, auch Beamte (z. B. Richter), Geistliche und Soldaten.

## Wirtschaftsordnungen

*Übersicht über das System der Sozialversicherungen*

| | Rentenversicherung | Gesetzliche Krankenversicherung | Pflegeversicherung | Arbeitslosenversicherung | Unfallversicherung |
|---|---|---|---|---|---|
| **Pflichtversicherte** | Angestellte, Arbeiter, manche Selbstständige, Kindererziehende, Pflegepersonen bis zu einem Monatseinkommen von 6.500 € /West 5.800 € / Ost | Angestellte und Arbeiter bis zu einem Jahreseinkommen von 59.400 € | Angestellte und Arbeiter bis zu einem Jahreseinkommen von 59.400 € | Angestellte und Arbeiter bis zu einem Monatseinkommen von 6.500 € /West 5.800 € /Ost | Alle Arbeitnehmer, Schüler, ehrenamtlich Tätige |
| **Träger** | Versicherungsanstalten | Krankenkassen | Pflegekassen der Krankenkassen | Bundesagentur für Arbeit | Berufsgenossenschaft, Unfallkassen |
| **Leistungen** | Renten bei verminderter Erwerbsfähigkeit im Alter, Finanzierung von Rehabilitationsmaßnahmen, Hinterbliebenenrente | Medizinische Hilfe, Maßnahmen zur Vermeidung und Früherkennung von Krankheiten, Krankengeld | Geld- und Sachleistungen je nach Grad der Pflegebedürftigkeit | Arbeitslosengeld, berufliche Aus- und Fortbildung, Umschulung, Arbeitsvermittlung | Behandlungskosten und Förderungsmaßnahmen, evtl. Rente bei Unfällen am Arbeitsplatz und auf dem Weg dorthin sowie Berufskrankheiten |
| **Pflichtbeiträge in % des Bruttoverdienst** | 18,6 % je zur Hälfte Arbeitnehmer und Arbeitgeber | 14,6 % je zur Hälfte Arbeitnehmer und Arbeitgeber + kassenspezifischer Zusatzbeitrag | 2,55 % je zur Hälfte Arbeitnehmer und Arbeitgeber (Ausnahme Sachsen) + 0,25 % für Kinderlose ab 23 Jahren | 3,0 % je zur Hälfte Arbeitnehmer und Arbeitgeber | Pflichtbeiträge der Arbeitgeber; Höhe je nach Gefahrenklasse und Betriebsgröße |

*Angaben für das Jahr 2018*

## 2.3 Die Soziale Marktwirtschaft

**Problemfelder der Sozialen Marktwirtschaft**

Auch der Sozialen Marktwirtschaft stellen sich viele Herausforderungen, die im permanenten Strukturwandel von Wirtschaft und Gesellschaft begründet sind. Gerade in der Anpassungsfähigkeit zeigt sich die Leistungsfähigkeit der Sozialen Marktwirtschaft.

*Problemfelder der Sozialen Marktwirtschaft und mögliche Auswirkungen*

| | Auswirkungen auf den Wirtschaftsstandort Deutschland |
|---|---|
| Globalisierung | - erfordert Steigerung der Wettbewerbsfähigkeit |
| Europäische Integration | - erfordert Steigerung der Wettbewerbsfähigkeit; unterbewertete Währung fördert Exporte<br>- gemeinsame Währung schafft gegenseitige fiskalische und monetäre Abhängigkeiten und kann koordiniertes Vorgehen erfordern |
| Demografischer Wandel | - schrumpfende Arbeitsbevölkerung erfordert Steigerung der Erwerbstätigenquote, verstärkte Zuwanderung sowie Produktivitätssteigerungen |
| Klimawandel/ Energiewende | - erfordert Anpassungen (Strukturwandel) und wirft Verteilungsfragen auf |
| | **Auswirkungen auf den deutschen Sozialstaat** |
| Globalisierung | - Befürchtung eines Race-to-the-Bottom |
| Europäische Integration | - kann den Druck auf den Sozialstaat nicht abfangen |
| Demografischer Wandel | - Ausgabensteigerungen und sinkende Einnahmen stellen die Zukunftsfähigkeit der sozialen Sicherungssysteme in Frage |
| Klimawandel/ Energiewende | - erhöhte Ausgaben der Sozial- und Industriepolitik |

|  | Auswirkungen auf die Handlungsfähigkeit des Nationalstaats |
|---|---|
| **Globalisierung** | - starke Globalisierungsthese: reduzierte Handlungsfähigkeit<br>- schwache Globalisierungsthese: kaum Einfluss oder sogar Stärkung |
| **Europäische Integration** | - Maastricht-Kriterien und Fiskalpakt schränken Möglichkeit der Fiskalpolitik ein |
| **Demografischer Wandel** | - Erhöhte Sozialausgaben reduzieren finanziellen Handlungsspielraum |
| **Klimawandel/ Energiewende** | - staatliche Handlungsfähigkeit besteht, Problemlösung benötigt teils internationale Kooperation<br>- Investitionskosten in Infrastruktur, Private-public-Partnerships zur Finanzierung beeinflussen die Handlungsfähigkeit |

*Daniel Buhr u. a., Wirtschaft und Politik – eine Einführung, Stuttgart 2014, S. 101*

Ein besonderes Problemfeld stellt regelmäßig auch die Frage der gesellschaftlichen Gleichheit dar, die gerne als Frage der gesellschaftlichen Gerechtigkeit diskutiert wird. Inwieweit sich die Schere zwischen Arm und Reich in der Bundesrepublik öffnet, kann als umstritten gelten.

> Je nachdem, ob die Einkommens- oder die Vermögensverteilung untersucht wird, ergeben sich hier unterschiedliche Befunde. Auch ist bei den zahlreichen Studien zum Thema Armut und Reichtum in Deutschland darauf zu achten, welches Institut diese Studien erstellt, da je nach politischer Orientierung der Institute auch von daher die Befunde voneinander abweichen können.

Eine weitere grundsätzliche Konfliktlinie sieht der Wirtschaftsweise Peter Bofinger zwischen den Positionen Minimalstaat und aktivem Bürgerstaat. Er plädiert für den aktiven Bürgerstaat und ein massives Zukunftsprogramm, mit dem das Land über deutlich höhere Investitionen in Bildung und in Infrastruktur vorangebracht werden könnte. Als Folge würde die Binnenkonjunktur gestärkt, die Produktivität würde steigen und nicht zuletzt würde schließlich die Chancengleichheit in der Gesellschaft verbessert.

**Die Soziale Marktwirtschaft als „dritter Weg"?**
Immer wieder findet man auch Äußerungen über die Soziale Marktwirtschaft, sie könne als „dritter Weg" zwischen der auf dem Liberalismus beruhenden freien Marktwirtschaft und der auf dem Kollektivprinzip beruhenden Zentralverwaltungswirtschaft gelten. Diesem dritten Weg wird das Ziel unterstellt, die Vorteile der freien Marktwirtschaft zu gewährleisten, ohne deren Nachteile in Kauf zu nehmen. So könnte argumentiert werden, dass sich der Staat in der Sozialen Marktwirtschaft nicht passiv verhalte, sondern durch verschiedene Maßnahmen aktiv in das Wirtschaftsgeschehen eingreife (z. B. im Bereich der Wettbewerbspolitik, Konjunkturpolitik), um die Prinzipien von Freiheit und sozialem Ausgleich zu verbinden. Letztlich wird der Versuch einer Positionierung der Sozialen Marktwirtschaft zwischen den fundamentalen Grundprinzipien der beiden Extrempole aber zu dem Ergebnis kommen müssen, dass es sich bei der Sozialen Marktwirtschaft grundsätzlich um ein liberales Konzept handelt, das auf dem Individual- und Leistungsprinzip fußt. In den Worten Ludwig Erhards: „Ich will, dass der Einzelne sagen kann: ‚Ich will mich aus eigener Kraft bewähren, ich will das Risiko des Lebens selbst tragen, will für mein Schicksal selbst verantwortlich sein. Sorge du, Staat, dafür, dass ich dazu in der Lage bin.'" Die Bezeichnung „dritter Weg" erscheint vor diesem Hintergrund als unzutreffend.

# 2 Wirtschaftsordnungen

## 2.4 Der Wirtschaftskreislauf als Analyseinstrument

**Leitfragen:**
- Wie kann die Volkswirtschaft eines Landes in ihrer Gesamtheit dargestellt werden?
- Das Bruttoinlandsprodukt – eine messbare Größe?
- Das Bruttoinlandsprodukt – eine sinnvolle Größe?

### Akteure und ihre Beziehungen im Wirtschaftsprozess

Zu Beginn dieses Kapitels sind wir von der Anreizwirkung ausgegangen, die von bestimmten Regeln auf das Verhalten der einzelnen Wirtschaftssubjekte ausgehen. In diesem Kapitel schauen wir aus der Vogelperspektive auf das Wirtschaftsgeschehen: Die zentralen Akteure sowie deren Beziehungen zueinander im Wirtschaftsprozess stehen im Mittelpunkt. Wobei wirtschaftliches Handeln nicht nur Interdependenzen innerhalb des ökonomischen Systems schafft, sondern darüber hinaus auch Beziehungen zwischen dem ökonomischen, gesellschaftlichen und politischen System bestehen.

### Der einfache Wirtschaftskreislauf

Das verwirrende Bild millionenfacher Tauschvorgänge in einer entwickelten Volkswirtschaft wird übersichtlicher, wenn die vielen Vorgänge in vereinfachter Form dargestellt werden. Die Wirtschaftswissenschaften haben daher das Modell des Wirtschaftskreislaufs entwickelt.
Durch die Methode der Aggregation (Vereinigung) werden gleichartige ökonomische Transaktionen zu Strömen zusammengefasst. Das gilt auch für gleichartige Wirtschaftssubjekte, die zu Sektoren oder Polen vereinigt werden. So kann der Wirtschaftsprozess durch wenige Geld- und Güterströme dargestellt werden. In einem ersten Schritt beschränkt man sich auf ein Kreislaufmodell, das nur aus den zwei Sektoren Haushalte und Unternehmen besteht.

Der einfache Wirtschaftskreislauf (ohne ökonomische Beziehungen zum Ausland und ohne staatliche Aktivität) stellt zunächst die wirtschaftlichen Beziehungen zwischen den Wirtschaftssektoren Unternehmen (U) als Produktionseinheiten und den Haushalten (H) als Konsumeinheiten dar. Die Haushalte stellen den Unternehmen Faktorleistungen zur Verfügung

(Boden, Kapital, Arbeit). Die Unternehmen produzieren damit Güter und stellen diese den Haushalten zur Verfügung (Güterstrom).

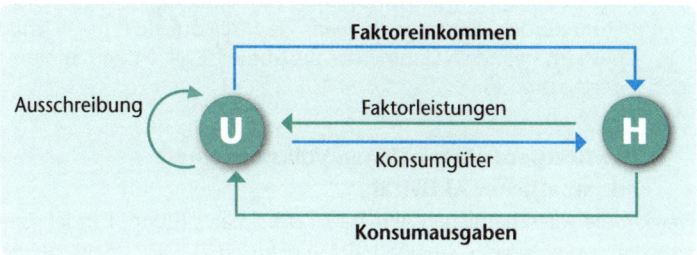

Die Haushalte beziehen von den Unternehmen Faktoreinkommen (Löhne, Zinsen, Miete) aus der Überlassung der Faktorleistungen. Dafür bezahlen sie mit diesem Einkommen die von den Unternehmen produzierten Güter (Geldstrom). In Geldwirtschaften entspricht jedem realen Strom ein monetärer Strom, weswegen in komplexeren Modellen nur die Geldströme erfasst werden. Die Ersatzinvestitionen, die nur den abnutzungsbedingten Verschleiß alter Produktionsanlagen ausgleichen, werden in der Kreislauftheorie als In-sich-Strom des Sektors Unternehmen dargestellt. Die Ersatzinvestitionen werden auch Abschreibungen genannt.

### Die evolutorische Wirtschaft

Für den einfachen Wirtschaftskreislauf gilt, dass die mit der Produktion entstehenden Einkommen in voller Höhe für den Konsum ausgegeben werden. Tatsächlich verwenden aber die Haushalte nur einen Teil ihres Einkommens für Konsumgüter, einen Teil sparen sie. Ebenso produzieren Unternehmen nicht nur Konsumgüter, sondern auch Investitionsgüter, mit denen sie ihren Kapitalstock erweitern. Durch das Sparen der Haushalte und die Investitionstätigkeit der Unternehmen findet ein Vermögenszuwachs in der Volkswirtschaft statt. Eine solche Wirtschaft wird als evolutorisch bezeichnet. Im Kreislaufmodell wird dies durch die Einführung eines weiteren Sektors, der Vermögensveränderung (VV), berücksichtigt.

## 2 Wirtschaftsordnungen

> Gleichgewicht im geschlossenen Kreislauf: Betrachtet man den Sektor der Vermögensveränderung, so wird deutlich: Die Summe der volkswirtschaftlichen Ersparnis ist gleich der Stumme der Investitionen, wenn der Kreislauf sich im Gleichgewicht befindet (Summe der Zuströme ist gleich der Summe der Abströme).

### Der Kreislauf einer offenen Volkswirtschaft mit staatlicher Aktivität

Werden die wirtschaftlichen Aktivitäten des Staates (Bund, Länder, Gemeinden und deren Gemeinschaftseinrichtungen wie Hochschulen, Schulen oder die Bundeswehr) im Kreislaufmodell berücksichtigt (St), sind weitere Transaktionen zu unterscheiden:

- Direkte Steuern: Einkommens- und Ertragssteuern und (aus Vereinfachungsgründen) auch die Sozialversicherungsbeiträge;
- Indirekte Steuern: Mehrwertsteuer und Verbrauchssteuern (z. B. Mineralölsteuer), die von den Unternehmen in die Produktpreise eingerechnet werden;
- Staatlicher Konsum: Kauf von Sachgütern und Dienstleistungen bei Unternehmen und Erfassung von Gemeinschaftsgütern (Bildung, Sicherheit, Gesundheit etc.);
- Transferzahlungen an die Haushalte: Unterstützungsleistungen wie Kindergeld, Pensionen oder Sozialversicherungsleistungen;
- Subventionen an Unternehmen: Geldleistungen z. B. für Forschungszwecke, für den Agrarsektor oder die Steinkohle.

Die positive Differenz aus Einnahmen und Ausgaben des Staates wird als Ersparnis des Staates bezeichnet. Übersteigt dagegen der Ausgabenstrom die Einnahmen, gleicht der Staat den Fehlbetrag durch Kreditaufnahme aus.

Moderne Volkswirtschaften verfügen über eine Vielzahl von Wirtschaftsbeziehungen zum Ausland (A). Ein nicht unerheblicher Teil der inländischen Produktion wird vom Ausland nachgefragt und als Exporte bezeichnet. Im Gegenzug importiert die inländische Volkswirtschaft Güter aus dem Ausland, die im Inland entweder weiterverarbeitet werden (Rohstoffe) oder zu Konsumzwecken dienen. Durch die Einführung des

## 2.4 Der Wirtschaftskreislauf als Analyseinstrument

Sektors Ausland im Kreislaufmodell können die grenzüberschreitenden Transaktionen erfasst werden. Sind die Exporte größer als die Importe, erhöhen sich im Umfang des Ausfuhrüberschusses die Forderungen des Inlands gegenüber dem Ausland. Umgekehrte Vermögenseffekte treten ein, wenn die Exporte kleiner als die Importe sind. Mit der Einführung des Sektors Ausland ist auch der Saldo der Erwerbs- und Vermögenseinkommen aus der übrigen Welt abzüglich der Erwerbs- und Vermögenseinkommen an die übrige Welt als Geldstrom zum Sektor Unternehmen zu berücksichtigen.

*Modell eines komplexen Kreislaufs (5-Sektoren-Modell)*

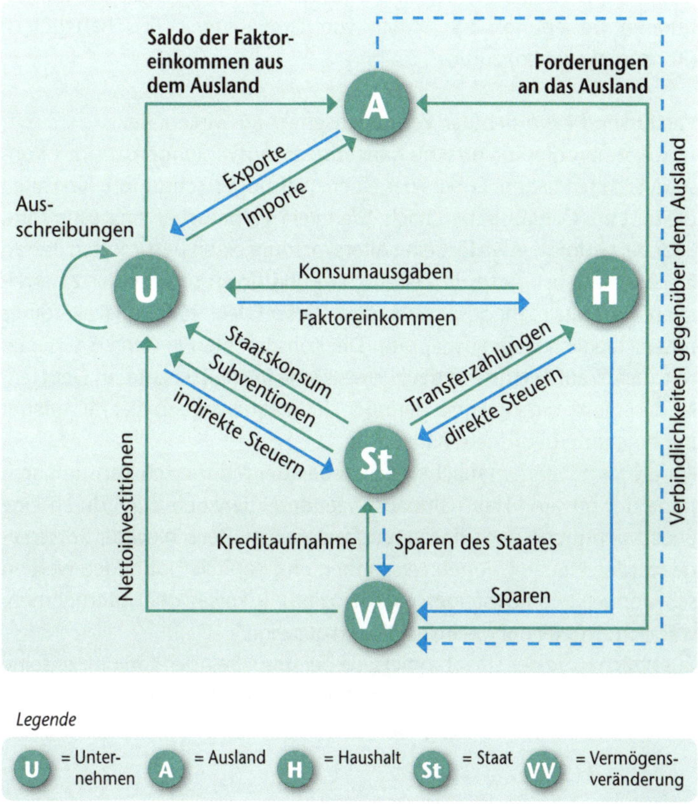

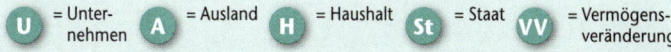

## Wirtschaftsordnungen

### Wie abstürzende Aktienkurse die Konjunktur mitreißen können

Wie das Modell des Wirtschaftskreislaufs helfen kann, volkswirtschaftliche Zusammenhänge zu analysieren, zeigt folgendes Beispiel:
Ein anhaltender Kursverfall an den Börsen droht direkte Effekte für die Realwirtschaft nach sich zu ziehen. Der wohl gefährlichste Effekt ist die Signalwirkung: Wenn private Haushalte und Unternehmen Tag für Tag mit schlechten Wirtschaftsnachrichten und Berichten über fallende Aktienkurse konfrontiert werden, kann das irgendwann direkt Konsum- und Investitionsentscheidungen beeinflussen. Im schlimmsten Fall droht eine regelrechte Schockstarre aufgrund der hohen Unsicherheit: Haushalte und Unternehmen sehen die Turbulenzen und stellen dann Investitionen beziehungsweise Käufe von langlebigen Wirtschaftsgütern (Konsumausgaben) zurück.

Verstärkend kann sich der Vermögenseffekt auswirken: Bei Aktienbesitzern können die Kursrutsche ganz direkte Auswirkungen auf das Konsumverhalten haben. Sobald das eigene Vermögen schrumpft, lässt auch die Lust am Geldausgeben nach. Wenn ein Verbraucher ein bestimmtes Sparziel verfolgt, etwa für seine Altersvorsorge einen bestimmten Betrag ersparen will, ist dieses in Zeiten von Kursstürzen schwieriger zu erreichen – es muss mehr gespart werden. Dieser Effekt ist national allerdings unterschiedlich stark ausgeprägt. Die Konsumenten in den USA reagieren stärker auf fallende Aktienkurse als jene in Deutschland. In Deutschland ist dieser direkte Effekt geringer, denn Aktien haben hier für Anleger nur eine untergeordnete Bedeutung.

Für die Unternehmen machen sich neben der reduzierten Konsumnachfrage der privaten Haushalte abstürzende Aktienkurse auch durch eine Beeinträchtigung der Finanzierung bemerkbar. Bei schlechter Börsenlage werden Neuemissionen verschoben und Kapitalerhöhungen werden schwieriger, letztlich steigen die Finanzierungskosten der Unternehmen, was sich negativ auf die Investitionen auswirkt.

Zusätzlich wäre der Staat tangiert, da bei strauchelnder Konjunktur seine Steuereinnahmen zurückgehen, während er gegebenenfalls gleichzeitig für etwaige Konjunkturprogramme Kredite aufnehmen muss.

## 2.4 Der Wirtschaftskreislauf als Analyseinstrument

*Mögliche Auswirkungen fallender Aktienkurse*

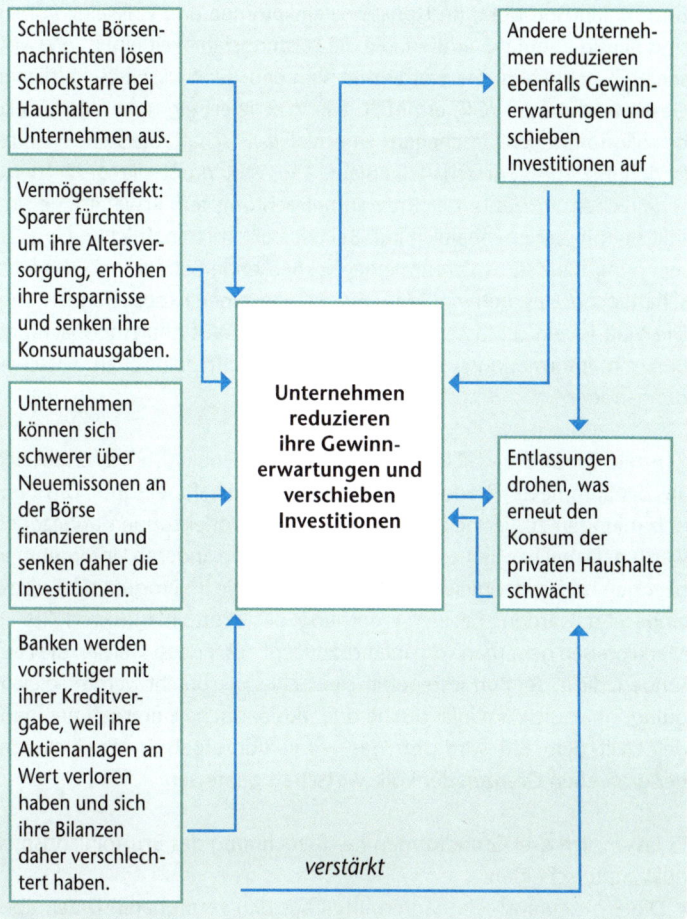

# 2 Wirtschaftsordnungen

**Vom Wirtschaftskreislauf zur Volkswirtschaftlichen Gesamtrechnung**

Bruttoinlandsprodukt, Bruttonationaleinkommen und Volkseinkommen sind häufig genutzte Größen, die die Leistungsfähigkeit einer Volkswirtschaft beschreiben. Sie werden im Rahmen der Volkswirtschaftlichen Gesamtrechnung (VGR) ermittelt. Die VGR liefert ein quantitatives Bild des ökonomischen Geschehens einer Volkswirtschaft. Sie steht in enger Beziehung zum Wirtschaftskreislauf. Die VGR greift die gesamtwirtschaftlichen Konzepte der Kreislaufbetrachtung auf, erweitert sie und füllt sie mit Zahlen inhaltlich auf. Bei der Volkswirtschaftlichen Gesamtrechnung handelt es sich um eine rückblickende Betrachtung des wirtschaftlichen Geschehens. Man spricht von einer Expost-Betrachtung. Die VGR ist ein umfassendes Instrument der Wirtschaftsbeobachtung und ein Informationssystem für die wirtschaftspolitischen Entscheidungsträger.

Zentrale Größe der VGR ist das Bruttoinlandsprodukt (BIP). Es ergibt sich aus der Summe der Produktionswerte der Wirtschaftssektoren. Um Doppelzählungen zu vermeiden, müssen jeweils Vorleistungen abgezogen werden. Dabei handelt es sich um Güter, die von anderen Unternehmen bezogen und in der gleichen Wirtschaftsperiode im Produktionsprozess eingesetzt werden. Bei der Ermittlung des Bruttoinlandsprodukts zu Marktpreisen geht man vom Inlandskonzept aus: Erfasst werden die Leistungen, die in der Bundesrepublik Deutschland erbracht werden, gleichgültig, ob es sich um inländische oder ausländische Unternehmen handelt. Mit dem BIP wird also das Produktionsergebnis innerhalb der geografischen Grenzen der Volkswirtschaft gemessen.

Es lassen sich drei Grundformen der Berechnung des Bruttoinlandsprodukts unterscheiden:
- Die Entstehungsrechnung ermittelt aus den verfügbaren Daten über die Produktion von Gütern und Dienstleistungen, wie hoch das gesamtwirtschaftliche Angebot in einer Periode war.
- Die Verteilungsrechnung errechnet den Wert der produzierten Güter aus den Informationen über die bei der Produktion entstandenen Einkommen, die sich auf das Arbeitnehmerentgelt sowie die Unternehmens- und Vermögenseinkommen aufteilen.

## 2.4 Der Wirtschaftskreislauf als Analyseinstrument

- Die Verwendungsrechnung fragt, für welche Zwecke die produzierten Güter verwendet werden. Wurden sie investiert, konsumiert oder exportiert? Die Verwendungsrechnung nimmt also die vorhandenen Informationen über die einzelnen Nachfragekomponenten und aggregiert diese zur gesamtwirtschaftlichen Nachfrage. Die Gesamtnachfrage lässt sich aus den Daten der VGR ermitteln und setzt sich aus folgenden Kreislaufgrößen zusammen:
  a) Private Konsumausgaben
  b) Konsumausgaben des Staates
  c) Bruttoinvestitionen
  d) Exporte

Die privaten und staatlichen Konsumausgaben sowie die Bruttoinvestitionen bezeichnet man als „letzte inländische Verwendung". Addiert man die Exporte, also die Nachfrage des Auslands, gelangt man zur „letzten Verwendung". Bei dieser Größe stellt sich das Problem, dass die darin enthaltenen Güter und Dienstleistungen nicht ausschließlich im Inland erstellt wurden, sondern zumindest teilweise aus dem Ausland stammen. Um die Nachfrage nach den im Inland produzierten Gütern zu ermitteln, muss man also von der letzten Verwendung die Importe abziehen. Auf diese Weise gelangt man über die Verwendungsrechnung zum Bruttoinlandsprodukt:

| | |
|---|---|
| + | Konsum des Staates |
| + | Bruttoinvestitionen |
| + | Außenbeitrag |
| = | **BIP (Private Konsumausgaben)** |

*Die Ableitung des Volkseinkommens*

| |
|---|
| **Bruttoinlandsprodukt** |
| + vom Ausland empfangene Erwerbs- und Vermögenseinkommen |
| − ans Ausland geleistete Erwerbs- und Vermögenseinkommen |
| + empfangene Subventionen von der EU (und der übrigen Welt) |
| − geleistete Produktions- und Importabgaben an die EU (und an die übrige Welt) |
| = **Bruttonationaleinkommen zu Marktpreisen** |
| − Abschreibungen |
| = **Nettonationaleinkommen zu Marktpreisen (Primäreinkommen)** |
| − Produktions- und Importangaben |
| + Subventionen |
| = **Volkseinkommen** |
| Die Differenz zwischen dem Bruttoinlandprodukt und dem Bruttonationaleinkommen wird in der neuen Terminologie des Statistischen Bundesamts als Saldo der Primäreinkommen zwischen Inländern und der übrigen Welt bezeichnet. |

Inwieweit das BIP ein sinnvolles Maß für die Wohlfahrt der Menschen einer Volkswirtschaft ist, wird in Kap. 10.2 erörtert.

# 3 Der Marktmechanismus

3.1 Markt und Marktformen

3.2 Preisbildung auf Märkten

# 3 Der Marktmechanismus

## 3.1 Markt und Marktformen

**Leitfragen:**
- Von welchen Faktoren hängen Angebot und Nachfrage ab?
- Wie reagieren Nachfrage und Angebot auf Veränderungen am Markt?
- Wie empfindlich reagiert die Nachfrage nach einem Gut auf Änderungen des Preises für dieses Gut?

### Die Koordinationsfunktion von Märkten

Bei der Koordination von Produktion und Konsumtion von Waren und Dienstleistungen spielen Märkte eine zentrale Rolle. Wie funktionieren Märkte, was leisten sie, wo versagen sie? Das sind grundsätzliche Fragen. Vordergründig hört es sich einfach an: Angebot und Nachfrage bestimmen den Preis auf einem Markt, Nachfrage und Angebot hängen wiederum vom Preis ab. Will man aber Entwicklungen auf Märkten erklären, vorhersagen oder gar beeinflussen, bedarf es einer genaueren Analyse.

### Abhängigkeit der Nachfrage vom Preis

Die individuelle Nachfrage eines Haushalts nach einem Gut ist bei einem geringeren Preis normalerweise höher als bei einem höheren Preis. Dies liegt daran, dass der Nutzenzuwachs jeder zusätzlich konsumierten Einheit eines Gutes (Grenznutzen) für den Haushalt immer geringer wird, je mehr Einheiten des Gutes konsumiert werden (Erstes Gossensches Gesetz vom abnehmenden Grenznutzen):

Je mehr man von einem Gut hat, desto geringer wird eine zusätzliche Einheit bewertet.

So stiftet das dritte Kilo Erdbeeren einem Haushalt einen geringeren Nutzen als das erste, da der Konsumwunsch nach frischen Erdbeeren schon vorher befriedigt ist.

Die grafische Darstellung dieses Zusammenhangs in Form der Preis-Konsum-Kurve stellt die geplante Nachfrage eines Haushalts nach einem Gut zu unterschiedlichen Preisen dar. Die Preis-Konsum-Kurve ist normalerweise eine monoton fallende Kurve, d. h. sie hat eine negative Steigung.

Die nachgefragte Menge steigt, wenn der Preis sinkt.

Die geplanten Nachfragemengen entsprechen den Gütermengen, mit denen der Haushalt bei den jeweiligen Preisen sein Nutzenmaximum erzielt. Ändert sich der Preis des Gutes und bleiben alle anderen Bestimmungsgründe der Nachfrage gleich, so ergibt sich eine neue Preis-Mengen-Kombination (Preiserhöhung von A nach B, Preissenkung von A nach C). Die Lage der Kurve bleibt aber unverändert.

**Die individuelle Nachfrage im Preis-Mengen-Diagramm**

| Nachfrage eines Haushalts nach Erdbeeren in Abhängigkeit vom Preis | |
|---|---|
| Preis je kg | Nachgefragte Menge |
| 5,00 € | 0 kg |
| 4,50 € | 0,25 kg |
| 4,00 € | 0,5 kg |
| 3,00 € | 1 kg |
| 2,00 € | 2 kg |
| 1,50 € | 3 kg |
| 1,00 € | 4 kg |
| 0,00 € | 5 kg |

### Sättigungsmenge
Schnittpunkt der Nachfragekurve mit der Mengenachse – auch wenn das Gut kostenlos angeboten wird, wächst der Konsum nicht weiter.

### Prohibitivpreis
Der kleinste Preis, zu dem der Haushalt keine Einheit des Gutes mehr nachfragt („kleinste obere Schranke") bzw. keiner fragt das Gut mehr nach.

## Marktnachfrage

Die Nachfrage nach einem Gut auf einem Markt setzt sich aus der Summe aller individuellen Nachfragen der Haushalte zusammen (Marktnachfrage). Für die Marktnachfrage gelten somit normalerweise die gleichen Regeln wie für die individuellen Nachfragen der Haushalte:

- Bei einem höheren Preis wird die Nachfrage auf einem Markt nach einem Gut normalerweise geringer sein als bei einem geringeren Preis.
- Ein Ansteigen des Preises ($p_0 \rightarrow p_1$) für ein Gut auf einem Markt führt in der Regel zu einem Rückgang der Nachfrage nach dem Gut ($m_0 \rightarrow m_1$).

In der Realität sind die meisten Nachfragekurven nicht linear. Die Nachfragekurve für Erdbeeren wird im oberen Bereich sicher steiler verlaufen, da manche Konsumenten bereit sind, Erdbeeren auch zu einem sehr hohen Preis zu kaufen. Meistens betrachtet man nur lineare Teilstücke einer Nachfragekurve, die für die Erklärung eines Sachverhalts wichtig sind.

*Die Marktnachfrage im Preis-Mengen-Modell*

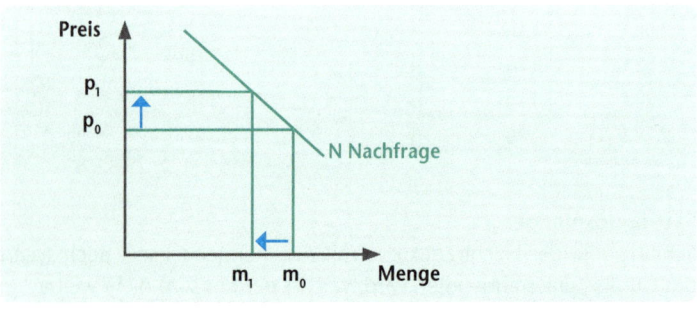

## 3.1 Markt und Marktformen

*Bestimmungsfaktoren der individuellen Nachfrage in der Übersicht*

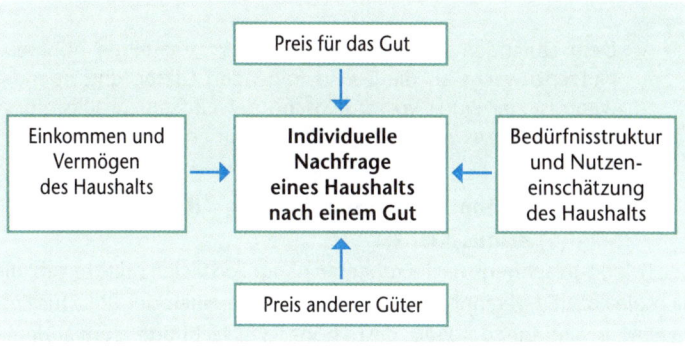

*Die Nachfragekurve als Spiegel des Grenznutzens (= U)*

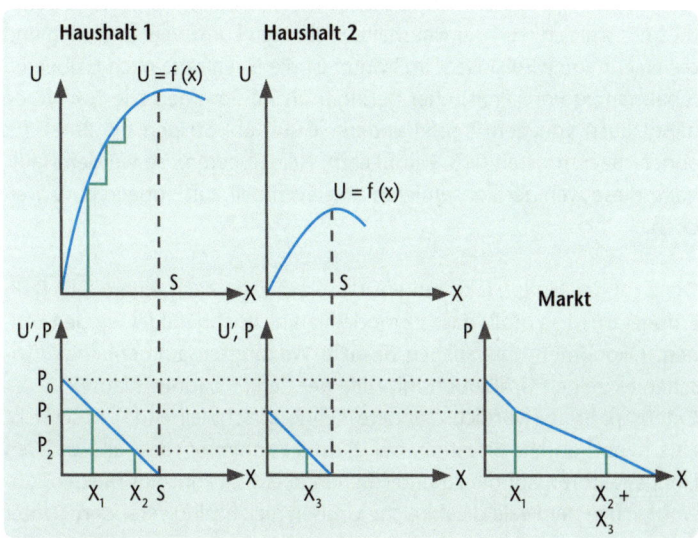

Quelle: IÖB, Universität Münster

Die Grenznutzenkurve (U') gibt an, wie sich der Nutzen eines Haushalts verändert, wenn er jeweils über eine zusätzliche Einheit dieses Guts verfügen kann. Sie zeigt die Veränderung der Wertschätzung, die ein Haushalt in Abhängigkeit der jeweils erreichten Konsumgüterausstattung einer weiteren Einheit dieses Guts beimisst.

> Dem Durstigen stiftet das erste Glas Wasser einen höheren Nutzenzuwachs als die jeweils folgenden Gläser, und irgendwann ist der Durst völlig gelöscht; der Nutzenzuwachs eines weiteren Glases wäre nicht nur Null, sondern negativ.

### Exkurs: Ökonomische Modellbildung – die Ceteris paribus-Klausel

Die (Markt-)Nachfrage nach Erdbeeren hängt von vielen Faktoren ab, die sich gleichzeitig verändern können. Da ist zum einen der Preis für Erdbeeren: je niedriger der Preis, desto höher die Nachfrage. Zum anderen bestimmt auch das Einkommensniveau die Nachfrage nach Erdbeeren, denn bei steigendem Einkommensniveau können sich immer mehr Menschen Erdbeeren leisten. Wenn Erdbeeren stark durch Schadstoffe belastet sind, werden weniger Haushalte Erdbeeren konsumieren wollen und die Nachfrage wird sinken. Im Winter ist die Nachfrage nach Erdbeeren (unabhängig vom Preis) eher geringer als im Sommer. Die Nachfrage hängt auch von den Preisen anderer Güter ab. Steigen die Preise für andere Beerensorten (z. B. Himbeeren, Heidelbeeren), so werden Haushalte diese weniger konsumieren und eventuell auf Erdbeeren ausweichen.

Die Zahl der Einflussfaktoren auf die Nachfrage nach einem Gut (z. B. Erdbeeren) ist so groß, dass sie modellhaft nicht abgebildet werden können. Ökonomen untersuchen deshalb Wirkungszusammenhänge zwischen einzelnen Größen oft mit Hilfe der Ceteris paribus-Klausel.
Ceteris paribus (wörtlich: „andere Dinge gleichbleibend") beschreibt eine hypothetische Situation, bei der man annimmt, dass alle anderen Einflussfaktoren auf die zu untersuchende Größe konstant bleiben, obwohl sich in der Realität zahlreiche Größen gleichzeitig verändern. Unter dieser Annahme (ceteris paribus) stimmt dann auch die Aussage: Die Nachfragekurve fällt, weil niedrigere Preise zu einer größeren Nachfragemenge führen.

## Änderung der Nachfrage bei sogenannten Schocks

Bleiben alle übrigen Bestimmungsgrößen der Nachfrage konstant, führt eine Preisänderung zu einer Bewegung auf der Nachfragekurve und die nachgefragte Menge ändert sich.

Ändert sich dagegen nicht der Preis, sondern eine andere Bestimmungsgröße, verschiebt sich die Nachfragekurve insgesamt.

> Die Nachfrage nach Smartphones von einem Hersteller, etwa dem HSX 5, hängt nicht nur vom Preis ab. Für die Größe der Gesamtnachfrage sind u. a. auch die Einkommen der Haushalte, die Nutzeneinschätzung der Haushalte und der Preis von Smartphones anderer Hersteller von Bedeutung.

Faktoren, die neben dem Preis Auswirkungen auf die Nachfrage haben, sind:

Präferenzenänderungen: In der Regel führt eine Steigerung der Nutzeneinschätzung der Haushalte zu einer Ausweitung der Nachfrage – zum gleichen Preis wird mehr nachgefragt. Wenn das HSX 5 bei immer mehr Jugendlichen das Image eines „must have" bekommt, wird die Nachfrage steigen. Grafisch wird dies durch eine Rechtsverschiebung der Nachfragekurve von $N_0$ auf $N_1$ verdeutlicht. Wenn technische Mängel des Produkts bekannt würden, wäre ein Rückgang der Nachfrage nach dem Produkt zu erwarten. Grafisch würde dies mit einer Linksverschiebung der Nachfragekurve von $N_0$ nach $N_2$ verdeutlicht.

Einkommensänderungen: Eine Steigerung des Einkommens der Haushalte wird beim HSX 5 zu einer Ausweitung der Nachfrage führen (Verschiebung der Nachfragekurve nach rechts). Eine Minderung des Einkommens wird zu einer Verringerung der Nachfrage führen (Verschiebung der Nachfragekurve nach links).

Preis für ein Substitutionsgut: Steigt dieser, erhöht sich z. B. der Preis für Smartphones der Konkurrenz, so wird die Nachfrage nach dem HSX 5 steigen, obwohl sich sein Preis nicht verändert hat. Verringert sich der Preis für die Konkurrenzprodukte, sinkt die Nachfrage nach dem HSX 5.

**Preis für ein Komplementärgut:** Verringert sich z. B. der Preis für die zum HSX 5 wählbaren Mobilfunktarife, so wird die Nachfrage nach dem HSX 5 steigen, obwohl sich sein Preis nicht verändert hat. Steigt der Preis für die zum HSX 5 wählbaren Mobilfunktarife, so sinkt die Nachfrage nach dem HSX 5.

**Zahl der Nachfrager:** Verändert sich die Zahl der Nachfrager, so kommt es zu vergleichbaren Verschiebungen der Nachfragekurve.

Die Verschiebung der Nachfrage bzw. grafisch der Nachfragekurve hat ihrerseits Auswirkungen, z. B. bei einem Anstieg der Nachfrage (= Rechtsverschiebung der Nachfragekurve):
→ der Gleichgewichtspreis steigt.
Dies ist ein Signal für die Anbieter, dass die Nachfrage zugenommen hat, und ein Anreiz, die angebotene Menge auszuweiten. Das Angebot nimmt zu.
Analoge Effekte gelten bei einem Rückgang der Nachfrage.

*Die Verschiebung der Nachfragekurve im Modell*

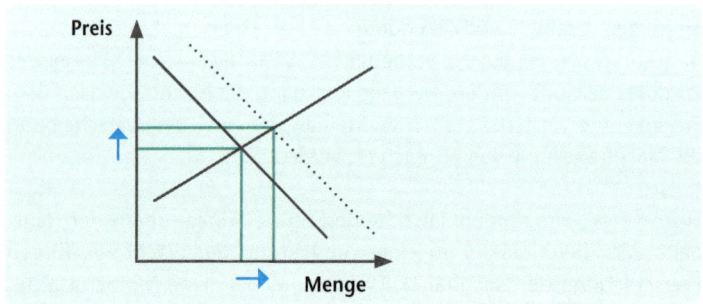

## 3.1 Markt und Marktformen

*Nachfrageänderungen bei gleichbleibendem Preis*

**Bestimmungsfaktoren der Nachfrage nach einem Gut:**

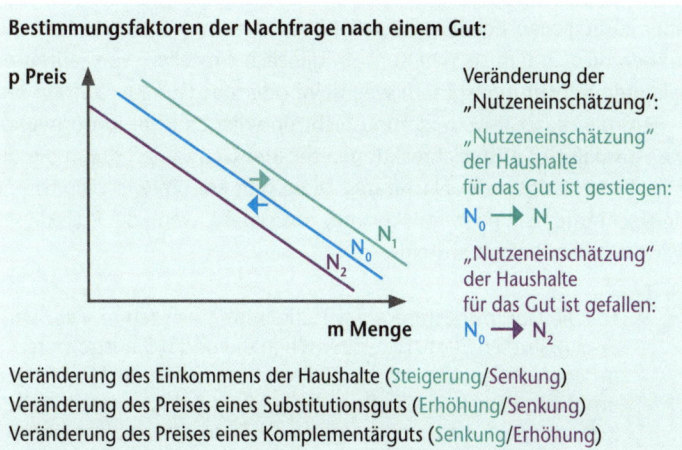

Veränderung der „Nutzeneinschätzung":

„Nutzeneinschätzung" der Haushalte für das Gut ist gestiegen:
$N_0 \rightarrow N_1$

„Nutzeneinschätzung" der Haushalte für das Gut ist gefallen:
$N_0 \rightarrow N_2$

Veränderung des Einkommens der Haushalte (Steigerung/Senkung)
Veränderung des Preises eines Substitutionsguts (Erhöhung/Senkung)
Veränderung des Preises eines Komplementärguts (Senkung/Erhöhung)

### Güterbegriffe

Superiore Güter = Güter, bei denen die Nachfrage steigt, wenn das Einkommen steigt (normale Güter).

Inferiore Güter = Güter, bei denen die Nachfrage sinkt, wenn das Einkommen steigt, z. B. Margarine (bei höherem Einkommen wird eher Butter konsumiert).

Substitutionsgüter = Güter, die sich ganz oder teilweise gegenseitig ersetzen können, ohne dass die Bedürfnisbefriedigung eingeschränkt wird, z. B. Butter – Margarine, Benzin – Diesel, Öl – Gas. Der Preisanstieg des einen Gutes löst einen Nachfrageanstieg des anderen Gutes aus.

Komplementärgüter = Güter, deren Konsum den Konsum eines anderen Gutes zur Folge hat, z. B. Mobilfunktarif – Smartphone, Füller – Tinte. Der Preisanstieg des einen Gutes bewirkt einen Nachfragerückgang auch des anderen Gutes.

### Die Nachfrageelastizität

Konsumenten werden stets versuchen, Preissteigerungen (z. B. als Folge einer zusätzlichen Belastung durch höhere Steuern) auszuweichen. Sie können dies, indem sie den Konsum gänzlich einstellen, von teuren zu billigeren Substitutionsgütern wechseln, oder das Gut aus Quellen beziehen, die dieser Preissteigerung nicht unterliegen (z. B. Importware). Das Ausmaß der Ausweichreaktionen messen Ökonomen durch die direkte Preiselastizität der Nachfrage. Diese gibt an, um wie viel Prozent die Nachfrage, z. B. nach Tabakwaren, zurückgeht, wenn der Preis dieser Waren um ein Prozent ansteigt.

> Für die Gesamtnachfrage nach Zigaretten werden in verschiedenen Studien Elastizitäten zwischen 0,3 und 0,5 ausgewiesen, d. h. eine Preiserhöhung um 10 Prozent reduziert die Nachfrage um 3 bis 5 Prozent. Die Preiselastizität ist jedoch nicht für alle Konsumenten gleich hoch. Bei einem besonders ausgeprägten Bedürfnis nach Konsum des Gutes (Abhängigkeit, Sucht) wird der Nachfragerückgang nur gering sein. „Einsteiger" (Jugendliche) dagegen reagieren meist stärker auf Preissteigerungen (empirische Studien weisen hier direkte Preiselastizitäten von etwa 1,3 aus).

Unter der direkten Preiselastizität der Nachfrage versteht man also das Verhältnis zwischen der prozentualen Änderung der nachgefragten Menge eines Gutes zur prozentualen Preisänderung dieses Gutes. Die direkte Preiselastizität der Nachfrage gibt man üblicherweise als positive Zahl an.

*Die direkte Preiselastizität der Nachfrage*

$$El_N = \left| \frac{\text{prozentuale Änderung der Nachfragemenge}}{\text{prozentuale Preisänderung}} \right| = \left| \frac{\frac{\Delta N \cdot 100}{N}}{\frac{\Delta P \cdot 100}{P}} \right|$$

## 3.1 Markt und Marktformen

Die Größe der direkten Preiselastizität der Nachfrage ist z. B. für die Beurteilung steuerpolitischer Maßnahmen mit von Bedeutung. Will der Staat den Tabakkonsum Jugendlicher verringern, kann die direkte Preiselastizität der Nachfrage eine Auskunft darüber geben, wie stark die Tabaksteuer angehoben werden muss, um einen bestimmten Nachfragerückgang zu erzielen.

Man sagt, die Nachfrage reagiert elastisch auf eine Preisänderung, wenn $El_N > 1$. Man sagt, die Nachfrage reagiert unelastisch auf eine Preisänderung, wenn $El_N < 1$.

*Elastizitäten der Nachfrage*

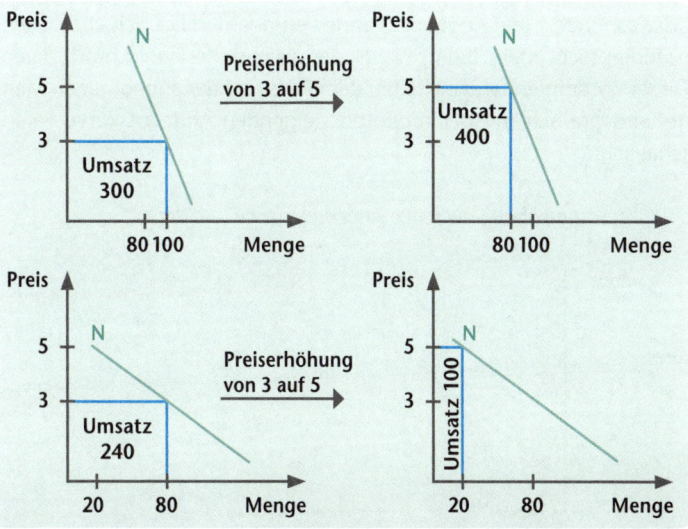

Faustregel: Je flacher die Nachfragekurve ist, die durch einen bestimmten Punkt verläuft, umso größer ist die Preiselastizität der Nachfrage. Je steiler die Nachfragekurve ist, die durch einen bestimmten Punkt verläuft, umso kleiner ist die Preiselastizität der Nachfrage.

Bestimmungsgründe der Preiselastizität der Nachfrage: Verfügbarkeit substitutiver Güter, Marktabgrenzung, Zeithorizont, Differenzierung nach lebensnotwendigen Gütern und Luxusgütern.

# 3 Der Marktmechanismus

### Das Angebot auf dem Markt

Die angebotene Menge steigt mit dem Preis.

Entsprechend der Marktnachfrage versteht man unter dem Marktangebot die Summe der individuellen Angebote für ein Gut. Mit steigendem Preis eines Gutes wächst die Angebotsmenge dieses Gutes. Da sich die Gewinnchancen verbessern, lasten die Anbieter ihre Kapazitäten weiter aus oder vergrößern sie sogar und weitere Anbieter treten in den Markt ein. Bei sinkendem Preis eines Gutes wird auch die angebotene Menge sinken, da sich zunehmend mehr Anbieter aus dem Markt zurückziehen oder zumindest ihre Angebotsmenge verringern, da es sich aus Kostengründen nicht mehr lohnt, weiter die gleiche Menge zu produzieren. Dieser Zusammenhang zwischen dem Preis und der angebotenen Menge wird grafisch mit der monoton steigenden Angebotskurve veranschaulicht:

*Zusammenhang zwischen Angebotsmenge und Preis*

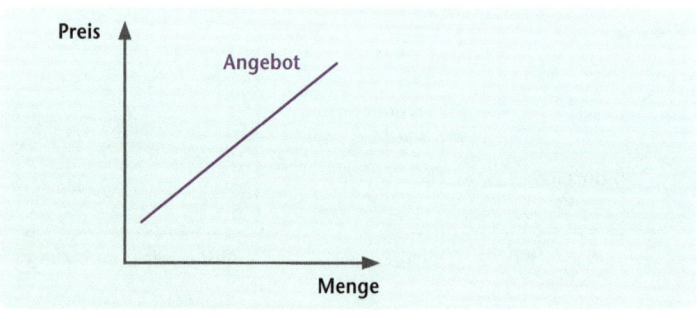

In beiden Fällen handelt es sich um eine Verschiebung der Preis-Mengen-Kombination für dieses Gut auf der Angebotskurve. Es handelt sich nicht um eine Verschiebung der Kurve.

### Preiselastizität des Angebots

Entsprechend zur Preiselastizität der Nachfrage bezeichnet man das Angebot als elastisch, wenn es stark auf eine Preisänderung reagiert.

Reagiert die Angebotsmenge kaum merklich auf Preisänderungen, so gilt das Angebot als unelastisch.

*Die direkte Preiselastizität des Angebots*

$$EI_A = \left| \frac{\text{prozentuale Änderung der Angebotsmenge}}{\text{prozentuale Preisänderung}} \right| = \left| \frac{\frac{\triangle A \cdot 100}{A}}{\frac{\triangle P \cdot 100}{P}} \right|$$

### Die Grenzkosten eines Anbieters bestimmen seine Angebotsmenge

Vorausgesetzt, die (Maschinen-)Ausstattung eines Unternehmens wird nicht verändert, so steigen die Grenzkosten bei wachsender Produktionsmenge für jede weitere Produktionseinheit kurzfristig stetig an. Dies ist z. B. darin begründet, dass jede für die Produktionsausweitung notwendige, zusätzlich beschäftigte Arbeitskraft mehr Koordinationsaufwand bedeutet. Im Extremfall behindern sich die Arbeitskräfte gegenseitig. Die Steigerung der Produktion durch die Einstellung der letzten Arbeitskraft ist also geringer als die durchschnittliche Produktion der bislang beschäftigten Arbeitskräfte.

Ein Schüler bietet Mathematiknachhilfe für Unterstufenschüler an. Er hat zurzeit fünf Nachhilfeschüler und verlangt 10 € pro Stunde. Da er dadurch zeitlich stark belastet ist, bleibt ihm kaum noch Freizeit. Die ihm verbleibende Freizeitmenge wird knapper und damit für ihn wertvoller. Er wird deshalb einen weiteren Nachhilfeschüler nur annehmen und die damit verbundene weitere Beschneidung seines Freizeitbudgets nur in Kauf nehmen, wenn er von diesem einen höheren Preis erhält (die Opportunitätskosten für die letzte angebotene Nachhilfestunde sind höher als die der vorhergehenden). Die Kosten für eine zusätzlich angebotene Einheit nehmen zu.

Die Angebotsfunktion bildet steigende Grenzkosten ab.

# 3 Der Marktmechanismus

Jeder Unternehmer wird stets versuchen, die für ihn gewinnmaximale Produktionsmenge anzubieten. Die gewinnmaximale Produktionsmenge ist genau dann erreicht, wenn die Grenzkosten gleich dem Grenzerlös sind – bis zu dieser Menge sind die Grenzkosten geringer als der Grenzerlös, ab dieser Menge werden die Grenzkosten größer als der Grenzerlös. Da der Grenzerlös der auf dem Markt zu erzielende Preis ist, entspricht die Grenzkostenkurve der Angebotskurve. Die Grenzkostenkurve eines Unternehmens bestimmt, welche Mengen dieses bei den verschiedenen Preisen anbieten wird.

*Die Grenzkostenkurve entspricht der Angebotskurve*

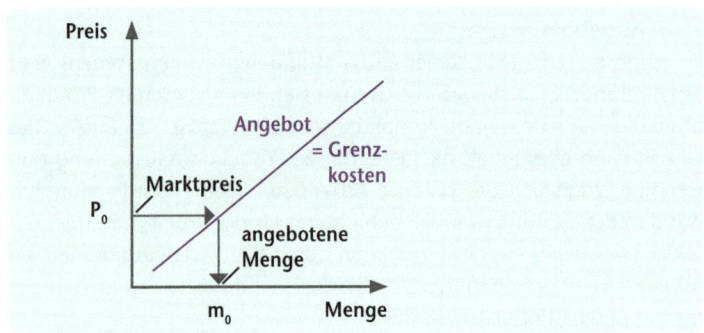

**Weitere Faktoren, die das Angebot beeinflussen**

Sofern alle übrigen Einflussgrößen auf das Angebot konstant gehalten werden, zeigt die Angebotskurve, was bei Preisänderungen mit der angebotenen Menge geschieht, d. h. es ergibt sich eine Bewegung auf der Angebotskurve.

Ändert sich nicht der Preis, sondern ergeben sich Datenänderungen der übrigen Einflussgrößen, sogenannte Schocks, führt dies zu einer Änderung des Angebots und die Angebotskurve verschiebt sich insgesamt. Denkbar ist z. B. ein vergrößertes Angebot aufgrund:

- Preissenkung bei anderen Gütern: So lässt die Preissenkung etwa bei Kompaktkameras die Gewinnerwartungen in diesem Segment sinken, die Kamerahersteller stellen wenn möglich auf Spiegelreflexkameras um;

- Kostensenkung bei den Inputfaktoren: Werden z. B. Rohstoffe oder Zulieferteile wie Speicherchips oder Fotosensoren günstiger, kann bei gleichbleibendem Preis das Angebot ausgeweitet werden;
- Verbesserung der Produktionstechnik bzw. des angewandten technischen Wissens („technischer Fortschritt"): Wird z. B. durch eine Innovation in der Fertigung die Kameraproduktion erleichtert, können mehr Kameras zum gleichen Preis angeboten werden;
- verbesserte Absatz- und Gewinnerwartungen: Wenn die Gewinnerwartungen im Segment der digitalen Spiegelreflexkameras steigen, werden die Unternehmen mehr anbieten;
- Erhöhung der Zahl der Anbieter: Wenn ein neuer Anbieter in den Markt der digitalen Spiegelreflexkameras einsteigt, wird sich das Angebot insgesamt vergrößern.

Grafisch bedeutet dies jeweils eine Verschiebung der Angebotskurve nach rechts. Im jeweils umgekehrten Fall ergibt sich eine Linksverschiebung der Angebotskurve (Abnahme des Angebots).

Die Verschiebung des Angebots bzw. grafisch der Angebotskurve hat ihrerseits Auswirkungen, z. B. bei einem Rückgang des Angebots:
→ der Gleichgewichtspreis steigt.

Dies wiederum ist ein Signal für die Verbraucher, dass es für die Gesellschaft schwieriger geworden ist, die angebotene Menge bereitzustellen, der Konsum geht zurück.

Analoge Effekte gelten bei einer Zunahme des Angebots.

*Die Verschiebung der Angebotskurve (Verringerung des Angebots)*

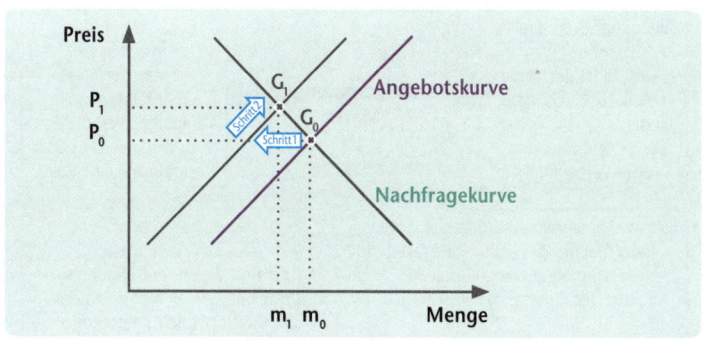

# 3 Der Marktmechanismus

**Wichtige Unterscheidungen**
- „Nachfrage" bzw. „Angebot" bezeichnet die gesamte Nachfrage- bzw. Angebotskurve
- „nachgefragte Menge" bzw. „angebotene Menge" bezeichnet Punkte auf einer Nachfrage- bzw. Angebotskurve
- Datenänderungen, sogennannte Schocks, verschieben immer eine der beiden Kurven
- Es verändert sich dabei stets der Gleichgewichtspreis und damit angebotene und nachgefragte Menge

## Marktformen – das Idealbild des vollkommenen Marktes

Der vollkommene Markt dient in der ökonomischen Theorie der Preisbildung als Bezugspunkt für die in der Wirklichkeit vorherrschenden unvollkommenen Märkte (heterogene Märkte). Die Börse erfüllt die Bedingungen eines vollkommenen Marktes allerdings recht gut. Darüber hinaus findet man in der Realität kaum vollkommene Märkte, verfolgt doch fast jede Unternehmung das Ziel, ihr Angebot von denen anderer Anbieter unterscheidbar zu machen.

*Voraussetzungen eines vollkommenen Marktes*

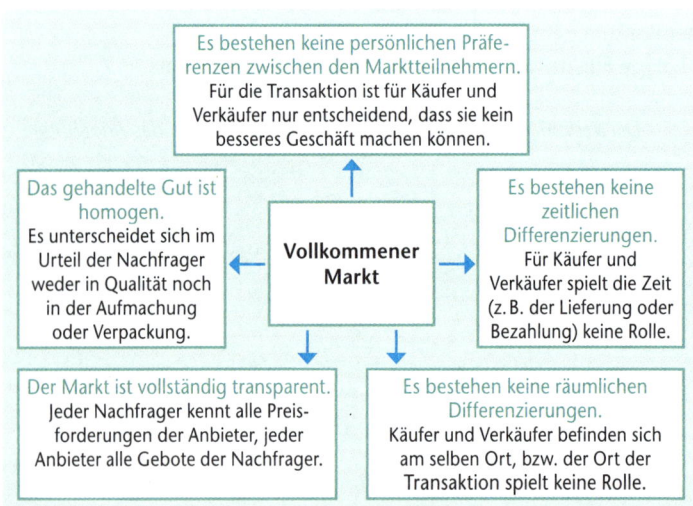

## Unterschiedliche Marktformen – unterschiedliche Wirkungen von Preisveränderungen

Neben dem Grad der Marktvollkommenheit wird die Art des Marktes auch nach der relativen Anzahl und Größe von Anbietern und Nachfragern unterschieden. Die Abgrenzung zwischen den Marktformen allein über die Zahl der Nachfrager und Anbieter ist schwierig – ab welcher Anzahl der Anbieter erfolgt z. B. der Übergang vom Polypol zum Oligopol? Deshalb wird in der Regel die Beweglichkeit der Nachfrage bei Preisänderungen (also der Effekt, den die Preissenkung eines Anbieters auf die Nachfrage der konkurrierenden Anbieter ausübt) als zusätzliches Kriterium zur Unterscheidung der verschiedenen Marktformen benutzt. Die Beweglichkeit der Nachfrage hängt natürlich auch von der Zahl der Nachfrager ab. In der folgenden Tabelle wird zur Vereinfachung von einer großen Zahl an Nachfragern ausgegangen.

*Auswirkungen unterschiedlicher Marktformen auf die Nachfrage*

| Zahl der Anbieter | Marktform | Effekt auf Nachfrage |
|---|---|---|
| Viele Anbieter | Polypol<br><br>z. B. Obst- und Gemüsehändler und Verbraucher auf einem großen Wochenmarkt | Die Nachfrage ist aufgrund einer preispolitischen Maßnahme eines Anbieters nur für diesen, nicht aber für seine Konkurrenten spürbar beweglich. Bietet z. B. ein Händler A auf dem Wochenmarkt seine Tomaten deutlich über dem Durchschnittspreis an, werden fast alle potenziellen Kunden bei anderen Anbietern kaufen. Die Zahl der Anbieter ist aber so groß, dass die anderen Anbieter die Zunahme an Kunden nicht wahrnehmen. Auch eine deutliche Preissenkung durch den Händler A spüren die anderen Anbieter nicht. |

| Zahl der Anbieter | Marktform | Effekt auf Nachfrage |
|---|---|---|
| Wenige Anbieter | Oligopol<br><br>z. B. Flugzeughersteller und Fluggesellschaften | Die Nachfrage ist zwischen den konkurrierenden Anbietern für beide Seiten spürbar beweglich. Z. B. erzielt ein Anbieter durch eine Preissenkung zunächst eine Umsatzerhöhung. Da die Zahl der Anbieter gering ist, spüren die Konkurrenten den Nachfragerückgang deutlich und reagieren u. U. mit eigenen Preissenkungen. |
| Ein Anbieter | Monopol<br><br>z. B. kommunaler Verkehrsbetrieb in einer Großstadt | Der Monopolist muss um den Absatz seines Produktes nicht mit anderen konkurrieren. Z. B. kann ein kommunaler Verkehrsbetrieb die Fahrtentgelte für Busse/Bahnen erhöhen, ohne dass die Nachfrager zu einem anderen Anbieter im ÖPNV wechseln können. Die Nachfrage wird nur in dem Maß sinken, wie die Fahrgäste auf die Nutzung des ÖPNV verzichten. |

**Die Realität: Unvollkommene Märkte**

(→ siehe dazu auch Kap. 4)

Meistens findet man bei der Untersuchung eines Marktes weder vollständige Transparenz noch die Homogenität der Güter. Anbieter und Konsumenten sind meist nicht vollständig über die Qualität, Verpackung und Preise der (Konkurrenz-)Produkte informiert. Persönliche, zeitliche und örtliche Vorlieben (Präferenzen) der Käufer und Verkäufer sind auf den Märkten die Regel. Auch die vollständige Konkurrenz ist auf einem Markt nur selten gegeben. So haben z. B. Tankstellen im ländlichen Raum einen monopolistischen Preisspielraum, d. h. in einem bestimmten Preisspielraum wirkt sich eine Preisänderung kaum spürbar auf den Absatz aus.

## 3.2 Preisbildung auf Märkten

### Leitfragen:
- Wie bildet sich ein Preis am Markt?
- Ist der Markt ein effizientes Instrument?
- Warum schwanken Preise?

### Die „unsichtbare Hand":
### Koordinationsfunktion der Preisbildung auf Märkten

Nachdem im Kap. 3.1 Angebot und Nachfrage jeweils isoliert betrachtet wurden, soll es nun um das Zusammenspiel von Angebot und Nachfrage auf Märkten gehen. Man spricht von der Koordinationsfunktion des Marktes bzw. als Zitat aus dem Werk „The Wealth of Nations" (1776) von Adam Smith auch von der „unsichtbaren Hand" des Marktes.

Im Folgenden soll die Preisbildung im Mittelpunkt stehen, denn Angebot und Nachfrage bestimmen zusammen auf Märkten den Preis für ein Gut bzw. eine Dienstleistung.

*Wie Angebot und Nachfrage den Preis bestimmen*

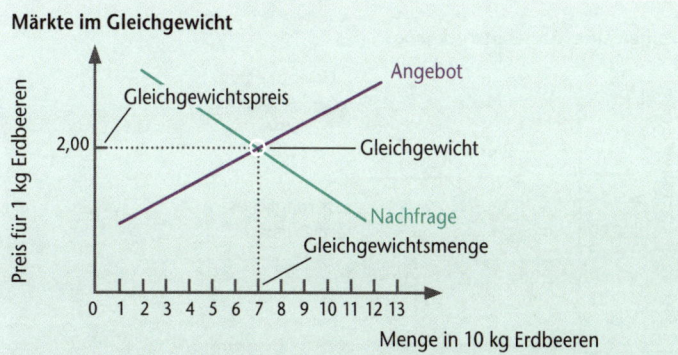

Der Markt befindet sich im Gleichgewicht, die zum Gleichgewichtspreis angebotene Menge an Erdbeeren entspricht genau der nachgefragten Menge. Das Gleichgewicht findet man da, wo sich Angebots- und Nachfragekurve schneiden. Hier beträgt der Gleichgewichtspreis 2,00 € je kg Erdbeeren: Zu diesem Preis werden 70 kg Erdbeeren angeboten und nachgefragt.

# 3 Der Marktmechanismus

## Märkte abseits des Gleichgewichts

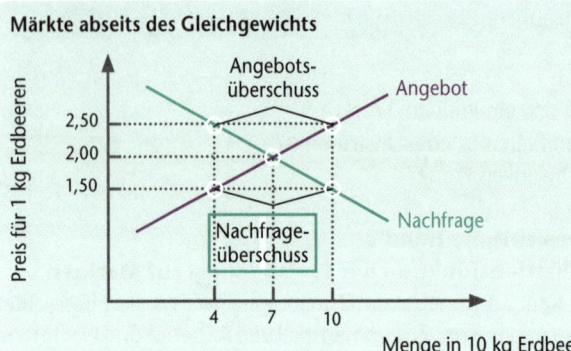

Bei einem Marktpreis von 2,50 € (liegt über dem Gleichgewichtspreis) werden 40 kg Erdbeeren nachgefragt und 100 kg angeboten (Angebotsüberschuss). Die Anbieter konkurrieren, um ihr Angebot loszuwerden. Es kommen nur die Anbieter zum Zug, die zu niedrigeren Preisen anbieten können; dies verändert den Preis in Richtung des Gleichgewichtspreises.

Bei einem Preis von 1,50 € werden 100 kg Erdbeeren nachgefragt und 40 kg angeboten (Nachfrageüberschuss). Die Nachfrager konkurrieren um die knappe Menge; es kommen nur noch diejenigen zum Zug, die bereit sind, höhere Preise zu zahlen; der Preis wird in Richtung des Gleichgewichtspreises steigen.

## Folgen eines Angebotsrückgangs

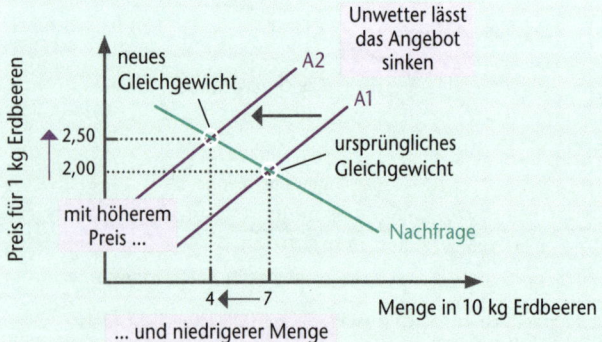

Ein Unwetter vermindert die Angebotsmenge, zum gleichen Preis wird jetzt weniger angeboten als vor dem Unwetter. Dies bewirkt eine Linksverschiebung der Angebotskurve von A1 nach A2. Der Gleichgewichtspreis steigt von 2,00 € auf 2,50 € und die Gleichgewichtsmenge sinkt von 70 kg auf 40 kg.

## 3.2 Preisbildung auf Märkten

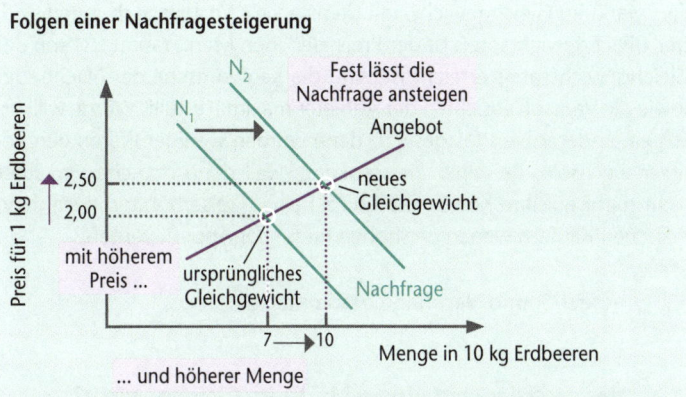

**Folgen einer Nachfragesteigerung**

Ein großes regionales Fest lässt die nachgefragte Menge an Erdbeeren auf dem Markt steigen, da hier viele Haushalte mehr Erdbeeren konsumieren.
Zum gleichen Preis wird also jetzt mehr nachgefragt als vorher. Die Nachfragekurve verschiebt sich nach rechts. Der Gleichgewichtspreis steigt von 2,00 € auf 2,50 €, die Gleichgewichtsmenge steigt von 70 kg auf 100 kg.

Der Schnittpunkt der beiden Kurven (Käufer und Verkäufer bzw. Nachfrage und Angebot) entspricht dem Preis, zu dem es gleich viele Käufer wie Verkäufer gibt. Der Markt befindet sich im Gleichgewicht. In dieser Situation gibt es den Gleichgewichtspreis, und zu dem gehört eine Gleichgewichtsmenge an umgesetzter Ware.
Der Theorie nach nähern sich bei gegebenen Kurven für Kosten (Angebotskurve) und Zahlungsbereitschaften (Nachfragekurve) Preise und gehandelte Mengen auf einem Markt mit Wettbewerb stets dem Gleichgewichtspreis bzw. der Gleichgewichtsmenge an.
Der Markt wirkt als nichtautoritär organisierter Prozess sozialer Kontrolle. Die Marktteilnehmer halten sich gegenseitig in Schach, ohne dies bewusst anzustreben: Wer zum Zuge kommen will, muss der anderen Marktseite eine bessere Tauschgelegenheit bieten als die Konkurrenten. Im Ergebnis führen Märkte zu einer Gleichgewichtssituation, in der die unabhängig gebildeten, eigennützigen Pläne von Anbietern und Nachfragern zueinander passen.
Etwas überspitzt kann man das Diagramm mit den beiden sich schneidenden Kurven auch als „Sinnbild der Ökonomie" bezeichnen. Es zeigt

den Markt im Gleichgewicht, mit dem so viele Vorteile verbunden sind: Der Gleichgewichtspreis ist der Preis, der „den Markt räumt". Wenn der Gleichgewichtspreis erreicht ist, sind die Kaufwünsche der Nachfrager sowie die Verkaufsabsichten der Anbieter maximal erfüllt. Würde willkürlich ein anderer Preis festgesetzt, dann würden weniger Waren den Besitzer wechseln: Bei einer Preissenkung, weil dann manche Verkäufer nicht mehr auf ihre Kosten kämen, bei einer Preiserhöhung, weil dann manchen Käufern wegen der hohen Preise der Appetit vergeht.

Angebot und Nachfrage bestimmen den Preis.

### Wer profitiert auf einem Markt im Gleichgewicht?

Zur Erinnerung: Die Nachfragekurve gibt an, welchen Preis die Konsumenten maximal für ein Gut zu zahlen bereit sind; die Angebotskurve gibt an, welchen Preis die Anbieter für ein Gut mindestens fordern.

Die Nachfrager, die bereit wären, ein Gut auch zu einem höheren als dem aktuellen Marktpreis ($p_0$) zu kaufen (individuelle Zahlungsbereitschaft), erzielen beim Kauf des Gutes einen Vorteil – sie „sparen", d.h. sie erzielen einen (fiktiven) Gewinn, der als „Rente" bezeichnet wird: Grafisch ist das die Fläche zwischen Nachfragekurve und Gerade durch den markträumenden Gleichgewichtspreis (Konsumentenrente).

Die Anbieter, die bereit wären, ein Gut auch zu einem geringeren als dem Marktpreis ($p_0$) anzubieten (individueller Reservationspreis), erzielen ebenfalls einen Vorteil: Grafisch ist das die Fläche zwischen markträumendem Gleichgewichtspreis und Angebotskurve (Produzentenrente). Der Austausch von Waren ist kein Nullsummenspiel, vielmehr gewinnen beide Seiten; andernfalls würde die Transaktion nicht stattfinden.

Der Austausch von Gütern auf einem Markt ist in der Regel eine Win-win-Situation, von der beide Seiten – Anbieter und Nachfrager – profitieren.

Auf den Gesamtmarkt bezogen bezeichnet man die Summe aller individuellen Konsumentenrenten als Konsumentenrente (lila Fläche) und die Summe aller individuellen Produzentenrenten als Produzentenrente (grüne Fläche).

Die Summe der Konsumentenrente und der Produzentenrente auf einem Markt wird mit „Gesamtwohlfahrt" oder „ökonomische Wohlfahrt" oder „sozialer Überschuss" bezeichnet. Im Schaubild wird die Gesamtwohlfahrt als die Summe der zwei Dreiecksflächen links vom Gleichgewichtspunkt der sich kreuzenden Angebots- und Nachfragekurve sichtbar.

*Konsumenten- und Produzentenrente*

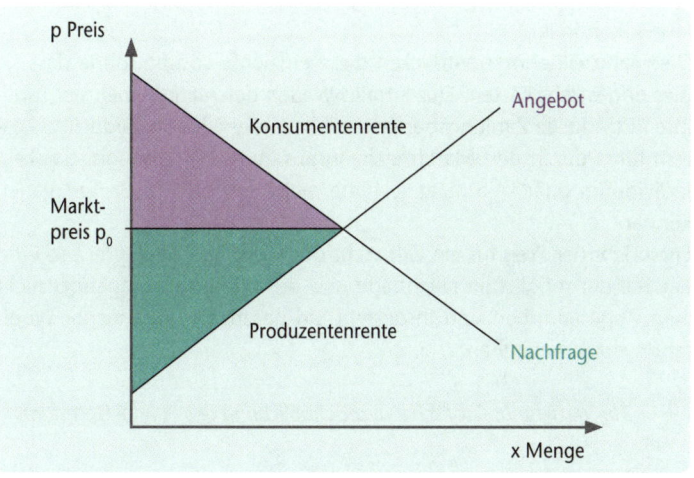

Individuelle Konsumentenrente = Zahlungsbereitschaft – Marktpreis
Individuelle Produzentenrente = Marktpreis – Reservationspreis

### Eigennutz und allgemeiner Wohlstand: Pareto-Optimum

Auf dem vollkommenen Markt führt der Preismechanismus zu maximaler Wohlfahrt.

Gesamtwirtschaftlich beschreibt das Gleichgewicht auf dem Markt mit vollkommener Konkurrenz ein Optimum, da genau in diesem Punkt die Summe der Konsumenten- und der Produzentenrente maximal wird.

# 3 Der Marktmechanismus

Nur im Marktgleichgewicht entspricht der Nutzenzuwachs der letzten Gütereinheit (ausgedrückt durch die dafür bestehende Zahlungsbereitschaft) genau dem Kostenzuwachs. Hier sind alle wechselseitig vorteilhaften Tauschmöglichkeiten genutzt. Die im Wettbewerb hergestellte Verteilung (Allokation) ist effizient, wenn Effizienz gleichbedeutend ist mit der Ausschöpfung aller Handelsgewinne und der Maximierung des sozialen Überschusses. Die Güter gelangen zu den Haushalten, die mit ihrer höheren Zahlungsbereitschaft einen vergleichsweise dringlicheren Bedarf signalisieren, und die Gesellschaft wird von den jeweils kostengünstiger produzierenden Anbietern versorgt. Man spricht in der Ökonomie von Pareto-Optimalität (sogenannter erster Hauptsatz der Wohlfahrtsökonomik).

Die Marktteilnehmer entdecken diese effiziente Lösung, ohne dass sie dies angestrebt hätten. Dezentrales Wissen der Marktteilnehmer (über ihre individuelle Zahlungsbereitschaft bzw. über ihre individuellen Kosten) führt durch den Marktmechanismus zu einem Ergebnis, das kein Individuum oder kein Staat so hätte realisieren oder auch nur planen können.

Entspricht der Preis für ein Gut nicht dem Gleichgewichtspreis, so wird ein Teil der möglichen Nachfrage und des möglichen Angebots nicht zum Zuge kommen und insgesamt ein gesamtwirtschaftlicher Wohlfahrtsverlust entstehen.

*Zur Vertiefung: Grafische Veranschaulichung des Pareto-Optimums*

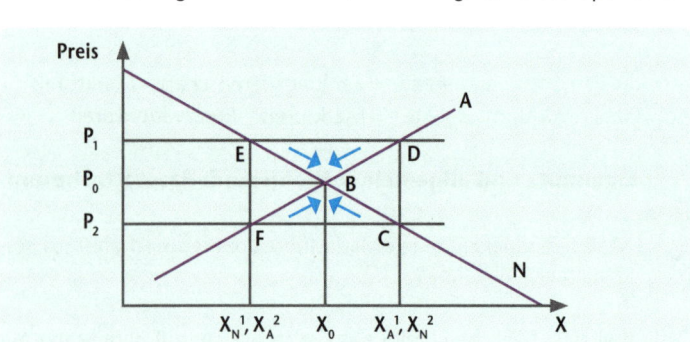

(nach IÖB, Universität Münster)

Würde z. B. der Staat die Gesellschaft mit einer über $X_o$ hinausgehenden Menge $X_A^1$ versorgen, so würde sich ein Nutzenzuwachs entsprechend der Fläche unter der Nachfragekurve ergeben. Der dafür aufzuwendende Kostenzuwachs entspricht der Fläche unterhalb der Angebotskurve und liegt um das Dreieck BCD über dem Nutzenzuwachs. Würde der Staat der Gesellschaft eine geringere Menge $X_A^2$ zur Verfügung stellen, ergäbe sich eine Kosteneinsparung, aber eben ein Nutzenverzicht, der um das Dreieck BEF über der Kosteneinsparung liegt.

### Warum schwanken Preise? Der Schweinezyklus

Die Anbieter orientieren ihre Produktionsmengen für ein Gut an den geltenden bzw. den prognostizierten Preisen. Weil die tatsächlich angebotenen und nachgefragten Mengen aber nicht notwendig mit den prognostizierten Mengen identisch sind, werden die Preise für ein Gut über einen längeren Zeitraum hinweg Schwankungen unterworfen sein.

> Am Preis für Schweine lässt sich dies besonders gut zeigen, da die in Zukunft angebotene Menge hier von dem Preis abhängt, der zu Beginn der Ferkelzucht zu erzielen war. Da das Angebot immer mit Zeitverzögerung auf Preisänderungen reagiert (jede Produktion braucht Zeit), lässt sich das Beispiel der Schweine auf die meisten Güter übertragen. Auch auf dem Arbeitsmarkt kann man das Phänomen des „Schweinezyklus" erkennen. So ist z. B. der Arbeitsmarkt für Lehrer oder IT-Fachleute geprägt durch einen ständigen Wechsel zwischen einem Mangel und einem Überangebot an Arbeitskräften.

# 3 Der Marktmechanismus

## Preisfunktionen

Der Preis übernimmt in der freien Marktwirtschaft unterschiedliche Funktionen.

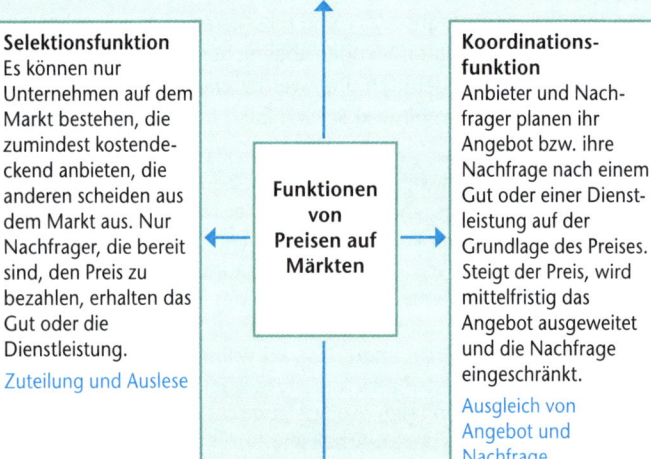

**Informationsfunktion**
Der Preis gibt Auskunft über den relativen Knappheitsgrad eines Gutes oder einer Dienstleistung. Der Preis spiegelt die Wertschätzung (nicht den Wert!) des Gutes oder der Dienstleistung wider. Ein hoher Preis deutet auf eine hohe Knappheit hin.
Knappheitsindikator

**Selektionsfunktion**
Es können nur Unternehmen auf dem Markt bestehen, die zumindest kostendeckend anbieten, die anderen scheiden aus dem Markt aus. Nur Nachfrager, die bereit sind, den Preis zu bezahlen, erhalten das Gut oder die Dienstleistung.
Zuteilung und Auslese

**Funktionen von Preisen auf Märkten**

**Koordinationsfunktion**
Anbieter und Nachfrager planen ihr Angebot bzw. ihre Nachfrage nach einem Gut oder einer Dienstleistung auf der Grundlage des Preises. Steigt der Preis, wird mittelfristig das Angebot ausgeweitet und die Nachfrage eingeschränkt.
Ausgleich von Angebot und Nachfrage

**Allokationsfunktion**
Preise lenken die Produktionsfaktoren Arbeit und Kapital in die Wirtschaftsbereiche, wo die erzielbaren Einkommen (Gewinne) am höchsten sind. Unternehmen haben einen permanenten Anreiz für die effiziente Verwendung knapper Ressourcen.
Anreize und Lenkung

# 4 Grenzen des Preismechanismus

4.1 Unvollständige Märkte und staatliche Eingriffe

4.2 Markt und Einkommen

4.3 Markt und Verbraucher

4.4 Markt und Umwelt

# 4 Grenzen des Preismechanismus

## 4.1 Unvollständige Märkte und staatliche Eingriffe

- **Leitfragen:**
- Wie funktioniert die Preisbildung auf unvollkommenen Märkten?
- Wie wirken staatliche Eingriffe in die Preisbildung?

### Preisbildung auf einem Monopolmarkt

In ihren Modellen gehen Ökonomen gerne von einem atomistischen Markt aus, d. h. ein Markt mit einer Vielzahl von Anbietern und Nachfragern. Auf einem solchen – Polypol genannten – Markt stellt sich idealerweise vollkommene Konkurrenz ein und der Marktpreis ergibt sich allein durch das freie Spiel von Angebot und Nachfrage. Kein einzelner Anbieter oder Konsument hat darauf Einfluss, sondern ist ein sogenannter Preisnehmer. In der Realität gibt es jedoch längst nicht immer diese Marktform. Die Marktformen, die am extremsten von diesem Idealmodell abweichen, werden im Folgenden genauer behandelt.

Auf einem durch ein Monopol geprägten Markt gibt es nur einen Anbieter und/oder Nachfrager. Der Monopolist entscheidet allein über die angebotene Menge und den Preis. Er legt beides so fest, dass bei einer gegebenen Nachfrage(kurve) sein Gewinn maximal wird. Meist liegt dieser Preis über dem Preis, der sich auf einem Markt mit vollständiger Konkurrenz einstellen würde. So werden potenzielle Nachfrager von diesem Markt ausgeschlossen. Der Marktmechanismus führt hier nicht zur bestmöglichen Verteilung und damit nicht zum gesamtwirtschaftlichen Optimum. Der fehlende Wettbewerbsdruck führt zu mangelnder unternehmerischer Dynamik und verringerter Innovationstätigkeit. Folgen sind weniger Service und Qualität als auf einem Wettbewerbsmarkt.

> Die Preisbildung auf einem durch ein Monopol geprägten Markt führt zu einem Rückgang der Konsumentenrente zugunsten der Produzentenrente. Es wird weniger und zu einem höheren Preis angeboten als bei vollständigem Wettbewerb. Insgesamt sinkt die Wohlfahrt.

## 4.1 Unvollständige Märkte und staatliche Eingriffe

Der **Monopolist** muss um den Absatz seines Produktes nicht mit anderen konkurrieren (das Absatzvolumen eventueller anderer Anbieter ist für den Monopolisten nicht fühlbar). D.h. er kann die Preis-Mengenkombination frei wählen. Der auf dem Monopolmarkt zu erzielende Preis hängt von der angebotenen Menge ab.

⇔

Auf einem **vollkommenen Wettbewerbsmarkt** ist der Preis eine Größe, die der einzelne Anbieter nicht beeinflussen kann.

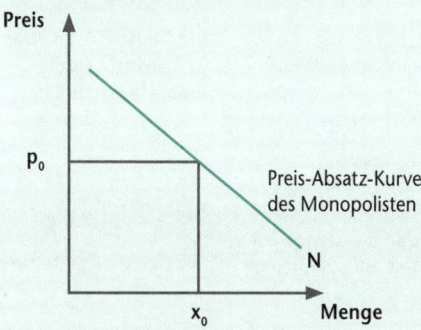

Preis-Absatz-Kurve des Monopolisten:
$y = a - b \cdot x$

### Wie findet der Monopolist das für ihn optimale Absatz-Preis-Verhältnis?

Der Monopolist wird bis zu der Einheit des Gutes anbieten, bei der sein Grenzerlös gleich seinen Grenzkosten ist.

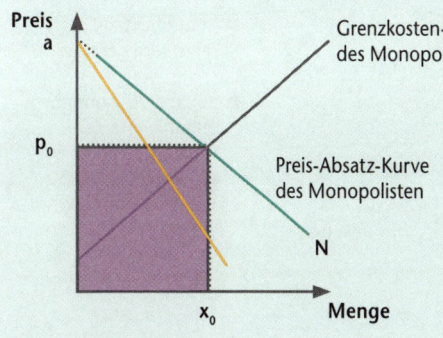

Preis-Absatz-Kurve des Monopolisten:
$y = a - b \cdot x$

Erlös = Menge · Preis
$E(x) = x \cdot P(x)$
$E(x) = x \cdot (a - bx)$
$E(x) = a \cdot x - b x^2$

Grenzerlösfunktion = Ableitung der Erlösfunktion
$E'(x) = a - 2bx$

# 4 Grenzen des Preismechanismus

**Wie findet der Monopolist das für ihn optimale Absatz-Preis-Verhältnis?**

Der Monopolist wird bis zu der Einheit des Gutes anbieten, bei der sein Grenzerlös gleich seinen Grenzkosten ist.

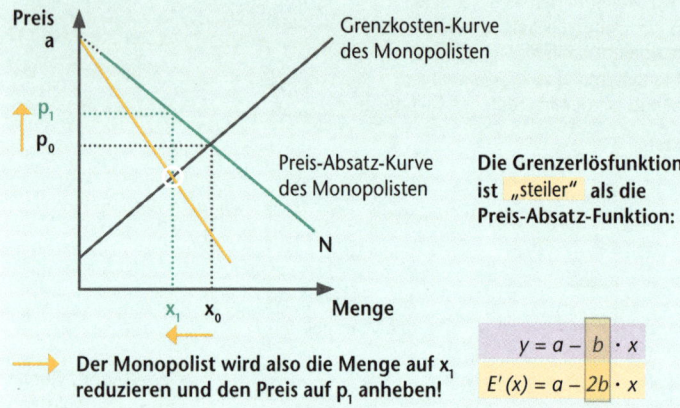

**Die Grenzerlösfunktion ist „steiler" als die Preis-Absatz-Funktion:**

$$y = a - b \cdot x$$
$$E'(x) = a - 2b \cdot x$$

→ Der Monopolist wird also die Menge auf $x_1$ reduzieren und den Preis auf $p_1$ anheben!

**Warum führt der Marktmechanismus auf einem Monopolmarkt nicht zu einem optimalen Ergebnis/zu einer optimalen Verteilung?**

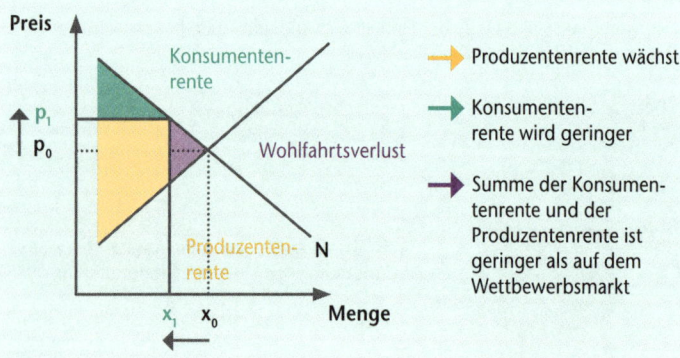

→ Produzentenrente wächst

→ Konsumentenrente wird geringer

→ Summe der Konsumentenrente und der Produzentenrente ist geringer als auf dem Wettbewerbsmarkt

## 4.1 Unvollständige Märkte und staatliche Eingriffe

**Preisbildung auf einem Oligopolmarkt**

Befinden sich auf einem Markt einige, wenige, relativ große Anbieter, so spricht man von einem Oligopol. Im Oligopol besteht bei der Preisbildung eine sehr große Abhängigkeit vom Verhalten der Konkurrenten:

- Preisstarrheit: Wenn kein Anbieter beabsichtigt, Konkurrenten ihre Marktanteile streitig zu machen, ist dies eine relativ stabile Situation. Die Oligopolisten verzichten, da der Spielraum ohnehin gering ist, auf aktive Preispolitik (Preisstarrheit). Der einzelne Anbieter befürchtet selbst bei geringen Preiserhöhungen, denen seine Konkurrenten nicht folgen, Kunden zu verlieren. Die Zahl der verlorenen Kunden hängt dabei davon ab, wie homogen das gehandelte Gut und wie vollkommen der Markt ist. Dass die Konkurrenten seiner Preiserhöhung nicht folgen, ist eine durchaus sinnvolle Annahme, denn sie kommen bereits in den Genuss des erhöhten Absatzes. Bei Preissenkungen würden seine Konkurrenten hingegen mitziehen, sodass er keine zusätzlichen Kunden hinzugewinnt, sondern lediglich seinen Gewinn schmälert. Vielleicht würden die Konkurrenten den Preis sogar etwas weiter senken, sodass diese Strategie für ihn selbst gefährlich werden kann. Der einzelne Anbieter hat also keinen Anreiz, schlafende Hunde zu wecken, und wird auf Preisänderungen gänzlich verzichten.
- Ruinöser Wettbewerb, Kampfstrategie: Der ruinöse Wettbewerb ist dadurch gekennzeichnet, dass einer der Oligopolisten bestrebt ist, seinen Konkurrenten Marktanteile abzujagen und sie womöglich ganz aus dem Markt zu verdrängen. Der Anbieter verzichtet dabei darauf, den Konkurrenten durch eine bessere Leistung zu übertreffen (Leistungswettbewerb), sondern versucht, ihn gezielt durch Setzen von Preisen, die unterhalb der Selbstkosten liegen (Kampfpreise), aus dem Markt zu entfernen. Er hofft dabei darauf, dass er dieses Verhalten etwa aufgrund besonderer finanzieller Polster länger durchhalten kann als seine Wettbewerber. Sind diese aus dem Markt ausgeschieden, so wird er den Preis über die Höhe seiner Durchschnittskosten erhöhen, um die vorher erlittenen Verluste auszugleichen. Dies ist natürlich nur möglich, wenn keine neuen Konkurrenten auftreten.
- Kartellbildung und Preisabsprachen: Über Preis- oder auch Mengenabsprachen können die Oligopolisten versuchen, den Wettbewerb untereinander abzuschwächen oder auszuschalten. Wenn sie sich per Vertrag für eine gemeinsame Preis- oder Mengenpolitik entscheiden,

also praktisch als Monopol auftreten, wird dies als Kartell bezeichnet. Liegt kein Vertrag zugrunde, spricht man von abgestimmten Verhaltensweisen (sogenanntes Frühstückskartell). Durch Kartellbildung ist es den Anbietern möglich, einen Preis oberhalb ihrer Durchschnittskosten durchzusetzen und damit zusätzliche Gewinne zu erzielen. Die Preisbildung entspricht derjenigen im Monopol. Da Kartelle den Wettbewerb aufheben, sind sie grundsätzlich verboten.

**Aufgabe des Staates: Wettbewerbspolitik**
Wenn das gesamtwirtschaftliche Optimum auf Märkten mit mangelndem Wettbewerb verfehlt wird, stellt sich die Frage, wie der Staat korrigierend eingreifen kann. Im Zentrum der staatlichen Anstrengungen zur Sicherung des Wettbewerbs steht die Wettbewerbspolitik. Diese ist angesiedelt beim Kartellamt, der Monopolkommission und der Bundesnetzagentur.

Wesentliche rechtliche Grundlage der staatlichen Anstrengungen, Wettbewerb zu ermöglichen, ist das Gesetz gegen Wettbewerbsbeschränkungen (GWB): Es beinhaltet u. a. in § 1 das Kartellverbot, in § 19 die Definition einer marktbeherrschenden Stellung (bei einem Unternehmen: Marktanteil von mindestens einem Drittel; bei zwei und drei Unternehmen: Marktanteil von 50 Prozent; bei vier und fünf Unternehmen: Marktanteil von zwei Dritteln) und in § 36 die Regelung, dass Zusammenschlüsse nicht zu einer marktbeherrschenden Stellung führen dürfen.

Daneben gibt es weitere rechtliche Regelungen, die alle demselben Ziel dienen, dass nämlich Wettbewerb stattfindet. Dazu gehören z. B. das Gesetz gegen unlauteren Wettbewerb, das Patentgesetz und das Markengesetz.

**Staatliche Eingriffe in die Preisbildung**
Bei der Wettbewerbspolitik geht es darum, die Rahmenbedingungen des Wirtschaftens so zu gestalten, dass die Marktkräfte möglichst ungestört funktionieren. In bestimmten Fällen sind allerdings die Ergebnisse des Marktmechanismus gesellschaftlich nicht erwünscht oder zumindest umstritten. In diesen Fällen fordern gesellschaftliche Gruppen häufig ein direktes Eingreifen des Staates in den Markt (z. B. bei Mietpreisen).

### 4.1 Unvollständige Märkte und staatliche Eingriffe

Der staatliche Eingriff in die Preisbildung in Form von Höchst- oder Mindestpreisen setzt den Marktmechanismus außer Kraft. Dies führt dazu, dass mittelfristig die Nachfrage bzw. das Angebot sinkt. Marktteilnehmer werden versuchen, die Preisbindung zu umgehen. So wird z. B. im Fall von Höchstmieten in der Regel das Angebot an Mietwohnungen seitens der Vermieter zu diesen Bedingungen eher zurückgehen.

**Die Wirkung von Höchstpreisen**

Die Festlegung von Höchstpreisen durch den Staat, z. B. für Mieten oder für Lebensmittel in Notzeiten, wirkt wie eine künstliche Preissenkung und soll dem Schutz sozial Schwacher dienen.

*Auswirkungen von Höchstpreisen*

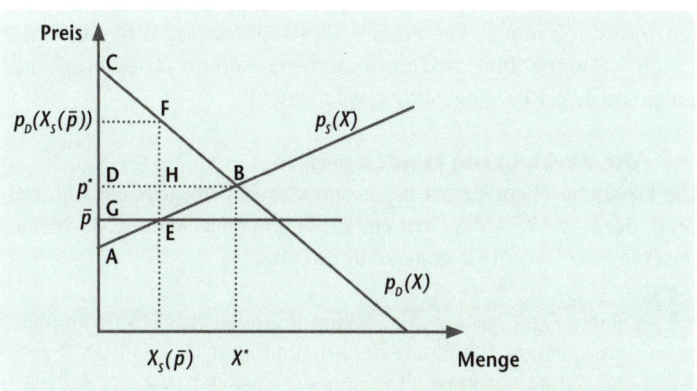

$\bar{p}$ ist der Höchstpreis. Wenn die Produzenten keinen höheren Güterpreis als $\bar{p}$ erzielen können, werden sie nur die Menge $X_s(\bar{p}) < X^*$ anbieten. Die angebotene Menge bleibt also unter der gesamtwirtschaftlich optimalen Menge, weil bei dem niedrigen Preis viele potenzielle Anbieter auf ein Angebot verzichten.

Da es gleichzeitig Individuen gibt, die bereit sind, für das Gut mehr als $\bar{p}$ zu zahlen, ihre höhere Zahlungsbereitschaft aber nicht legal in Nachfrageverhalten umsetzen können, besteht ein Anreiz zur Bildung eines Schwarzmarktes, was typisch ist für Mangelsituationen. Auf diesem werden dann faktisch Preise bezahlt, die weit über dem offiziellen, vom Staat festgelegten Höchstpreis liegen. Damit wird die Preisbildung willkürlich – und das Preissystem büßt seine regulative Funktion ein. Der Markt wird zum Verkäufer-Markt: Die Anbieter gewinnen Macht über die Konsumenten.

> Es gibt durch Preisregulierung einen Wohlfahrtsverlust für die Gesellschaft.

Dieser Verlust ist in der Abbildung durch die Fläche EBF beschrieben. Klar ist außerdem, dass durch den Maximalpreis p die Produzentenrente von ABD auf AEG sinkt. Die Konsumentenrente verändert sich von DBC zu GEFC. Falls der Verlust aufgrund des eingeschränkten Angebots (HBF) den Gewinn der Konsumenten aufgrund des gegenüber dem Konkurrenzmarktpreis reduzierten Preises (GEHD) übersteigt, d. h. falls HBF > GEHD (wie in der Abb.), sinkt die Konsumentenrente und der verteilungspolitische Zweck der Regulierung wird verfehlt.

### Die Wirkung von Mindestpreisen

Die klassische Theorie geht bei einem staatlich festgelegten Mindestpreis, der in der Wirkung einer Preiserhöhung gleichkommt, davon aus, dass die Nachfrage nach einem Gut zurückgeht.

> Bei der Einführung eines Mindestlohns ist davon auszugehen, dass sich die Nachfrage der Arbeitgeber nach Arbeitskraft von $m_0$ auf $m_1$ verringert. Die Zahl der Personen, die ihre Arbeitskraft zum Mindestlohn anbieten, ist größer als beim Gleichgewichtslohn ohne staatlichen Eingriff (Angebotsüberhang). Dieser Argumentation zufolge führt der Preismechanismus nach Einführung des Mindestlohns nicht mehr zu einer optimalen Verteilung und es entsteht Arbeitslosigkeit.

*Die Auswirkung von Mindestpreisen*

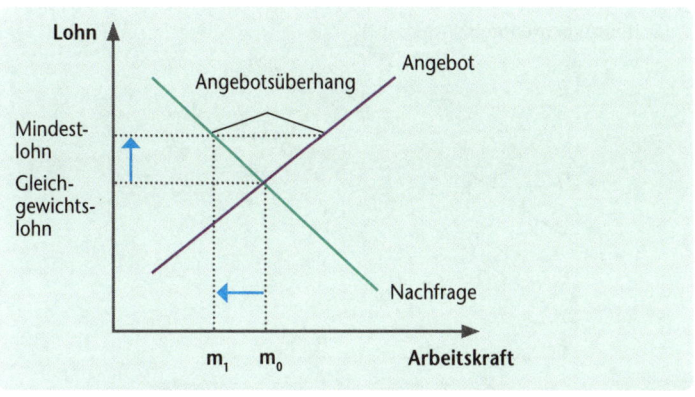

## Umverteilung durch Eingriffe in den Marktprozess: indirekte Steuern

Ein wichtiges Beispiel für staatliche Maßnahmen, die zu einer Veränderung von Marktgleichgewichten führen, stellen Steuern dar. Beispiel für eine indirekte Steuer, d. h. eine Abgabe, die sich auf die Ausgaben für bestimmte Güter bezieht, ist in Form einer Mengensteuer z. B. die Mineralölsteuer in Deutschland. Ihre Bemessungsgrundlage ist die physische Quantität (Liter) des gehandelten Gutes. Eine prozentuale Wertsteuer ist z. B. die Mehrwertsteuer.

Wenn $t$ den Steuersatz einer solchen Mengensteuer bezeichnet, den der Anbieter abführen muss, so bedeutet die Einführung einer Mengensteuer grafisch, dass sich die Angebotsfunktion um $t$ parallel nach oben verschiebt, während die Nachfragefunktion gleich bleibt. D. h. die Steuer treibt einen Keil zwischen Konsumenten- und Produzentenpreis. Es gibt ein neues Marktgleichgewicht in $B_t$: $p_t$ gibt jetzt den von den Verbrauchern entrichteten Preis des Gutes (den Konsumentenpreis) an. Darin ist der Steuersatz $t$ enthalten. Der Nettopreis, den die Anbieter pro verkaufter Menge bekommen (der Produzentenpreis), beträgt $p_t - t$ und liegt damit unter dem alten Preis $p^*$. Die produzierte und am Markt gehandelte Menge sinkt von $X^*$ auf $X^t$.

*Wirkungen einer Mengensteuer*

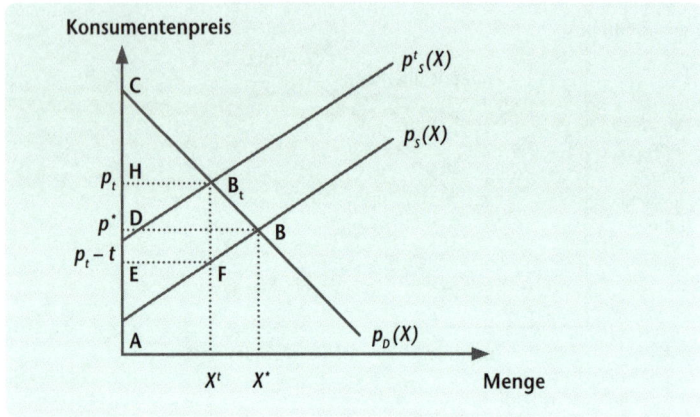

Die gesamte Steuerzahlung $tX_t$ (die Steuereinnahmen des Staates) wird in der Abbildung durch das Rechteck $EFB_tH$ gemessen. Weil durch die Steuer sowohl der Konsumentenpreis erhöht als auch der Produzentenpreis gesenkt wird, trägt nicht eine der beiden Marktseiten allein die Steuerlast. Wenn die Steuer bei den Anbietern erhoben wird, gelingt es diesen also, einen Teil der Steuerlast auf die Nachfrager zu überwälzen.

> Grundsätzlich trägt diejenige Marktseite die höhere Steuerlast, die in Produktion bzw. Konsum weniger gut ausweichen, d.h. substituieren, kann.

Die Mengensteuer hat aber nicht nur Verteilungseffekte, sondern auch einen realwirtschaftlichen Allokationseffekt, d.h. das Produktionsniveau wird durch diese Steuer ebenso beeinflusst wie das gesamtwirtschaftliche Wohlfahrtsniveau: Da die Produktion auf das Niveau $X^t$ zurückgeht, wird das bei $X^*$ gelegene gesamtwirtschaftlich optimale Produktionsniveau nach Erhebung der Steuer nicht mehr erreicht. Der von der Steuer somit ausgelöste reale Wohlfahrtsverlust wird durch das Dreieck $FBB_t$ gemessen, wobei die Annahme gemacht wird, dass mit den Steuereinnahmen eine entsprechende Wohlfahrt erzielt wird. Andernfalls wäre der Wohlfahrtsverlust noch größer.

## 4.2 Markt und Einkommen

**Leitfragen:**
- Woher kommt das Einkommen der Haushalte?
- Brauchen wir mehr Umverteilung der Einkommen?

### Wichtige Begriffe zur Einkommensstatistik

Bei allen Fragen, die im weitesten Sinne mit Einkommen oder gar mit Einkommensgerechtigkeit zu tun haben, tauchen immer wieder Begriffe der Einkommensstatistik auf, die im Folgenden erläutert werden.

- SOEP: Das Sozio-oekonomische Panel (SOEP) ist eine repräsentative Wiederholungsbefragung, die bereits seit knapp 30 Jahren läuft. Im Auftrag des DIW Berlin werden jedes Jahr in Deutschland über 20.000 Personen aus rund 11.000 Haushalten von TNS Infratest Sozialforschung befragt. Die Daten geben Auskunft zu Fragen über Einkommen, Erwerbstätigkeit, Bildung oder Gesundheit. Weil jedes Jahr dieselben Personen befragt werden, können langfristige soziale und gesellschaftliche Trends besonders gut verfolgt werden.

- EVS: Die Einkommens- und Verbrauchsstichprobe (EVS) ist eine wichtige amtliche Statistik über die Lebensverhältnisse privater Haushalte in Deutschland. Sie liefert u. a. statistische Informationen über die Ausstattung mit Gebrauchsgütern, die Einkommens-, Vermögens- und Schuldensituation sowie die Konsumausgaben privater Haushalte. Einbezogen werden dabei die Haushalte aller sozialen Gruppierungen, sodass die EVS ein repräsentatives Bild der Lebenssituation nahezu der Gesamtbevölkerung in Deutschland zeichnet.

- Verfügbares Einkommen = Haushaltsnettoeinkommen: Verfügbares Einkommen bzw. Haushaltsnettoeinkommen bezeichnet den Teil des Einkommens, der – v. a. den privaten Haushalten – nach der Umverteilung über empfangene (Sozialtranfers) und geleistete Transfers (Steuern, Sozialabgaben) für den Konsum und das Sparen zur Verfügung steht.

- Äquivalenz- bzw. Nettoäquivalenzeinkommen: Das Äquivalenzeinkommen ist ein bedarfsgewichtetes Pro-Kopf-Einkommen je Haushaltsmitglied, das ermittelt wird, indem das Haushaltsnettoeinkommen durch die Summe der Bedarfsgewichte der im Haushalt lebenden Personen geteilt wird. Nach EU-Standard wird zur Bedarfsgewichtung die neue OECD-Skala verwendet. Danach wird der ersten erwachsenen Person im Haushalt das Bedarfsgewicht 1 zugeordnet, für die weiteren Haushaltsmitglieder werden Gewichte von < 1 eingesetzt (0,5 für weitere Personen im Alter von 14 und mehr Jahren und 0,3 für jedes Kind im Alter von unter 14 Jahren), weil angenommen wird, dass sich durch gemeinsames Wirtschaften Einsparungen erreichen lassen.

### Einkommensquellen

In der Bundesrepublik beziehen die privaten Haushalte ihr Einkommen aus
- Erwerbseinkünften (unselbständiger oder selbständiger Arbeit),
- Vermögen (z. B. Zinsen, Dividenden, Mieteinnahmen),
- staatlichen Transfereinkommen (z. B. Kindergeld, Arbeitslosengeld),
- nichtöffentliche Transferzahlungen (z. B. (Brutto-)Werks- und Betriebsrenten, Leistungen aus privaten Versicherungen sowie Unterstützung von privaten Haushalten).

*Struktur der Haushaltseinkommen 2013 in Prozent*

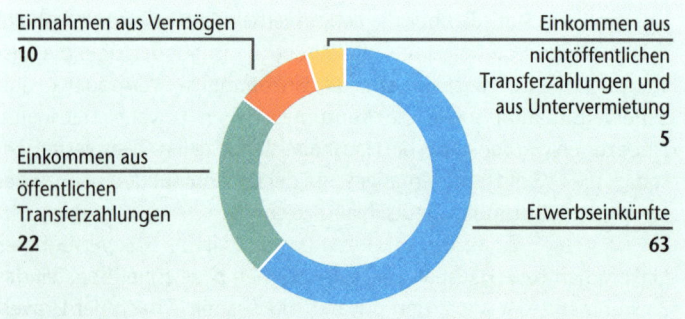

Quelle: Statistisches Bundesamt/Wissenschaftszentrum Berlin (Hg.), Datenreport 2016, Bonn 2016, S. 153

### Einkommensverteilung in Deutschland und im internationalen Vergleich

Bei der Einkommensverteilung muss unterschieden werden zwischen der primären und der sekundären Einkommensverteilung.
Die Primärverteilung ergibt sich unmittelbar aus dem Produktionsprozess und folgt prinzipiell einer Verteilung nach Marktgesetzen. Sie spie-

## 4.2 Markt und Einkommen

gelt die Entlohnung der Produktionsfaktoren Arbeit, Boden und Kapital wider. Betracht werden in der Regel Bruttoeinkommen aus unselbständiger Arbeit, aus selbständiger Tätigkeit, aus Vermietung und Verpachtung und Vermögen.

Die sekundäre Einkommensverteilung ergibt sich durch die staatliche Umverteilung des Einkommens über Steuern und Transfers. Der Staat korrigiert die primäre Verteilung und verteilt dabei Teile der Einnahmen aus Steuern und Sozialabgaben als Transferleistungen nach sozialen Gesichtspunkten, als Geldleistung (z. B. Wohngeld) oder als reale Leistung (z. B. in Form von Studien- oder verbilligten Kindergartenplätzen).

*Von der primären zur sekundären Einkommensverteilung*

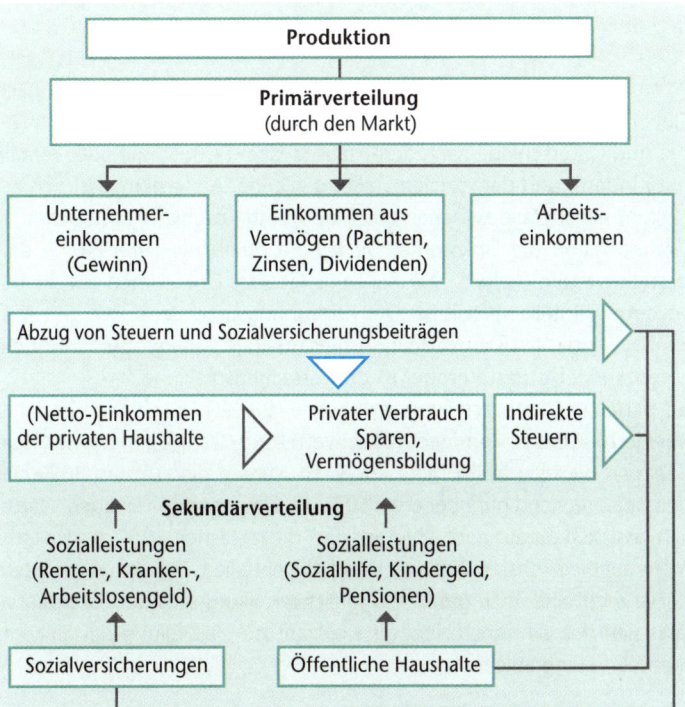

nach: Harald Podolsky, Gesellschaftsstrukturen und sozialer Wandel in der Informationsgesellschaft, Leipzig 2001, S. 77

# 4 Grenzen des Preismechanismus

Funktionale (oder funktionelle) Einkommensverteilung: Bei der funktionalen Einkommensverteilung werden die Einkommen nach den Leistungsarten, für die sie die Gegenleistung darstellen, zusammengefasst. Dabei wird unterschieden in Einkommen aus unselbständiger Arbeit (Arbeitnehmerentgelt, z. B. Löhne und Gehälter) einerseits und Einkommen aus Unternehmertätigkeit (Selbständigeneinkommen) und Vermögen andererseits (zusammenfassend Kapitaleinkommen). Besonders von Bedeutung ist in verteilungspolitischen Fragen der Anteil der Arbeitnehmerentgelte am Volkseinkommen, berechnet als Lohnquote, im Vergleich zum Anteil der Kapitaleinkommen (Gewinnquote). Als Verteilungsmaßstab ist die Lohnquote aber nur bedingt aussagekräftig, z. B. weil die meisten Lohnempfänger auch Vermögenseinkünfte beziehen. In den letzten Jahren pendelte die Lohnquote in Deutschland zwischen 65 und 68 %.

Personale (oder personelle) Einkommensverteilung: Einkommen nach Einkommensbeziehern sind in Deutschland unterschiedlich verteilt. Dabei sind Unterschiede nach dem Haushaltstyp (z. B. Single oder Familie mit Kindern) und der sozialen Stellung wichtig. Außerdem lässt sich ein Einkommensgefälle zwischen West- und Ostdeutschland ausmachen.
Grafisch kann die Einkommensverteilung durch die Lorenzkurve dargestellt werden (siehe S. 93). Sie zeigt, wie das Einkommen auf die Bevölkerungsanteile verteilt ist. Der Krümmungsgrad der Kurve gibt Auskunft über das Maß an Verteilungsgleichheit: Je weniger gekrümmt die Lorenzkurve ist, desto größer ist die Verteilungsgleichheit.
Bei perfekter Gleichverteilung verfügen je 10 % der Einkommensbezieher über je 10 % des Einkommens (Gleichverteilung, Gerade). Betrachtet man dagegen die blau gestrichelte Kurve, so würden die ärmsten 80 % hier dementsprechend nur über etwa 60 % des Einkommens verfügen. Natürlich lässt sich daraus auch ablesen, dass die restlichen 40 % des Einkommens auf die reichsten 20 % der Haushalte entfallen. Die grau gepunktete Kurve zeigt eine noch größere Ungleichverteilung. Aus der Lorenzkurve lässt sich der Gini-Koeffizient als Maßzahl zur Darstellung der Einkommensverteilung ableiten.

## 4.2 Markt und Einkommen

*Die Lorenzkurve*

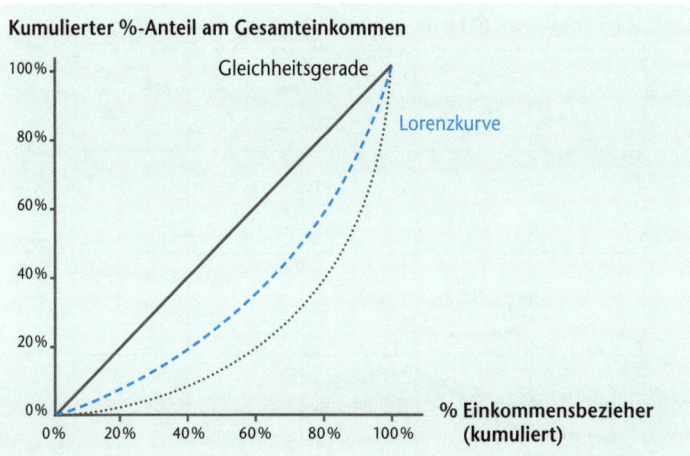

Der Gini-Koeffizient entspricht dabei der Fläche zwischen der Winkelhalbierenden (Gerade der perfekten Gleichverteilung) und der entsprechend ermittelten Lorenzkurve in Relation zur Gesamtfläche unterhalb der Winkelhalbierenden (Dreiecksfläche zwischen der Winkelhalbierenden und der Geraden der perfekten Ungleichverteilung).

Im Falle der maximalen Gleichverteilung der Einkommen (d. h. jede Person bezieht exakt das Durchschnittseinkommen der betrachteten Grundgesamtheit) nimmt der Gini-Koeffizient den Wert Null an, während er im anderen Extremfall einer maximal ungleichen Einkommensverteilung (d. h. eine einzige Person bezieht das komplette Einkommen der betrachteten Grundgesamtheit für sich alleine) den Wert Eins annimmt. Der Gini-Koeffizient ist damit eine Zahl zwischen 0 und 1, je höher er ist, desto ungleicher ist die Verteilung der Einkommen.

# 4 Grenzen des Preismechanismus

*Einkommensungleichheit im Vergleich*

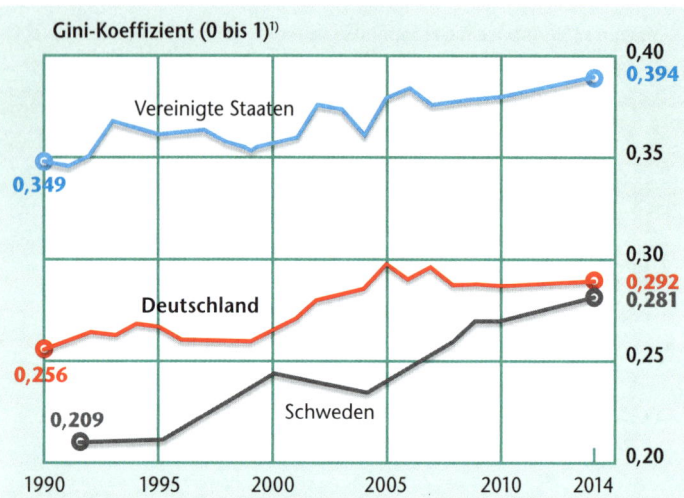

1) Je höher der Wert, desto ungleicher die Verteilung der Einkommen der Haushalte (Einkommen nach Steuern und Sozialtransfers).

Quelle: OECD

### Verteilungsnormen: Wie sollten die Einkommen verteilt werden?

Ohne staatliche organisierte Umverteilung würden viele Menschen im Marktprozess überhaupt keine Einkommen erzielen oder Einkommen, die nicht das Existenzminimum decken. Das Sozialstaatspostulat im Grundgesetz fordert zudem, dass der Staat die primäre Einkommensverteilung durch verteilungspolitische Maßnahmen korrigiert. Im internationalen Vergleich ist das Maß an ausgleichender Umverteilung in Deutschland relativ hoch.

In den verteilungspolitischen Debatten dienen folgende Verteilungsnormen bzw. Gerechtigkeitsvorstellungen der Orientierung:

- das Leistungsprinzip („Jeder nach seinen Fähigkeiten"): Das verfügbare Einkommen sollte sich an der erbrachten Leistung orientieren; wer mehr leistet, sollte mehr erhalten.

## 4.2 Markt und Einkommen

- das Bedarfsprinzip („Jeder nach seinen Bedürfnissen"): Das verfügbare Einkommen sollte eine angemessene Versorgung der Menschen gewährleisten; daraus ist z. B. die Grundsicherung abgeleitet: der Anspruch eines jeden auf die Erfüllung bestimmter, als grundlegend anerkannter Bedürfnisse → Garantie des Mindestlebensstandards.
- das Teilhabe- oder Gleichheitsprinzip: Wenn man von der seltenen und extremen Forderung der absoluten Gleichheit der Einkommen absieht, ist hier in erster Linie die Fähigkeit gemeint, an den allgemeinen Chancen der Gesellschaft teilnehmen zu können, v. a. im Sinne der grundlegenden Lebenschancen in den Bereichen Bildung, Erwerbsarbeit und Gesundheit.

Die Frage nach „gerechter" Verteilung von Einkommen und Vermögen ist Gegenstand steter gesellschaftlicher Kontroversen.

### Umverteilungsinstrumente

Dem Staat stehen zahlreiche Instrumente zur Umverteilung der Markteinkommen zur Verfügung. Die wichtigsten sind das Steuersystem und das System der Sozialversicherungen.

Steuern: Der Staat erhebt Steuern auf Einkommen und Konsum. Höhere Einkommen werden stärker belastet. Die Einnahmen des Staates aus Steuern fließen zu einem Großteil als staatliche Transfers an die privaten Haushalte zurück. Dabei wirken direkte und indirekte Steuern in unterschiedlichem Maße umverteilend.

> Eine indirekte Steuer, wie z. B. die Mehrwertsteuer, wirkt regressiv, d. h. sie belastet Menschen mit geringerem Einkommen stärker, weil diese einen größeren Teil ihres Geldes für Konsumgüter ausgeben müssen. Die Einkommensteuer wirkt progressiv, weil sie höhere Einkommen stärker belastet. Sie eignet sich besonders gut für die Umverteilung.

Sozialversicherungssysteme: Die Beiträge zu den Sozialversicherungen sind einkommensabhängig. Bezieher höherer Einkommen bezahlen höhere Beiträge. Die Leistungen sind jedoch z. B. im Bereich der Kranken- und Pflegeversicherung für alle gleich. Bei der Krankenversicherung sind Kinder und nicht erwerbstätige Ehepartner beitragsfrei mitversichert.

### Einkommensverwendung

Den privaten Haushalten stehen prinzipiell zwei Möglichkeiten offen, ihr verfügbares Einkommen zu verwenden: Sie können es für den Konsum verbrauchen oder sparen. Die jeweiligen Anteile werden als Quoten angegeben. Die Sparquote ist der Anteil der Ersparnisse am verfügbaren Einkommen der privaten Haushalte, die Konsumquote ist der Anteil der Konsumausgaben am verfügbaren Einkommen der privaten Haushalte. Ob eher konsumiert oder gespart wird, ist von vielen Faktoren abhängig:
– Höhe des Einkommens
– Preisentwicklung (Inflationsrate)
– allgemeine Wirtschaftslage (Angstsparen)
– Höhe der Zinsen auf Sparguthaben bzw. Kredite
– eventuell Sparförderung bzw. Konsumanreize des Staates

### Vermögensverteilung

Neben der Einkommensverteilung stellt sich auch die Frage nach der Vermögensverteilung. Hier zeigt sich für Deutschland ein Bild größerer Ungleichheit (Gini-Koeffizient 2014: 0,76). Nach Analysen der Bundesbank (PHF-Studie 2016) belief sich das durchschnittliche individuelle Nettovermögen in Deutschland im Jahr 2014 auf 214.500 Euro. Der Medianwert, der die Haushalte in eine reichere und in eine ärmere Hälfte teilt, lag mit 60.400 Euro für das Nettovermögen deutlich darunter. Die reichsten 10 % der Bevölkerung verfügen über etwa 60 % des Gesamtvermögens.

## Das Privatvermögen in Deutschland

**Bruttovermögen*** 7,4 Bio. € in Billionen € — **Schulden** 1,1 Bio. € = **Nettovermögen** 6,3 Bio. €

**Durchschnittliches Nettovermögen je Einwohner* in Euro**

 93 790 **WEST**

 83 308 **DEUTSCHLAND**

 41 138 **OST**

**Die reichsten 1 %** ... haben ein durchschnittliches **Vermögen** von 817 279 Euro pro Kopf

**7 % der Bevölkerung** ... haben mehr **Schulden** als Vermögen

**20 % der Bevölkerung** ... haben gar **kein** Vermögen

### Und so setzt sich das Bruttovermögen zusammen:

| | Bio. Euro |
|---|---|
| selbst genutztes Wohneigentum | 4,0 |
| sonstige Immobilien | 1,1 |
| Geldvermögen | 1,0 |
| Versicherungen, Bausparverträge | 0,7 |
| Betriebsvermögen | 0,6 |
| Wertsachen | 0,1 |

rundungsbed. Differenz  Stand 2012

*Einwohner ab 17 Jahren, Vermögen ohne Fahrzeuge und Hausrat  Quelle: DIW Berlin, SOEP

# 4 Grenzen des Preismechanismus

## 4.3 Markt und Verbraucher

**Leitfragen:**
- Müssen die Verbraucher geschützt werden?
- Wer schützt die Verbraucher?
- Welche Macht hat der Verbraucher?

### Grundproblematik: Warum der Markt bei Informationsasymmetrien nicht „richtig" funktioniert

Informationsasymmetrien zwischen Anbietern und Nachfragern können dazu führen, dass die Effizienz des Marktmechanismus eingeschränkt ist. Im Idealfall entscheiden die Konsumenten durch ihr rationales Kaufverhalten über die angebotenen Produkte. Diese Sichtweise von der Souveränität der Konsumenten setzt allerdings voraus, dass die Verbraucher über die Produkteigenschaften ausreichend informiert sind. Es müssen also Markttransparenz und ein freier Wettbewerb der Anbieter herrschen. Eine andere Sichtweise geht davon aus, dass die Anbieter aufgrund ihres Informationsvorsprungs über die Produktqualität, ihrer möglicherweise dominierenden Marktposition, mangelnder Markttransparenz oder aggressiver Marketingstrategien den Konsumenten strukturell überlegen sind.

> Ein Beispiel für Situationen mit Informationsasymmetrien sind Situationen, bei denen das verhandelte Produkt verborgene Eigenschaften (hidden characteristics) besitzt: Der Nachfrager kennt nicht alle Eigenschaften des Gutes oder der Dienstleistung vor Vertragsabschluss und kann deshalb die Qualität der angebotenen Leistung vor der Vertragserfüllung nicht beurteilen. So kennt der Verbraucher z. B. nicht die Zusammensetzung und Produktionsbedingungen von Lebensmitteln oder Inhalt und Auswirkungen von Verträgen, z. B. beim Kauf von komplexen Finanzprodukten.

### Verbraucherpolitik: Ziele, Träger, Instrumente

Im Vordergrund der deutschen Verbraucherpolitik steht das Ziel, einen fairen Wettbewerb zu schaffen und den Verbraucher vor übermäßiger Marktmacht zu schützen. Dazu kann der Staat Gesetze erlassen oder

Verbände und Institute fördern, die durch Aufklärung und Information die Stellung des Verbrauchers verbessern möchten. Hier ist aufgrund des europäischen Binnenmarkts insbesondere die Europäische Kommission mit zahlreichen Verordnungen und Richtlinien aktiv geworden. Ergänzt bzw. konkretisiert wird die Verbraucherpolitik der EU durch die nationale Verbraucherpolitik in Deutschland. Ziele der Verbraucherpolitik sind der Schutz vor Irreführung, vor Gesundheitsschädigung, vor unlauteren Verkaufspraktiken und unbilliger Benachteiligung der Verbraucher. Dazu werden von der EU oder Deutschland Gesetze, Richtlinien und Verordnungen erlassen (z. B. Lebensmittelkennzeichnungsverordnung, Gesetz gegen unlauteren Wettbewerb usw.), die die grundsätzlich gewährleistete Vertragsfreiheit im Interesse der Verbraucher einschränken. Darüber hinaus schaffen Einrichtungen wie die Verbraucherzentralen, die Stiftung Warentest sowie nichtstaatliche Organisationen eine größere Markttransparenz und erziehen den Verbraucher durch Aufklärung und Information zu kritischem Konsumverhalten.

### Vertragsfreiheit und Verbraucherschutz im Spannungsverhältnis

Die allgemeine Handlungsfreiheit, die im Art. 2 des Grundgesetzes verankert ist, findet im Zivilrecht in der sogenannten Privatautonomie ihren Ausdruck, also im Recht des Einzelnen, eigenverantwortlich rechtsverbindliche Regelungen treffen zu können. Die Privatautonomie ist damit eine unabdingbare Voraussetzung für eine marktwirtschaftliche Ordnung.

Die Vertragsfreiheit als wichtigste Folge der Privatautonomie beschreibt die Freiheit des Einzelnen, sein Leben durch Verträge frei gestalten zu können. Sie umfasst die Abschlussfreiheit, die Inhaltsfreiheit und die Formfreiheit. Die Vertragsfreiheit findet aber dort Einschränkungen, wo der Gesetzgeber Verträge für sozialschädlich ansieht (z. B. bei Verstoß gegen ein gesetzliches Verbot), wo die Vertragsfreiheit dafür genutzt werden könnte, den freien Wettbewerb zu behindern (z. B. durch Preisabsprachen) und schließlich dort, wo schutzwürdige Interessen von strukturell schwächeren Rechtsbeteiligten dies erfordern (z. B. Verbraucherrecht und Minderjährigenrecht).

# 4 Grenzen des Preismechanismus

Der Gesetzgeber hat deshalb zahlreiche rechtliche Regelungen erlassen, die die Stellung des Verbrauchers gegenüber den Anbietern stärken sollen (Verbraucherschutz). So schützt zum Beispiel das Gesetz gegen unlauteren Wettbewerb vor irreführender Werbung. Das Lebensmittelkennzeichnungsgesetz klärt über die Inhaltsstoffe verpackter Lebensmittel auf.

Beim Verbrauchsgüterkauf – ein Verbrauchsgüterkauf liegt dann vor, wenn ein Verbraucher (§ 13 BGB) von einem Unternehmer (§ 14 BGB) eine bewegliche Sache kauft (§ 474 BGB) – gelten folgende wichtige Sonderregelungen:

§ 475 BGB untersagt den Ausschluss von Gewährleistungsrechten durch den Unternehmer. Die gesetzliche Gewährleistungsfrist von zwei Jahren darf bei neuen Sachen nicht verkürzt werden. Beim Verkauf gebrauchter Sachen ist eine Verkürzung auf ein Jahr möglich.

Der Gefahrübergang (Übergang der Gefahr des zufälligen Untergangs und der zufälligen Verschlechterung der verkauften Sache) beim Versendungskauf auf den Käufer erfolgt erst, wenn die Sache dem Käufer durch das Transportunternehmen übergeben wird (§ 474 II BGB).
Die Beweislastumkehr (§ 476 BGB) besagt, dass in den ersten sechs Monaten regelmäßig vermutet wird, dass ein Mangel bereits bei Gefahrübergang vorgelegen habe und es dem Verkäufer obliegt, das Gegenteil zu beweisen.

Besondere Vertriebsformen stellen nach den §§ 312–312 f. BGB die sogenannten Haustürgeschäfte, die Fernabsatzverträge sowie die im elektronischen Geschäftsverkehr abgeschlossenen Verträge (E-Commerce) dar. Der Gesetzgeber sieht hier eine besondere Schutzwürdigkeit des Verbrauchers gegeben, da er beim Abschluss eines solchen Vertrages nicht über alle nötigen Informationen verfügt, weil er die Sache nicht direkt oder nur kurz in Augenschein nehmen kann. Deshalb wird dem Verbraucher ein besonderes Widerrufs- oder Rückgaberecht bei diesen Vertriebsformen eingeräumt.

## Grundkonzeptionen der Verbraucherpolitik

Eine Grundposition zum Verbraucherschutz geht davon aus, dass die Verbraucher über ihr Nachfrageverhalten das Angebot bestimmen; so reicht ein funktionierender Wettbewerb aus, um die Verbraucherinteressen zu befriedigen (Verbraucherpolitik = Wettbewerbspolitik).

Dem steht die Auffassung gegenüber, dass die Anbieter allein über die Produkteigenschaften informiert sind und über Werbung und Marketing die Nachfrage steuern können. Das Angebot richtet sich allein nach den Interessen der Anbieter.

In der Sozialen Marktwirtschaft wird sich Verbraucherpolitik zwischen diesen beiden Extremen bewegen. Der Staat kann zu marktkonformen und marktkompensatorischen Maßnahmen greifen: von unabhängiger Verbraucherinformation und Selbstverpflichtungen der Anbieter über Verbrauchererziehung bis zu einer stärkeren Kontrolle des Anbieterverhaltens durch gesetzliche Regelungen.

## Die wichtigsten Konzeptionen im Überblick

**Wettbewerbspolitik alleine stärkt den Verbraucher:** Die Verbraucher steuern durch ihr Nachfrageverhalten die Produktion und befriedigen damit ihre Bedürfnisse optimal. Ist der Markt durch Konkurrenz geprägt (Leitbild „vollkommener Markt"), so reguliert er sich selbst. Ein funktionierender Wettbewerb bedeutet demnach eine grundsätzlich starke Stellung des Verbrauchers, denn an seiner Nachfrage orientiert sich die Produktion. Der Kauf ist eine Stimmabgabe für das beste Produkt. Staatliche Wettbewerbspolitik ist hier insofern nötig, um die Funktionsfähigkeit des Marktes aufrecht zu erhalten. Dieser Konzeption geht auf Adam Smith und die „Freiburger Schule" (Ordoliberalismus) zurück.

**Wettbewerbs- und Informationsmodell:** Die Verbraucher sind mit einer immer größer werdenden Produktvielfalt, komplizierter werdenden Gütern sowie einseitigen bzw. irreführenden Herstellerinformationen konfrontiert. Eine vollständige Markttransparenz kann nicht vorausgesetzt werden. Der Verbraucher gerät deshalb in eine gegenüber dem Produzenten unterlegene Position. Um diese Unterlegenheit zu korrigieren, bedarf es der Verbraucherinformation, z. B. durch unabhängige Produkttests. Die Bürger organisieren und finanzieren selbst die Institutionen, die entsprechende Informationen zur Verfügung stellen (ggfs. kommt staatliche Anschubfinanzierung hinzu).

Das Gegenmachtmodell: Die Verbraucher besitzen Wahlfreiheit, auf diese reagiert der Markt – Verbraucherbedürfnisse und Herstellerinteressen beeinflussen sich gegenseitig. Die Freiheit der Verbraucher ist aber Beschränkungen unterworfen, wie z. B. den Produktionsentscheidungen der Hersteller, der Stimulierung von Verbraucherbedürfnissen, der mangelnden Erkenntnis über eigene Bedürfnisse und den mangelnden Informationen über Güter. Der Anbieter ist in Sachen Kompetenz, Information und Macht dem Verbraucher immer voraus. Es muss also einen Machtausgleich zugunsten der Verbraucher geben, den der Staat herstellen muss. Dazu dienen z. B. Verbrauchererziehung in Schule und Erwachsenenbildung und klare Gegeninformationen zu den Herstellerinformationen. Die Wettbewerbspolitik muss stärker auf die Kontrolle des Anbieterverhaltens ausgerichtet sein. Verbraucherpolitik ist nicht der Wettbewerbspolitik untergeordnet, die Selbstregulierung der Anbieter kann staatliches Handeln nicht ersetzen.

Partizipatorisch-emanzipatorischer Ansatz: Die Bedürfnisse der Verbraucher werden von den Anbietern durch Marketingaktivitäten geformt. Die Verbraucher können nur auf ein Angebot reagieren, das von den Anbietern (auf der Grundlage ihrer eigenen Interessen) geprägt wurde. Die Macht der Anbieter resultiert aus deren ökonomischer Macht. Ihnen steht eine Vielzahl ökonomisch unbedeutender und isoliert handelnder Haushalte gegenüber. Die Verbraucher sind den Anbietern generell unterlegen, was in der marktwirtschaftlichen Ordnung begründet liegt. Letztendlich ist also die Umgestaltung des marktwirtschaftlichen Systems das Ziel dieses Ansatzes. Die Verbraucher werden dann direkt an den Produktionsentscheidungen beteiligt, sie sollen (z. B. in Form von Verbraucherräten) sehr früh auf ihre zukünftige Bedürfnisbefriedigung Einfluss nehmen.

## 4.4 Markt und Umwelt

**Leitfragen:**
- Warum versagt der Markt beim Umweltschutz?
- Welche Handlungsmöglichkeiten hat die Politik?
- Was ist nachhaltiges Wirtschaften?

### Das Verhältnis Ökonomie – Ökologie

Man kann nicht grundsätzlich von einem Widerspruch zwischen Ökologie und Ökonomie sprechen: So sind Maßnahmen zur Einsparung von Energie nicht nur ökologisch sinnvoll, sondern entsprechen auch dem ökonomischen Prinzip. Ähnliches gilt für den technologischen Fortschritt: Umweltinnovationen können gleichzeitig die Umweltqualität und das Wirtschaftwachstum verbessern bzw. fördern.

Gleichwohl begegnen uns, wenn es um den Schutz der Umwelt und der natürlichen Lebensgrundlagen geht, Grenzen des Marktes in vielfältiger Form. Es stellt sich die Frage, wie Politik und Wirtschaft mit dieser Herausforderung angemessen umgehen können.

### Umweltprobleme

Die bestehenden Umweltprobleme stellen die Weltgemeinschaft vor große Herausforderungen: Klimawandel, Luft- und Wasserverschmutzung, Übernutzung von Ressourcen und schwindende biologische Vielfalt führen zu einer teilweise irreparablen Schädigung des Ökosystems Erde. Die allgemeinen Ursachen dafür liegen darin, dass der Mensch die Natur in immer stärkerem Maße als Konsumgut, als Produktionsfaktor und Aufnahmemedium für Schadstoffe nutzt und diese Nutzung kostenlos ist, da die Natur keinen Preis hat.

### Ursache Marktversagen: Umweltschäden als Folge negativer externer Effekte

Bei der Forschung nach den Ursachen für das umweltschädliche Verhalten des Menschen offenbart sich ein grundsätzliches Problem.

Beim Umweltschutz versagt der Marktmechanismus, weil in die Preise vieler Güter nicht die tatsächlichen Kosten einfließen.

# 4 Grenzen des Preismechanismus

Wer mit dem Auto fährt, bezahlt zwar das Benzin, nicht aber die Kosten der Luftreinhaltung, der Straßensanierung, Kosten für die Zerstörung der Landschaft bei der Ölförderung usw.

Ökonomen sprechen von negativen externen Effekten, wenn sich Kosten einer ökonomischen Aktivität nicht vollständig im Preis abbilden und also vom Verursacher getragen werden, sondern in Teilen auf einzelne Betroffene oder die Gesellschaft übertragen werden können. Diese Güter werden in der Regel zu intensiv genutzt.

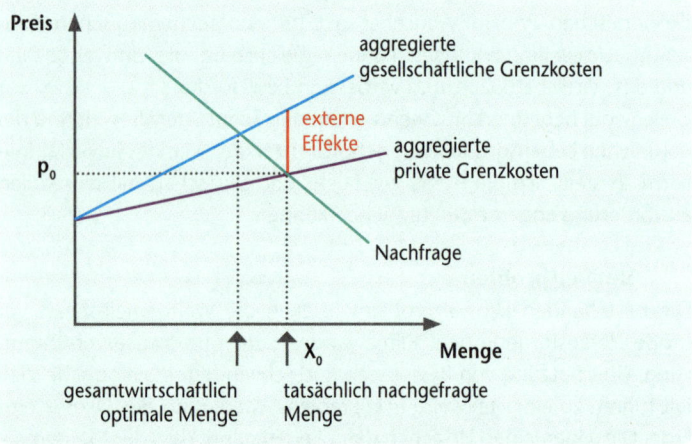

Wenn bestimmte Güter keinen Preis haben oder sich zumindest nicht alle bei der Produktion oder beim Gebrauch anfallenden Kosten im Preis abbilden, so werden Kosten auf die Allgemeinheit übertragen und das Gut wird dadurch billiger. Es besteht dann ein Anreiz, mehr von diesem Gut zu produzieren und zu konsumieren als bei einem Preis, der alle Kosten abbilden würde.

## 4.4 Markt und Umwelt

**Lösungsansätze**

> Die Lösung besteht darin, die Kosten, die auf „die anderen" entfallen, zu internalisieren, d. h. im Preis abzubilden. Man nennt dies Verursacherprinzip.

Bilden sich die gesamten gesellschaftlichen Kosten des wirtschaftlichen Handelns im Produktpreis ab, so erhöht sich der Preis. Bei erhöhtem Preis wird in der Regel auch weniger von dem schädlichen Gut bzw. der schädlichen Leistung angeboten bzw. nachgefragt. Theoretisch könnte die Internalisierung der Kosten von den Verursachern und Betroffenen selbst ausgehandelt werden. Voraussetzung dafür wäre eine klare Zuteilung von Eigentumsrechten. Dann könnte z. B. der Besitzer einer Viehherde, die den Besitzer einer benachbarten Weide schädigt, Schadensersatz verlangen. Eine private Verhandlungslösung scheidet jedoch vielfach aus, weil die Betroffenen nicht eindeutig bestimmt werden können, weil damit hohe Vertragsabschlusskosten verbunden sind (Transaktionskosten) und es keine Sanktionsmöglichkeiten gibt.

### Das Problem der öffentlichen Güter

Die „Allmende" bezeichnete im Mittelalter die gemeinschaftlich genutzte Dorfwiese, auf der jeder Dorfbewohner sein Vieh weiden lassen konnte. Die Allmende war also Gemeineigentum. Da bei dieser Konstellation der Nutzen einer weiteren Einheit (z. B. Ertrag eines Schafes) privatisiert, die Kosten (Schaden an der Wiese) aber vergesellschaftet werden, besteht ein großer Anreiz zur Übernutzung. Die Grundproblematik trifft im Prinzip auf alle öffentlichen Güter zu, die dadurch gekennzeichnet sind, dass andere Nutzer nicht oder nur mit großem Aufwand vom Konsum ausgeschlossen werden können (Nicht-Ausschließbarkeit) und der Konsum den Konsum anderer nicht oder nicht in vollem Umfang beeinträchtigt (Nicht-Rivalität). Beispiele für diese öffentlichen Güter sind saubere Luft, Sicherheit, Hochwasserschutz, Fischbestände, Wildtiere …

Das Problem besteht im Umgang des Menschen mit diesen Gütern. Ohne Absprachen oder staatliche Regelungen wird ein rationaler Entscheider sich so viel wie möglich von diesem Gut beschaffen, da entweder die Möglichkeit zum Weiterverkauf oder eine direkte eigene

Nutzenerhöhung mit der Verwendung des Gutes einhergeht. Da sich erwartungsgemäß alle Individuen so verhalten, kann dies zu nachhaltigen Schäden an der Ressource führen.

Da sowohl das Problem der Externalisierung als auch die Allmende-Problematik sich kaum durch private Vereinbarungen lösen lassen, muss in der Regel der Staat durch Umweltpolitik zum Schutz der natürlichen Lebensgrundlagen beitragen. Dabei kann er sich verschiedener Instrumente bedienen, um seine Ziele zu erreichen.

### Instrumente der Umweltpolitik

| ordnungspolitische Instrumente | Instrumente des Marktes | Selbstverpflichtungen und Information |
|---|---|---|
| Beispiele | Beispiele | Beispiele |
| • Gebote, z. B. Vorgabe von Immissionswerten, Flächennutzungspläne für Neubaugebiete<br>• Verbote, z. B. Verbot der Produktion von FCKW<br>• Umweltverträglichkeitsprüfungen<br>• Naturschutzmaßnahmen<br>• Kennzeichnungsverordnungen | • Umweltsteuern, z. B. Ökosteuer, Schwefelsteuer auf Kfz-Kraftstoffe<br>• Emissionshandel, $CO_2$-Zertifikate<br>• Abgaben, z. B. Abwasserabgaben<br>• Subventionen, z. B. für die Einspeisung von Solarstrom | • Vereinbarungen zur Rücknahme von Verpackungen<br>• autofreie Sonntage<br>• Umweltaktionsveranstaltungen<br>• Veröffentlichung von Umweltbilanzen<br>• Umweltsiegel |

*nach: Thomas Int-Veen u. a., Strukturwissen Wirtschafts- und Sozialkunde, Troisdorf 2009, S. 124*

Sollen die Ziele schnell erreicht werden, so kann der Staat auf die Mittel des Ordnungsrechts zurückgreifen (Ge- und Verbote, Grenzwerte, Produktstandards usw.). Doch sind ordnungsrechtliche Maßnahmen oft mit hohen Kosten verbunden, da sie auch überwacht und durchgesetzt werden müssen. Marktwirtschaftliche Instrumente sind oft effizienter: Steuern, Lizenzen oder Subventionen schaffen Anreize, Konsum und Produktion in eine bestimmte Richtung zu lenken. Bei den Lizenzen oder Zertifikaten werden Verschmutzungsrechte zugeteilt, die über einen bestimmten Zeitraum verknappt werden. Die Rechte können über den Markt gehandelt werden. So kann erreicht werden, dass die Verschmutzung dort reduziert wird, wo dies am kostengünstigsten ist. Und schließlich kann der Staat über Informationen und Appelle versuchen, die Menschen zu einer Verhaltensänderung zu bewegen. Die Wirksamkeit der Maßnahmen ist in der Regel jedoch begrenzt.

Im Folgenden werden verschiedene umweltpolitische Maßnahmen und Instrumente vorgestellt: Der Emissionshandel, die Ökosteuer sowie die Pigou-Steuer.

Die Internalisierung externer Kosten über einen Emissionsrechtehandel unter Ausnutzung des Marktmechanismus ist im Ansatz positiv zu bewerten, steht und fällt aber mit der Limitierung des Gesamtausstoßes an $CO_2$ und deren ständiger Anpassung. Verbote und Auflagen zeigen dagegen schnell konkrete Ergebnisse, sind in einer Marktwirtschaft allerdings nicht systemkonform und müssten ebenfalls permanent überwacht und angepasst werden.

*Emissionshandel – ein Marktplatz für Verschmutzungsrechte*

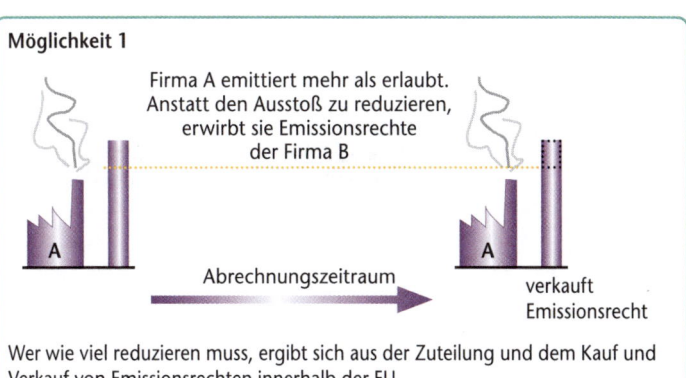

**Möglichkeit 1**

Firma A emittiert mehr als erlaubt. Anstatt den Ausstoß zu reduzieren, erwirbt sie Emissionsrechte der Firma B

Abrechnungszeitraum

verkauft Emissionsrecht

Wer wie viel reduzieren muss, ergibt sich aus der Zuteilung und dem Kauf und Verkauf von Emissionsrechten innerhalb der EU.

# 4 Grenzen des Preismechanismus

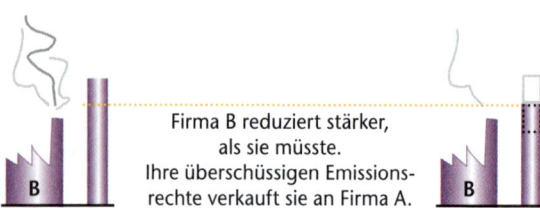

Firma B reduziert stärker, als sie müsste. Ihre überschüssigen Emissionsrechte verkauft sie an Firma A.

Für Firma A lohnt es sich nicht, Emissionen abzubauen.
Für sie ist es billiger, Emissionsrechte von B zu kaufen. Für B wiederum lohnen sich die Reduktion und der Verkauf von Emissionsrechten.

**Möglichkeit 2**

Firma C finanziert ein Umweltschutzprojekt im Auslandsunternehmen D. Dieses überlässt C im Gegenzug die überschüssigen Emissionsrechte

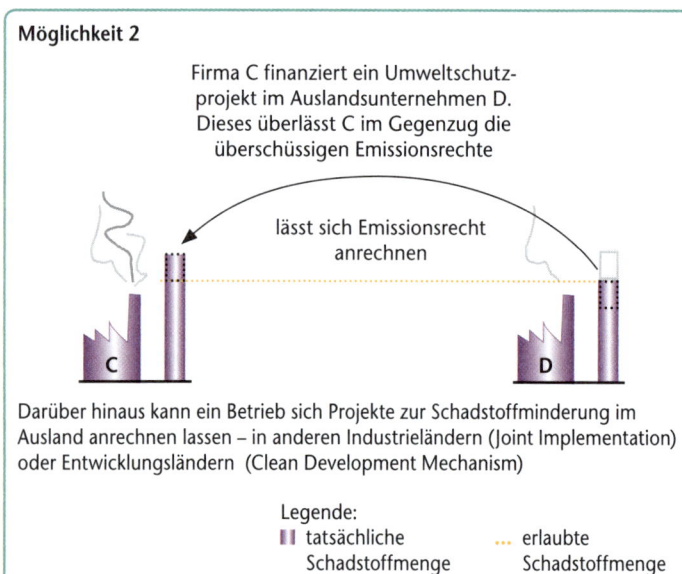

lässt sich Emissionsrecht anrechnen

Darüber hinaus kann ein Betrieb sich Projekte zur Schadstoffminderung im Ausland anrechnen lassen – in anderen Industrieländern (Joint Implementation) oder Entwicklungsländern (Clean Development Mechanism)

Legende:
- ▌▌ tatsächliche Schadstoffmenge
- ... erlaubte Schadstoffmenge

*nach: Financial Times Deutschland, 3.9.2003*

## 4.4 Markt und Umwelt

*Mineralöl- oder Ökosteuer in Deutschland als Mengensteuer*

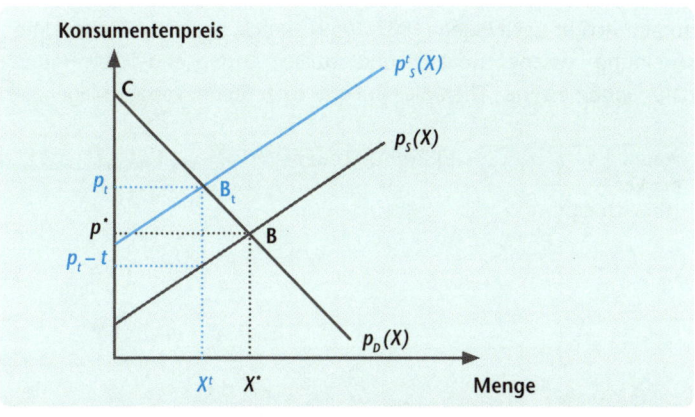

Bei der Ökosteuer muss der Anbieter pro quantitativer Einheit Energieverbrauch oder umweltschädlichem Gut (Liter, Kilogramm) einen Steuerbetrag t an den Fiskus abführen, wobei der Staat vermutet, dass t den externen Kosten des betreffenden Energieverbrauchs/Gutes entspricht.

Die Steuer treibt einen „Keil" zwischen Konsumenten- und Produzentenpreis: Bezahlen Konsumenten Preis $p_t$, erhalten Produzenten netto nur $p_t - t$.
Die Angebotsfunktion $p_s(X)$ verschiebt sich um t parallel nach oben $p_s^t(X)$.

Neues Marktgleichgewicht in $B_t$ mit:

| | |
|---|---|
| Konsumentenpreis | $p_t$ ($> p^*$) |
| Produzentenpreis | $p_t - t$ ($< p^*$) |
| Gütermenge | $X^t$ ($< X^*$) |

Allgemein gesprochen geht in der Konsequenz also die nachgefragte bzw. angebotene Gleichgewichtsmenge des schädlichen Gutes zurück. Als weitere konkrete Konsequenz gilt: Die im Vergleich mit den Vereinigten Staaten in Europa hohe Steuerbelastung beim Treibstoff hat zur Entwicklung sparsamerer Motoren und damit – ceteris paribus – zu einem geringeren Treibstoffverbrauch pro Kopf geführt.

# 4 Grenzen des Preismechanismus

### Vergleich Steuer – Zertifikatehandel

Die Bezeichnung „Pigou-Steuer" geht auf den britischen Nationalökonomen Arthur Cecil Pigou (1877–1959) zurück, der die wichtige Unterscheidung zwischen privaten und sozialen Kosten entwickelt und die dafür angemessene „Therapie" in Form einer Steuer vorgeschlagen hat.

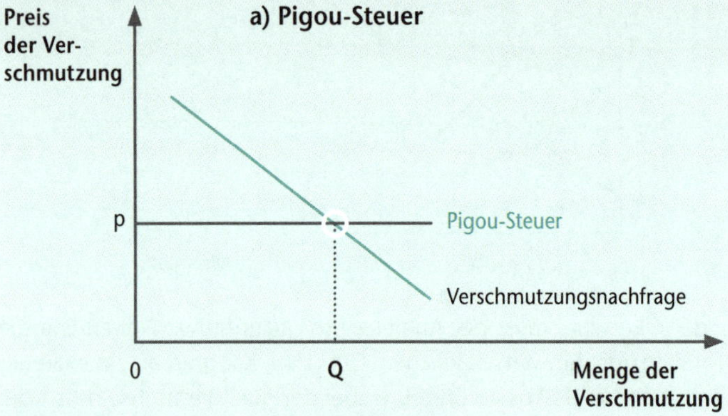

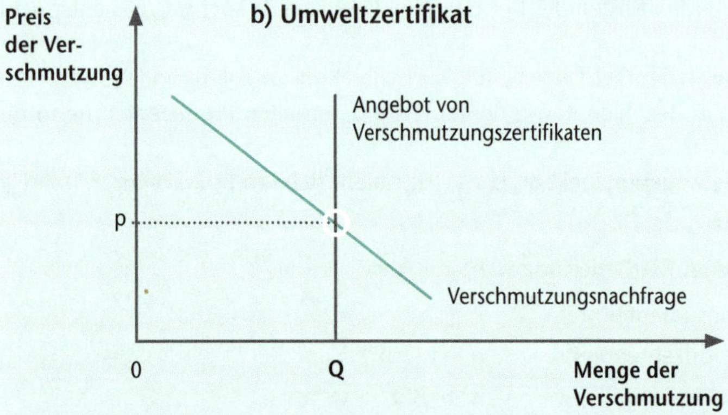

**a) Pigou-Steuer**

**b) Umweltzertifikat**

Im **Diagramm a)** wird durch Erhebung einer Pigou-Steuer vom Staat ein Preis auf die Umweltverschmutzung gelegt und die Nachfragemenge bestimmt die Verschmutzungsmenge.
Im **Diagramm b)** wird die Verschmutzungsmenge durch Ausgaben einer beschränkten Zahl staatlicher Umweltzertifikate festgelegt und die Nachfragekurve bestimmt den Verschmutzungspreis.
In beiden Fällen stimmen Preis und Menge der Verschmutzung überein.

## Umweltbelastung und Wohlstand

*Die Umwelt-Kuznets-Kurve*

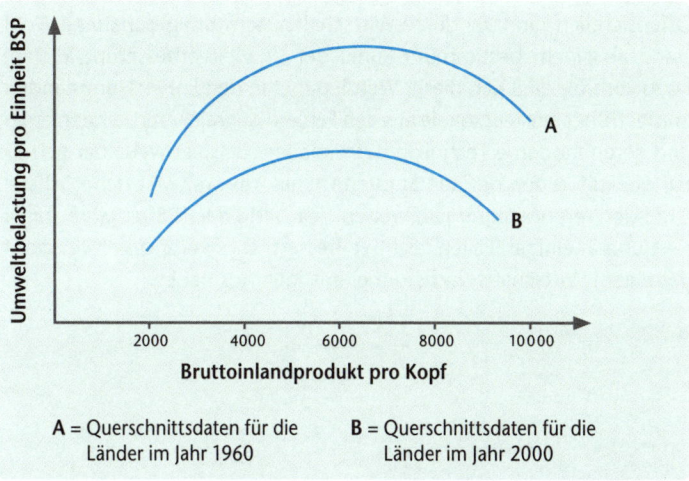

A = Querschnittsdaten für die Länder im Jahr 1960

B = Querschnittsdaten für die Länder im Jahr 2000

Die sogenannte Umwelt-Kuznets-Kurve stellt grafisch den Zusammenhang zwischen Bruttoinlandsprodukt (BIP) pro Kopf in Euro und der Umweltbelastung pro Einheit BIP dar. Das BIP ist die Maßgröße für das Wirtschaftswachstum.

Im ersten Teil der Grafik zeigt sich ein Zielkonflikt zwischen Wirtschaftswachstum bzw. materiellem Wohlstand und Umweltschutz: Mit zunehmendem BIP steigt die Kurve der relativen Umweltbelastung zunächst an. Das bedeutet, dass mit zunehmendem Wirtschaftswachstum bzw. materiellem Wohlstand die Umwelt stärker beeinträchtigt wird. Dies entspräche einer konkurrierenden Zielbeziehung.

Ab dem Maximum fällt die relative Umweltbelastung pro weitere Einheit BIP jedoch wieder. D.h., ab einem bestimmten Pro-Kopf-BIP geht die relative Umweltbelastung wieder zurück. Zumindest mit der relativen Umweltbelastung stünde der weitere BIP-Anstieg daher in einer komplementären Zielbeziehung. Die Grafik ermöglicht allerdings keine Aussage über die absolute Höhe der Umweltbelastung.

# 4 Grenzen des Preismechanismus

„Wohlstand schafft geringere Umweltbelastung" – so könnte die Schlagzeile über der Grafik lauten. Wie man sehen kann, nimmt die Umweltbelastung nicht nur mit zunehmendem Wohlstand ab, sondern im Laufe der Zeit auf allen Einkommensebenen.

Offensichtlich kann der durch Wirtschaftswachstum geschaffene Wohlstand ab einem bestimmten Punkt der Umweltverbesserung dienen. Dazu kommt, dass sich dieser Wendepunkt in den Entwicklungsländern immer früher einstellt, da sie aus den Fehlern der reicheren Länder lernen und deren moderne Technik nutzen können. Beispielsweise hat sich die Luftqualität in den riesigen Städten Chinas, die weltweit den höchsten Grad der Verunreinigung aufweisen, seit Mitte der 1980er Jahre stabilisiert und in einigen Fällen leicht verbessert. Dies vollzog sich zeitgleich mit einem Wirtschaftswachstum einmaligen Ausmaßes.

# 5 Die Welt der Unternehmen

5.1 Unternehmen im Wirtschaftsgeschehen

5.2 Ziele und Verantwortung von Unternehmen

5.3 Rahmenbedingungen der Unternehmenstätigkeit

5.4 Wirtschaften im Unternehmen

5.5 Investition und Finanzierung in Unternehmen

# 5 Die Welt der Unternehmen

## 5.1 Unternehmen im Wirtschaftsgeschehen

**Leitfragen:**
- Warum existieren Unternehmen?
- Welche Bedeutung haben Unternehmensgründungen?

### Warum es Unternehmen gibt

Unternehmen erfüllen für Wirtschaft und Gesellschaft mehrere Funktionen. Ihr zentraler Zweck ist es, Güter zu produzieren und damit Gewinne zu erwirtschaften. Mit diesen Gütern wird die Nachfrage der Kunden bedient bzw. werden neue Konsumentenbedürfnisse geweckt. Weiterhin schaffen Unternehmen Arbeitsplätze, die den Beschäftigten Einkommen und dem Staat Steuereinnahmen bringen.

Warum aber findet die Güterproduktion im organisatorischen Rahmen von Unternehmen statt, wenn die Güter oder Leistungen doch auch dezentral auf dem Markt beschafft werden könnten? Eine Antwort darauf stammt von Ronald Coase, der 1991 den Wirtschaftsnobelpreis bekam. Demnach ist die Nutzung des Marktes mit Transaktionskosten verbunden. Es braucht Zeit, Mühe und Geld, um Transaktionspartner zu finden. Die Anbieter von Produktionsfaktoren müssen vertraglich gebunden und aufeinander abgestimmt werden. Sich zum Beispiel jeden Tag von Neuem über den Markt mit der richtigen Zahl von Mitarbeitern eindecken zu wollen verursacht Kosten. All das lässt sich im Unternehmen – unter einem Dach – rascher erledigen als dezentral, denn zentral sind die Transaktionskosten zumindest anfänglich geringer. Ein Unternehmen wird also immer dann eine feste Struktur bevorzugen, wenn die Such- und Vertragsabschlusskosten für die freie Organisation der Arbeitsteilung größer sind als die Kosten für die Aufrechterhaltung einer festen Organisationsstruktur.

Allerdings verschieben sich mit einem längerfristigen Mitarbeitervertrag auch die Anreize. Hat der Mitarbeiter erst einmal den Jahresvertrag sicher, strengt er sich eventuell nicht mehr so an wie der Tagelöhner, der jeden Tag erneut um seinen Arbeitsplatz kämpfen muss. Die längerfristige Einstellung von Mitarbeitern im Vergleich zur täglichen Suche hat so auch Nachteile: Der Unternehmer verzichtet in gewissem Maße auf den kostensenkenden Wettbewerb der Arbeitskräfte und auf eine flexible Anpassung an die Nachfrage nach seinen Produkten oder Dienstleistungen.

## 5.1 Unternehmen im Wirtschaftsgeschehen

Zusammengefasst lässt sich also sagen:
- Unternehmen sind Leistungsersteller. In einem betrieblichen Transformationsprozess werden mittels betrieblicher Produktionsfaktoren Güter und Dienstleistungen hergestellt, die an Dritte verkauft werden.
- Unternehmen sind Marktteilnehmer, die bestimmten Wettbewerbskräften ausgesetzt sind. Jedes Unternehmen ist Teil von Märkten und z. B. über Steuern, ggf. Subventionen und die Infrastruktur mit dem Staat verbunden.
- Unternehmen sind Einkommensquelle für die bei ihm beschäftigten Menschen einschließlich des Unternehmers.

> Unternehmen sorgen für eine optimale Koordination der ökonomischen Aktivitäten.

### Unternehmensgründung – Idee und Businessplan

Am Anfang jeder Unternehmensgründung steht eine Geschäftsidee. Welche Dienstleistungen bzw. Produkte will das Unternehmen anbieten, und gibt es auf dem Markt einen Bedarf dafür? Diese und weitere Aspekte werden vor der Gründung in einem Businessplan niedergelegt. Er bildet die Basis für das Gründungsvorhaben und ist für Kapitalgeber und Investoren die Entscheidungsgrundlage für den Kredit oder das Investment. Zentraler Punkt des Businessplans ist es, die wirtschaftliche Tragfähigkeit der Unternehmensidee zu belegen.

### Welche Bedeutung haben Unternehmensgründungen?

Die Funktionen von Unternehmensgründungen für Wirtschaft und Gesellschaft zeigen sich laut Bundeswirtschaftsministerium in Deutschland auf folgenden Feldern:

#### Schaffung von Arbeitsplätzen

Die Gründung einer selbständigen Existenz ersetzt oder ergänzt die abhängige Beschäftigung. Durch jede neue Unternehmensgründung wird der Arbeitsmarkt entlastet. Durch neue Unternehmen wurden 2016 rund 521.000 vollzeitäquivalente Arbeitsplätze geschaffen (KfW-Gründungsmonitor 2017). Vorhandenes Know-how wird so weiterhin produktiv genutzt und das Humankapital erhalten.

# Die Welt der Unternehmen

### Förderung von Wettbewerb und Strukturwandel
Durch Unternehmensgründungen wächst die Zahl der Akteure im Wettbewerbsgeschehen. Ein neues Unternehmen fordert die bestehenden Unternehmen mit neuen Produkten und Verfahren heraus und treibt damit den Wettbewerb an. Gründungen sind Motor des wirtschaftlichen Strukturwandels.

### Hervorbringen von Innovation
Gründerinnen und Gründer verwirklichen innovative Ideen. Sie sind für Fortschritt, Wachstum und Wettbewerbsfähigkeit entscheidend. Innovative Gründungen schaffen zahlreiche nachhaltige Arbeitsplätze. Rund 15 Prozent der Gründer kommen zudem mit einer Neuheit auf den regionalen, deutschen oder weltweiten Markt.

### Förderung von Freiheit und Stabilität in der Gesellschaft
Selbständige Unternehmen tragen zur Stabilität einer demokratischen Gesellschaftsordnung bei. Wirtschaftliche Verantwortung wird auf viele Schultern verteilt, „Machtkonzentration" wird verhindert und unternehmerische Freiheit gefördert.

## Unternehmensgründung

| PRO | KONTRA |
|---|---|
| • Es besteht wirtschaftliche Unabhängigkeit und Freiheit, man unterliegt nicht den Zwängen einer fremden betrieblichen Organisation (z. B. Arbeitszeiten, Hierarchien und Vorgesetzte). | • Die Sicherheiten eines geregelten Einkommens fehlen, für Altersvorsorge und Krankheitsversorgung muss selbst gesorgt werden. |
| • Eigene Ideen können umgesetzt werden, man kann sich kreativ entfalten und ist dadurch stark motiviert. | • Am Anfang steht in der Regel eine hohe Verschuldung, die ein erhebliches existenzielles Risiko für die persönliche zukünftige Lebensplanung darstellt. |
| • Die Früchte der Arbeit kann man unmittelbar ernten. | • Das Scheitern als Unternehmer bedeutet in der Regel eine nachhaltige Beeinträchtigung der weiteren beruflichen Tätigkeit und gilt gesellschaftlich immer noch als Stigma. |
| • Das Einkommen ist steigerbar und kaum begrenzt. Das gesellschaftliche Ansehen nimmt zudem mit dem Erfolg zu. | • Gründer müssen häufig 50, 60 Stunden und mehr arbeiten, die Trennung von Freizeit und Arbeitszeit ist oft nur noch schwer möglich. |

### Unternehmer als „schöpferische Zerstörer"

Über die genannten Punkte hinaus wird den Unternehmen im Kapitalismus auch eine besondere, dynamische Rolle zugeschrieben, insofern sie für eine produktivitätssteigernde Abfolge von Aufbrüchen und Krisen sorgen. Ein besonders exponierter Vertreter dieser Sicht vom „Rhythmus des Fortschritts" war der österreichische Ökonom Joseph Schumpeter (1883–1950). Dynamische Unternehmer wagen demnach Innovationen: neue Produkte, Technologien, Bezugs- und Absatzmärkte sowie neue Organisationsformen. Sie zögen andere Pioniere mit, bis schließlich die gesamte Volkswirtschaft in einen konjunkturellen Aufschwung münde. Aber nur ein Teil der Innovationen sei von Erfolg gekrönt; der andere Teil gehe im Konkurrenzkampf unter und liefere nur das Rohmaterial für den nächsten Aufschwung. Schumpeter prägte hierfür den Begriff der „schöpferischen Zerstörung".

Richtig an dieser Sichtweise ist sicherlich, dass ein Produzent im Kapitalismus nicht nur Wettbewerber fürchten muss, die das Gleiche produzieren, sondern dass die größte Bedrohung von kreativen Unternehmern ausgeht, die mit neuen Ideen Altes überflüssig machen – und so im Idealfall den Wohlstand aller steigern.

### Unternehmensstruktur in Deutschland – der Mittelstand

Besonders bedeutsam für die deutsche Wirtschaft sind die mittelständischen Unternehmen. In der Unternehmensstatistik wird typischerweise zwischen Großunternehmen auf der einen Seite und kleinen und mittleren Unternehmen auf der anderen Seite unterschieden. Das Institut für Mittelstandsforschung (IfM) in Bonn definiert kleine und mittlere Unternehmen wie folgt:

| Unternehmenstyp | Mitarbeiterzahl | Jahresumsatz |
|---|---|---|
| Kleines Unternehmen | bis 49 | bis 10 Mio. € |
| Mittleres Unternehmen | bis 499 | bis 50 Mio. € |

Warum der Mittelstand als „Rückgrat" der deutschen Wirtschaft gilt, wird in der folgenden Grafik ersichtlich.

# Deutschlands Mittelstand stellt sich vor

**Die mittelständischen Unternehmen\* ...**

... stellen **99,6 %**

aller Unternehmen

... erwirtschaften **35,0 %**

der Umsätze aller Unternehmen

... beschäftigen **58,5 %**

aller Arbeitnehmer

... bilden **81,8 %**

aller Auszubildenden aus

... exportieren **17,1 %**

aller deutschen Ausfuhrgüter

... geben für Forschung **13,2 %**

aller Forschungsausgaben der Wirtschaft aus

Stand 2015
© Globus

\*bis 499 Mitarbeiter und unter 50 Mio. Euro Jahresumsatz
Quelle: Institut für Mittelstandsforschung Bonn (2015)

## 5.2 Ziele und Verantwortung von Unternehmen

**Leitfragen:**
- Welche Unternehmensziele lassen sich unterscheiden?
- Wie steht es um die soziale und ökologische Verantwortung von Unternehmen?

### Das Unternehmen im Spannungsfeld unterschiedlicher Interessen

Unternehmen sind mit ihrer Umwelt auf vielfältige Weise verflochten. Entsprechend sehen sie sich mit Interessen und Forderungen unterschiedlicher Gruppen konfrontiert, die sich in Teilen entgegenstehen. Diese verschiedenen Gruppen sind die Unternehmenseigentümer, die Arbeitnehmer, die Lieferanten, die Kunden, die Kapitalgeber und auch der Staat und die Öffentlichkeit.

Die Unternehmensleitung hat die Aufgabe, diese unterschiedlichen Interessen in Einklang zu bringen und ein Zielsystem zu entwickeln, das die unterschiedlichen Erwartungen vereinbart. Dieses Zielsystem setzt sich aus mehreren Teilzielen zusammen. Grundsätzlich werden Unternehmensziele in Erfolgsziele und Sachziele unterteilt.

Erfolgsziele umfassen
- Gewinn (Differenz zwischen Ertrag und Aufwand)
- Rentabilität (Gewinn im Verhältnis zum eingesetzten Kapital)
- Produktivität (mengenmäßiges Verhältnis von Input und Output)
- Wirtschaftlichkeit (wertmäßiges Verhältnis zwischen Aufwand und Ertrag)

Sachziele umfassen
- Leistungsziele (z. B. bezogen auf Umsatz oder Marktanteil des Unternehmens)
- Finanzziele (Zahlungsfähigkeit des Unternehmens, Verfügbarkeit von Kapital für Investoren)
- Mitarbeiterbezogene Ziele (leistungsgerechte Entlohnung, verbesserte Arbeitsbedingungen)
- Gesellschaftsbezogene Ziele (ökologisches, soziales, kulturelles Engagement des Unternehmens)

# 5 Die Welt der Unternehmen

Die Unternehmensziele sind nicht isoliert voneinander, sondern können in einer bestimmten Hierarchie zueinander stehen. Außerdem bestehen zwischen den einzelnen Zielen komplementäre und/oder konkurrierende Zielbeziehungen.

Eine konflikthafte Zielbeziehung kann z. B. zwischen Aktionären und Anspruchsträgern bestehen: Welche Ansprüche muss ein Unternehmen primär befriedigen – die Ansprüche der Kapitaleigentümer (Shareholder) oder die Ansprüche aller am Unternehmensprozess Beteiligten (Stakeholder)?

Nach dem Shareholder-Value-Konzept betrachtet ein Investor seine Beteiligung am Unternehmen, z. B. den Kauf einer Aktie, als ausschließlich finanzielles Investment, welches eine Rendite (Dividende oder Kursgewinn) erwirtschaften soll, die zumindest nicht schlechter ist als die einer alternativen Anlage. Die Unternehmensführung hat im Sinne dieses Konzept das vorrangige Ziel, Renditen zu erwirtschaften, welche die Anteilseigner zufriedenstellen sollen. Schafft sie das nicht, dürfte es ihr schwerfallen, Kapital zu erhalten.

Das Stakeholder-Konzept berücksichtigt neben den Interessen der Aktionäre weitere, für ein Unternehmen wichtige Interessengruppen: Fremdkapitalgeber, Lieferanten, Mitarbeiter, Aufsichtsrat, Gewerkschaften, Arbeitgeberverbände, Vorstand, Top-Management, Kunden/Konsumenten, Öffentlichkeit, Staat. Die Unternehmensführung orientiert sich bei Entscheidungen also an einer Vielzahl unterschiedlicher Ziele.

| Arten betrieblicher Ziele | | | | |
|---|---|---|---|---|
| **Rentabilitätsziele** z. B. Gewinn, Eigenkapitalrentabilität | **Finanzielle Ziele** z. B. Kapitalstruktur, Unternehmenswert | **Marktstellungsziele** z. B. Marktanteil | **Soziale Ziele** z. B. Arbeitszufriedenheit, soziale Sicherheit | **Macht- und Prestigeziele** z. B. Image, politischer und gesellschaftlicher Einfluss |
| Monetäre Ziele | | Nicht-monetäre Ziele | | |

## 5.2 Ziele und Verantwortung von Unternehmen

### Soziale und ökologische Verantwortung von Unternehmen

Vor dem Hintergrund zunehmender gesellschaftlicher Sensibilisierung für soziale und ökologische Belange versuchen immer mehr Unternehmen, ihr wirtschaftliches Gewinnstreben mit ethischem Handeln zu verbinden. Im Zuge dieser Diskussion um die unternehmerische Verantwortung gegenüber Gesellschaft und Umwelt nimmt die sogenannte Corporate Social Responsibility (CSR) eine besondere Rolle ein. CSR meint ein sozial und ökologisch verantwortliches Handeln von Unternehmen, das über die reine Beachtung z. B. von Umweltgesetzen hinausgeht und sich an einer „unternehmerischen Ethik" orientiert, die sich auf vier Ebenen äußert:

- Die ökonomische Verantwortung besagt, dass ein Unternehmen mindestens kostendeckend wirtschaften muss.
- Die gesetzliche Verantwortung meint, dass ein Unternehmen keinen illegalen Tätigkeiten nachgehen darf und die gesetzlichen Bestimmungen befolgen muss.
- Die ethische Verantwortung beschreibt die Anforderung an das Unternehmen, fair und ethisch über die bestehenden Gesetze hinaus zu handeln.
- Die philanthropische Verantwortung bezeichnet kreatives gesellschaftliches Engagement über die gesellschaftlichen Erwartungen hinaus (philantrophisch = menschenfreundlich, auf das Wohl des Menschen bedacht).

Wirtschaftlicher Unternehmenserfolg und soziales bzw. ökologisches Engagement müssen kein Widerspruch sein. Ethische Grundsätze gelten inzwischen als Bedingung nachhaltiger Unternehmensentwicklung, z. B. durch die Vermeidung von Korruption und Kriminalität in Unternehmen.

*Dimensionen sozialer Verantwortung von Unternehmen*

**CSR für die Rahmenordnung**
- Gesellschaftsorientiertes Lobbying
- Mitarbeit an freiwilligen Regulierungen

**CSR in der Zivilgesellschaft**
- Corporate Giving (Spenden und Sponsoring)
- Corporate Volunteering

**CSR im Kerngeschäft**
- Umweltschonende Leistungserbringung
- Beachtung von Arbeitsnormen
- Schutz der Menschenrechte
- Verzicht auf Korruption
  → im eigenen Unternehmen
  → und bei Zulieferern

So gut Konzepte wie CSR in der Theorie erst einmal klingen mögen, wird die Art und Weise, wie einzelne Unternehmen sie in der Praxis umsetzen, oft auch kritisiert. Demnach geben solche Konzerne ihr Geld nun für teure CSR-Kampagnen aus, statt z. B. höhere Löhne zu zahlen und die Situation in den Produktionsländern zu verbessern – wie es ja ursprünglich die Idee hinter der CSR ist. So werden teilweise ganze Abteilungen damit beschäftigt, sich um Menschenrechts- oder Umweltfragen zu kümmern und soziale Projekte zu unterstützen. Dahinter steckt Kritikern zufolge aber oft nur, dass die Unternehmen dem gesetzlichen Zwang zur Einhaltung umwelt- oder menschenrechtlicher Standards zuvorkommen wollen. Ein weiterer Grund für millionenschwere Kampagnen, Werbung und Nachhaltigkeitsberichte liegt in den veränderten Konsumentenbedürfnissen: Um den Kunden das Gefühl eines guten Gewissens beim Einkaufen zu geben, polierten die Unternehmen ihr Image entsprechend auf. Dieser Versuch, sich mittels Marketing und PR-Maßnahmen ein „grünes Image" zu verschaffen, ohne die entsprechenden Maßnahmen im Rahmen der Wertschöpfung einzusetzen, wird als „Greenwashing" bezeichnet.

### Global Compact

Der Global Compact der Vereinten Nationen ist eine strategische Initiative für Unternehmen, die sich verpflichten, ihre Geschäftstätigkeiten und Strategien an zehn universell anerkannten Prinzipien aus den Bereichen Menschenrechte, Arbeitsnormen, Umweltschutz und Korruptionsbekämpfung auszurichten.

In den Worten der Vereinten Nationen selbst „kann die Wirtschaft [damit] als wichtige treibende Kraft der Globalisierung dazu beitragen, dass die Entwicklung von Märkten und Handelsbeziehungen, von Technologien und Finanzwesen allen Wirtschaftsräumen und Gesellschaften zugutekommt."

Der Global Compact verfolge zwei einander ergänzende Ziele. Er wolle:
1. die zehn Prinzipien weltweit in unternehmerischem Handeln verankern und
2. Maßnahmen anstoßen, die die allgemeinen Ziele der Vereinten Nationen unterstützen, etwa die Millenniums-Entwicklungsziele (siehe Kap. 11.2).

Um das zu erreichen, bietet der Global Compact Unternehmen zahlreiche Unterstützungsmöglichkeiten: Zusammenarbeit, gemeinsames Lernen, lokale Netzwerke und Partnerschaften.

## 5.3 Rahmenbedingungen der Unternehmenstätigkeit

**Leitfragen:**
- Die Wahl der Rechtsform: warum ist dies eine konstitutive Entscheidung?
- Welche Merkmale sind wichtig für die Standortwahl des Unternehmens?

### Welche Rechtsform zu welchem Unternehmen passt

Die Wahl der Rechtsreform zählt zu den grundlegenden (konstitutiven), langfristig wirksamen unternehmerischen Entscheidungen. Die Frage, welche Rechtsform ein Betrieb wählt, stellt sich immer bei der Gründung eines Betriebs. Ändern sich wesentliche persönliche, wirtschaftliche, rechtliche Rahmenbedingungen, kann ein Unternehmen eine andere Rechtsform wählen (Umwandlung).

Die wichtigsten Kriterien für die Wahl einer bestimmten Rechtsform sind folgende:
- Gründungsformalitäten: Welcher Aufwand besteht bezüglich der Regelungen (Eintragungen, Anmeldungen, Verträge mit Gesellschaftern) bei der Gründung?
- Finanzierung: Wie können die benötigten Mittel beschafft werden?
- Haftung: Inwieweit muss für Verbindlichkeiten des Unternehmens gehaftet werden?
- Besteuerung: Wie hoch ist die Steuerlast?
- Geschäftsführung: Wer darf das Unternehmen vertreten, wer darf Verträge unterschreiben?
- Verteilung von Gewinn und Verlust: Wie werden Gewinne verteilt, wer trägt die Verluste?

## 5.3 Rahmenbedingungen der Unternehmenstätigkeit

*Die wichtigsten deutschen Unternehmensrechtsformen*

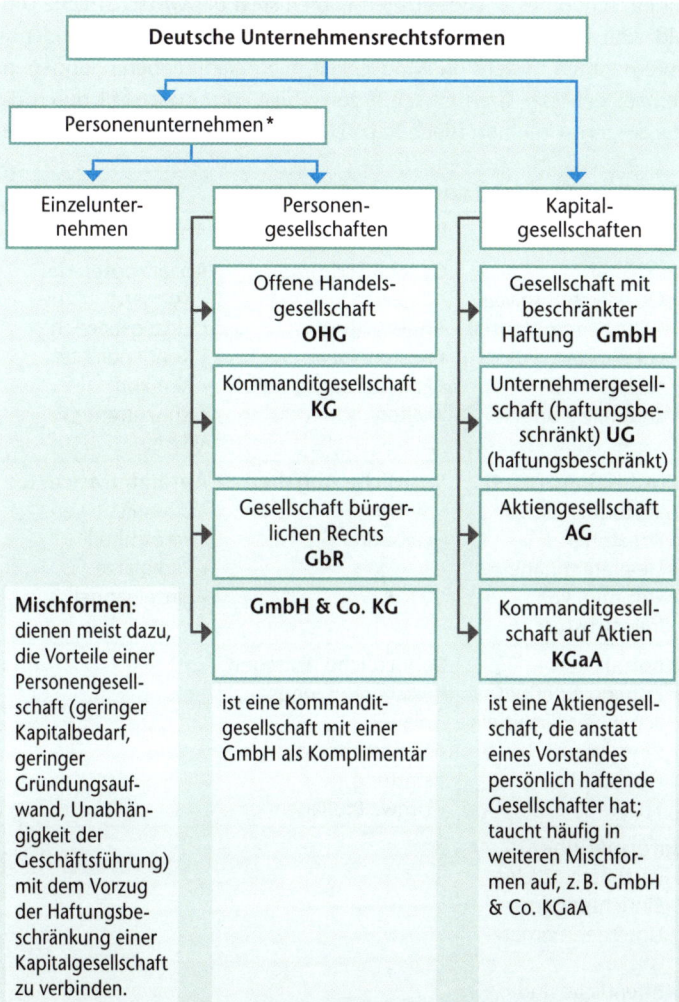

\* Der Begriff „Personenunternehmen" wird nur gelegentlich gebraucht. Er bezeichnet weniger eine Kategorie von Rechtsformen (Einzelunternehmen und Personengesellschaften unterscheiden sich in vielen Punkten, deshalb werden sie normalerweise nicht zusammengefasst), sondern wird mehr zur Abgrenzung aller Unternehmen verwendet, die keine Kapitalgesellschaften sind. In den meisten Schemata zu Rechtsformen taucht er nicht auf.

# 5 Die Welt der Unternehmen

**Faktoren der Standortwahl**

Für ein schon bestehendes Unternehmen stellt das wirtschaftliche Umfeld eine wesentliche Rahmenbedingung dar. Für neu zu gründende Unternehmen besteht die Möglichkeit, diese Rahmenbedingungen innerhalb gewisser Grenzen selbst zu wählen. Dies geschieht durch die Standortentscheidung (siehe Kap. 11.4). Als Standort wird der geogra-

| Mögliche Standortfaktoren | | |
|---|---|---|
| **Beschaffungsseite** | **Produktionsseite** | **Absatzseite** |
| **Personal**<br>• Qualifikationsniveau<br>• Mitarbeiterpotenzial<br>• Lohnkosten<br>• soziales und kulturelles Umfeld | **Geschäftsräume**<br>• Qualität<br>• Ausstattung<br>• Kosten<br>• Erweiterungsmöglichkeiten | **Absatzpotenzial**<br>• Kundenstruktur<br>• Einzugsbereich<br>• Kundendichte<br>• Kaufkraft<br>• Konkurrenten<br>• Bedarf |
| **Produktionsmaterial**<br>• Verfügbarkeit von Rohstoffen<br>• Lieferantennähe<br>• kommunale Infrastruktur | **Staatliche Abgaben**<br>• Steuern<br>• Gebühren | **Absatzinfrastruktur**<br>• öffentliche Verkehrsmittel<br>• Parkplätze<br>• Einzelhandel |
| **Kapital**<br>• Zugang zu öffentlichen Fördermitteln<br>• Zinsniveau | **Behördliche Auflagen**<br>• Flächennutzungspläne<br>• Sicherheitsausstattung<br>• Umweltauflagen | |
| **Informationen**<br>• wissenschaftliche Einrichtungen<br>• Unternehmernetzwerke<br>• öffentliche und private Beratungseinrichtungen<br>• Kommunikationskosten | | |

fische Ort bezeichnet, an dem ein Unternehmen tätig ist. Dabei können die Aktivitäten durchaus auch auf mehrere Orte verteilt werden. Diese Standortentscheidung hängt natürlich auch vom Unternehmenstyp ab: So sind für einen Softwareentwickler andere Faktoren entscheidend als z. B. für einen Landwirtschaftsbetrieb oder einen Fachhandel.
Wenn die Entscheidung über den Standort einmal getroffen ist, dann ist der damit gewählte Rahmen nur mit hohen Kosten und deshalb schwer veränderbar.

## 5.4 Wirtschaften im Unternehmen

**Leitfragen:**
- Was passiert im betrieblichen Leistungsprozess?
- Wie sehen die wichtigsten Aufgaben und Instrumente des Marketings aus?

### Die betrieblichen Grundfunktionen im Überblick

Betriebe unterscheiden sich oft sehr in ihren erbrachten Leistungen oder Produkten. Gleichwohl findet man die folgenden grundlegenden betrieblichen Funktionsbereiche in allen Unternehmungen unabhängig vom Betriebstyp: Im Zentrum steht der „Dreiklang" Beschaffung → Produktion → Absatz.

Systematisch kann man diesen drei Leistungsfunktionen folgende Aufgaben und Tätigkeiten zuordnen:

- Beschaffung: Beschaffung, Transport, Lagerung, Entsorgung
- Produktion: Verfahren, Prozesse, Erzeugnisse, Forschung und Entwicklung
- Absatz: Marktforschung, Marketing, Absatzpolitik

Dieses Herzstück betrieblicher Grundfunktionen wird ergänzt um die Leitungsfunktionen (Planung, Steuerung, Kontrolle) und die Verwaltungsfunktionen Personal, Finanzen bzw. Controlling, Rechnungswesen, Recht und Organisation/EDV.

# 5 Die Welt der Unternehmen

Der Funktionsbereich Beschaffung stellt die betriebswirtschaftlichen Produktionsfaktoren bereit, die für die Leistungserstellung benötigt werden. Dazu zählen Betriebsmittel, aber auch der Einkauf von Roh-, Hilfs- und Betriebsstoffen.

| Produktionsfaktoren im Produktionsbetrieb | | | |
|---|---|---|---|
| **Dispositiver Faktor** | **Originäre Faktoren** | | |
| Leitende **Arbeit** Es werden u.a.: <br>• Ziele gesetzt <br>• Planungen erstellt <br>• Entscheidungen getroffen sowie <br>• Organisation und Erfolgskontrollen betrieben | Ausführende **Arbeit** Der Mitarbeiter kann unterschieden werden in: <br>• gelernt/ungelernt <br>• repetitiv[1]/kreativ <br>• körperlich/geistig | **Betriebsmittel** <br>• Betriebsgrundstücke <br>• Gebäude <br>• Maschinen <br>• Anlagen <br>• Betriebsausstattung <br>• Geschäftsausstattung <br>• Transportmittel | **Werkstoffe** <br>• Rohstoffe (gehen als Bestandteil in das Endprodukt ein) <br>• Hilfsstoffe (geringwertige Stoffe, z. B. Fett, Leim, Öl, die ebenfalls Bestandteil des Produktes werden) <br>• Betriebshilfen (z. B. Energie zum Betreiben der Maschinen) <br>• Fertigteile |

Bernd O. Weitz, www.uni-koeln.de/ew-fak/seminar/sowi/wirtschaft/dokumente/bwlpaed.pdf (12.3.2007)
[1] repetitiv = sich wiederholend

Grundsätzlich werden im Produktionsprozess betriebswirtschaftliche und volkswirtschaftliche Produktionsfaktoren unterschieden. Die volkswirtschaftlichen Produktionsfaktoren umfassen Arbeit, Boden, Kapital (und Qualifikation), die betriebswirtschaftlichen Faktoren beinhalten Arbeitskraft, Betriebsmittel und Werkstoffe sowie die Leitung und Organisation.

## 5.4 Wirtschaften im Unternehmen

Der Funktionsbereich der Absatzwirtschaft umfasst alle vorbereitenden und ausführenden Maßnahmen zur Verwertung des produzierten Produkts oder der Dienstleistung. Die Aufgaben reichen von Informationsgewinnung über Preisfestlegung bis zur Werbung. Eine besonders große Rolle im gesamten Produktionsprozess spielt das Marketing.

### Bedeutung grundsätzlicher Marketingentscheidungen

Marketing ist ein Managementprozess, der vom Unternehmen geplant und durchgeführt wird. Zentrales Ziel des Marketings ist es, die Bedürfnisse und Wünsche der Konsumenten zu identifizieren und diesen Wünschen durch das Angebot und den Austausch von Produkten, Dienstleistungen und Erlebnissen zu entsprechen. So erreicht das Unternehmen sein eigentliches Anliegen: die Maximierung seines wirtschaftlichen Erfolgs (Umsatz, Marktanteil, Gewinn etc.).

Die Marketingstrategie eines Unternehmens umfasst die Situationsanalyse, die Zielformulierung sowie die konkrete Maßnahmen- und übergeordnete Strategieplanung. Zur Planung der Marketingstrategie gibt es zahlreiche Analyseinstrumente; die bekanntesten sind die SWOT-Analyse, die Portfolio-Analyse und das Konzept des Produktlebenszyklus.

### Die Stellung eines Unternehmens im Markt bestimmen: die SWOT-Analyse

Im Rahmen der SWOT-Analyse (Strength, Weaknesses, Opportunities, Threats) werden aus Informationen über das Unternehmen und die Umwelt des Unternehmens die entscheidenden Stärken und Schwächen des Unternehmens und die Chancen und Risiken des Marktes ermittelt. Das Problem hierbei ist, aus der Vielzahl der Faktoren die besonders bedeutsamen und erfolgskritischen Faktoren herauszufiltern und ihre Relevanz für den Erfolg des Unternehmens zu gewichten.

Bei der internen Analyse wird dabei die gesamte Wertschöpfungskette des Unternehmens untersucht. Dazu gehören Beschaffung, Leistungserstellung, Vertrieb, Marketing und Absatz sowie der Kundendienst. Untersucht werden u. a. das Personal (z. B. Motivation, Qualifikation, Personalressourcen und Führungsstil), die Produktion (z. B. Qualität der Produktionsanlagen, Produktionskosten und -kapazität und die Flexibilität), das Marketing und der Vertrieb (Vertriebswege, Werbung und PR-Arbeit, Image und Bekanntheit).

Bei der externen Analyse werden Chancen und Risiken des Marktes untersucht. Dazu zählen u. a. die Kaufkraftentwicklung der potenziellen Kunden, die Wettbewerbssituation, Markttrends, das wirtschaftliche und gesellschaftliche Umfeld, die technologische Entwicklung, staatliche Investitionsanreize, die Politik und die Gesetzgebung.

Aus den Stärken und Schwächen sowie den Chancen und Risiken lassen sich theoretisch vier Arten von Strategien ableiten:

|  | Chancen (Opportunities) | Risiken (Threats) |
|---|---|---|
| Stärken (Strengths) | Stärken einsetzen, um Chancen zu nutzen | Stärken einsetzen, um Risiken zu bewältigen |
| Schwächen (Weaknesses) | Schwächen abbauen, um Chancen zu nutzen | Bedrohungen gegenüber eigenen Schwächen abwehren |

Entscheidend für den Erfolg sind immer konkrete und am Ziel ausgerichtete Maßnahmen, die konsequent umgesetzt werden müssen.

Die folgenden Fehler können häufig in veröffentlichten SWOT-Analysen beobachtet werden:

- Durchführung einer SWOT-Analyse, ohne davor ein Ziel (einen Soll-Zustand) zu vereinbaren. SWOT-Analysen sollten immer bezogen auf ein Ziel erstellt, nicht abstrakt gehalten werden. Wird der gewünschte Soll-Zustand nicht vereinbart, werden die Teilnehmer unterschiedliche Soll-Zustände erreichen, was zu schlechteren Resultaten führt.
- Externe Chancen werden mit internen Stärken verwechselt. Sie sollten streng auseinandergehalten werden.
- SWOT-Analysen werden mit möglichen Strategien verwechselt. SWOT-Analysen beschreiben Zustände, Strategien hingegen Aktionen. Um diesen Fehler zu vermeiden, sollte man möglichst bei Chancen an „günstige Bedingungen" denken und bei Gefahren an „ungünstige Bedingungen".
- Bei der SWOT-Analyse wird keine Priorisierung vorgenommen. Es lassen sich keine konkreten Maßnahmen ableiten, Maßnahmen werden also weder beschlossen noch umgesetzt.

## Eine SWOT-Analyse am Beispiel des Volkswagen-Konzerns

| SWOT-Analyse | | Interne Analyse | |
|---|---|---|---|
| | | Stärken (Strengths) | Schwächen (Weaknesses) |
| Externe Analyse | Chancen (Opportunities) | (1) Starke Nachfragebelebung bei verbrauchsgünstigen Motoren als Folge einer drastischen Mineralölsteuererhöhung (2) Nachfrageverlagerung von Oberklasse- zu Mittelklasse-Pkw aufgrund wachsender Preissensibilität der Verbraucher. | (1) Starkes Marktanteilswachstum leistungsstarker Sport- und Fun-Pkw (2) Nachfragesteigerung bei zweisitzigen, elektrisch betriebenen Stadtautos aufgrund technischer Innovationen außerhalb des Unternehmens |
| | Gefahren (Threats) | (1) Die chinesische Regierung erlaubt zahlreichen Konkurrenten den Aufbau von Fabriken in China ohne weitere Auflagen (2) Schwächen der Marke Volkswagen aufgrund umfangreicher Verwendung von Gleichteilen bei allen Konzerngesellschaften | (1) Starkes Nachfragewachstum in der Kompaktwagenklasse in den USA aufgrund steigender Benzinpreise und schlechter Wirtschaftsentwicklung (2) Geringe Partizipation am US-Marktwachstum wegen des niedrigen VW-Marktanteils in den USA |

Seite „SWOT-Analyse". In: Wikipedia, Die freie Enzyklopädie. Bearbeitungsstand: 20. Oktober 2014 (30.1.2015)

### Marktanteil und Marktwachstum: die Portfolio-Analyse

Ein (Geschäfts-)Portfolio bezeichnet die Gesamtheit aller Produkte, Marken, Projekte und Geschäftsfelder eines Unternehmens. Eine der bekanntesten Methoden zur strategischen Geschäftsplanung ist die der Unternehmensberatung Boston Consulting Group (BCG-Portfolio). Mit diesem Instrument werden strategisch wichtige Geschäftseinheiten anhand der Kriterien Marktwachstum und relativer Marktanteil (Marktanteil im Vergleich zum größten Wettbewerber) bewertet. Aus dieser Bewertung können entsprechende Handlungsempfehlungen zur strategischen Unternehmensausrichtung abgeleitet werden. Marktwachstum und Marktanteil bestimmen dabei die Position des Geschäftsfelds in einer zweidimensionalen Matrix.

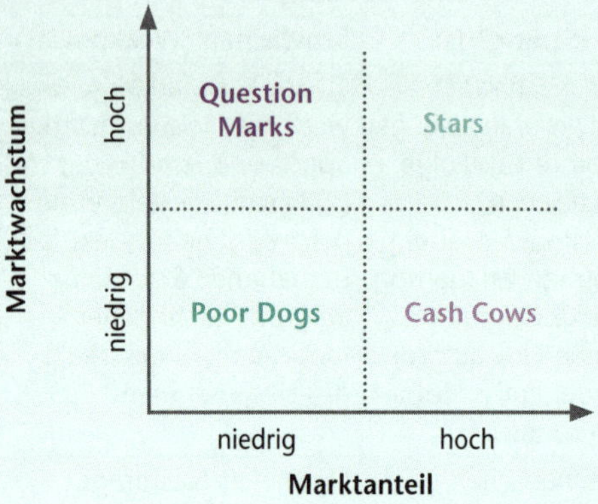

| | |
|---|---|
| Poor Dogs | niedriger Marktanteil, niedriges Wachstum, selbsterhaltend, aber ohne Zukunft |
| Cash Cows | hoher Marktanteil, niedriges Wachstum, geringer Investitionsbedarf, „Geldbringer" |
| Stars | hoher Marktanteil, hohes Wachstum, hohe Investitionen, werden oft „Cash Cows" |
| Question Marks | niedriger Marktanteil, hohes Wachstum, zum Star entwickeln oder aufgeben |

Idealtypisch durchläuft ein Produkt alle vier Felder der Matrix. Die Portfolio-Analyse steht somit in engem Zusammenhang mit dem Konzept des Produktlebenszyklus, das die verschiedenen „Lebensphasen" eines Produktes beschreibt.

## Der Produktlebenszyklus

Das Konzept des Produktlebenszyklus kann auf ganze Produktklassen, Produktformen oder einzelne Produkte angewendet werden. Lebenszyklen von Produktklassen (z. B. Sportschuhe) oder Produktformen (z. B. Fußballschuhe) sind in der Regel viel länger als die einzelner Produkte (z. B. Adidas Predator X). Viele Produktformen durchlaufen die Phasen eines normalen Produktlebenszyklus (z. B. Schallplatte, Kassette oder CD), die Lebenszyklen einzelner Produkte sind stark abhängig von der Reaktion der Konkurrenz.

### (1) Entwicklungsphase
Diese Phase ist durch hohe Investitionen für die Produktentwicklung gekennzeichnet. Es entstehen noch keine Verkaufserlöse.

### (2) Einführungsphase
Der Absatz des Produkts wächst langsam. Gewinne entstehen aufgrund der hohen Kosten noch nicht. Durch Marketingmaßnahmen soll der Bekanntheitsgrad des Produktes gesteigert werden, damit langfristig der Absatz steigt. Die Einführungsphase kann mit dem Eintritt in die Gewinnzone enden.

### (3) Wachstumsphase
Das Produkt wird am Markt akzeptiert, der Absatz steigt deutlich. Die Nachfragesteigerung wird durch Wiederholungskäufe und durch steigenden Bekanntheitsgrad, der weitere Erstkäufer generiert, begünstigt. Meist wird in dieser Phase die Gewinnzone erreicht.

### (4) Reifephase und Sättigungsphase
In dieser Phase nehmen der Umsatz und die Marktausdehnung zwar weiter zu, jedoch sinken die Zuwachsraten. Der Umsatz wird zum Großteil durch Wiederholungskäufer generiert. Durch das erstmalige Auftreten von Konkurrenz und Imitationen müssen die Marketingaufwendungen steigen. Am Ende der Reifephase tritt eine Marktsättigung ein. In dieser Phase wird oftmals versucht, durch Preisreduktion den Absatz zu stabilisieren.

### (5) Degenerationsphase
Durch eine Vielzahl von Imitationen, die qualitativ und preislich gleichartig sind, ist der Umsatz stark rückläufig. In vielen Fällen läuft das Produkt aus, um durch ein Nachfolgeprodukt ersetzt zu werden.

### Der Marketing-Mix im Überblick

Der Marketing-Mix ist die Gesamtheit steuerbarer taktischer Werkzeuge, die das Unternehmen kombiniert einsetzt, um auf dem Zielmarkt bestimmte erwünschte Reaktionen hervorzurufen und die Nachfrage nach seinem Produkt zu beeinflussen. Die unterschiedlichen Möglichkeiten lassen sich vier Gruppen von Maßnahmen zuordnen, die sich auf das Produkt, den Preis, die Kommunikation (auch: Promotion) und die Distribution (auch: Vertrieb oder Platzierung) des Produkts beziehen. Im Englischen werden die vier Gruppen häufig als die vier P's bezeichnet: product, price, promotion, placement. Die folgende Grafik zeigt Beispiele für Marketinginstrumente und ihre Zuordnung zu den vier Gruppen.

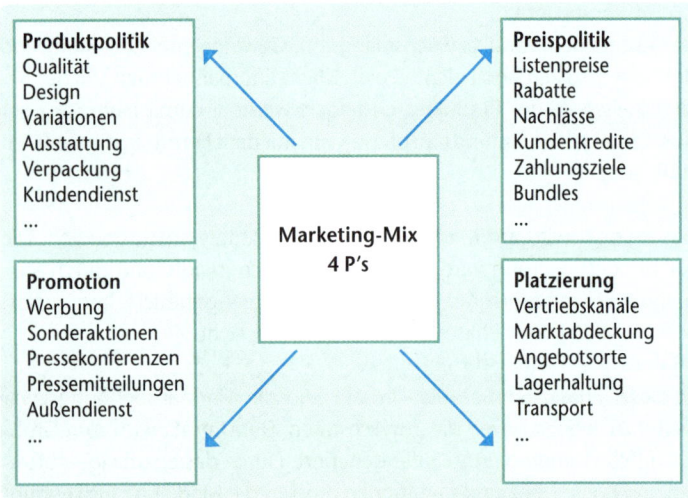

Ziel des Einsatzes der Instrumente aus dem Marketing-Mix sollte sein, die Wünsche und Bedürfnisse der Kunden zu bedienen (Produkt), das Produkt dem Kunden leicht erreichbar und bequem zugänglich zu machen (Distribution), den Preis an dem von den Kunden zugeschriebenen Wert zu orientieren (Preis) und die Kommunikation des Produkts so zu gestalten, dass der Kommunikationsbedarf des Kunden befriedigt wird und Kaufanreize geschaffen werden.

## 5.5 Investition und Finanzierung in Unternehmen

**Leitfragen:**
- Warum investieren Unternehmen?
- Welche Funktion hat das betriebliche Rechnungswesen?
- Wie werden im Unternehmen Gewinne und Verluste ermittelt?

### Warum Unternehmen investieren

Unternehmerische Tätigkeit zeichnet sich dadurch aus, dass zu einem bestimmten Zeitpunkt finanzielle Mittel eingesetzt werden, um zukünftig einen Rückfluss an finanziellen Mitteln zu erhalten, der idealerweise höher ist als der Mitteleinsatz.

Die Betriebswirtschaftslehre bezeichnet mit Investition die Verwendung finanzieller Mittel, um damit zukünftig höhere Erträge zu erwirtschaften. Weit gefasst meint der Begriff auch langfristig erfolgswirksame Ausgaben, z. B. Ausbildungsinvestitionen oder Investitionen in Forschung und Entwicklung.

Je nach Investitionsobjekt lassen sich der Erwerb von Sachanlagen (Realinvestitionen), der Erwerb von immateriellen Gütern wie Patenten und Lizenzen (immaterielle Investitionen) und der Erwerb von Forderungen und Beteiligungsrechten an anderen Unternehmen (Finanzinvestitionen) unterscheiden.

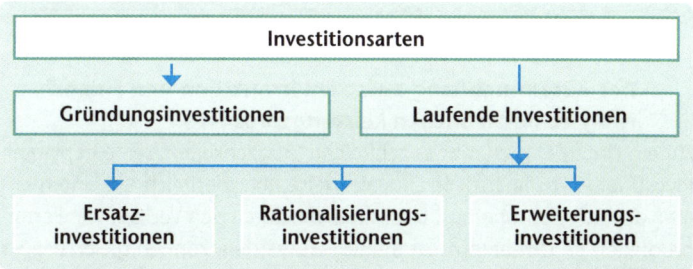

Die Realinvestitionen werden je nach Motiv für die Investition in Anfangs- oder Gründungsinvestitionen und laufenden Investitionen unterteilt. Letztere meint etwa den Ersatz einer kaputten Anlage durch eine neue, gleichartige Anlage (Ersatzinvestitionen). Zielt der Austausch von alten, noch funktionsfähigen Anlagen auf eine mögliche Kostensenkung, etwa durch Energieeinsparung, oder auf eine Qualitätsverbesserung, ist dies eine Rationalisierungsinvestition. In der Praxis ist die Unterscheidung zwischen Ersatz- und Rationalisierungsinvestition fließend, da Ersatzinvestitionen i. d. R. auch einen Rationalisierungseffekt haben. Von Erweiterungsinvestition spricht man, wenn zusätzliche Anlagen angeschafft werden, um die Betriebskapazität zu steigern.

Aus gesamtwirtschaftlicher Sicht verändern Investitionen den Bestand an Produktionsmitteln einer Volkswirtschaft, den sogenannten Kapitalstock. In einer evolutorischen (wachsenden) Volkswirtschaft wird dieser Kapitalstock durch die sogenannten Nettoinvestitionen (Neuinvestitionen) erweitert. Die Ersatzinvestitionen dienen dem Erhalt des Produktionsapparats. Die Unternehmen haben nur dann Produktionsfaktoren für die Herstellung von Investitionsgütern zur Verfügung, wenn die Haushalte auf Konsumgüter verzichten, also sparen. Die Ersatzinvestitionen finanzieren sich durch die in den Unternehmen getätigten Abschreibungen. Nettoinvestitionen und Ersatzinvestitionen bilden gemeinsam die Bruttoinvestitionen. Diese sind ein wesentlicher Bestandteil des Bruttoinlandsprodukts.

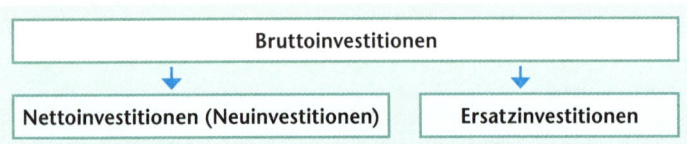

### Der Zusammenhang zwischen Investition und Finanzierung im betrieblichen Leistungsprozess

Für ein Unternehmen gibt es zahlreiche Möglichkeiten, seine geplanten Investitionen zu finanzieren. Idealerweise finanziert sich ein Unternehmen aus sich selbst heraus. Die Mittel, die durch den Verkauf von Fertigprodukten im Umsatzprozess freigesetzt werden, können gleich wieder für die Beschaffung von Investitionsgütern verwendet werden. Diese Art der Finanzierung „aus eigener Kraft" bezeichnet man als Innenfinanzierung. Allerdings muss, bevor finanzielle Rückflüsse aus dem Umsatz zu erwarten sind, zunächst investiert werden. Zwischen dem Vorgang der Investition (Kapitalbindung) und der Kapitalfreisetzung durch die Umsatzrückflüsse liegt also eine zeitliche Differenz und damit eine Liquiditätslücke. Damit der Produktions- und Umsatzprozess in Gang gesetzt werden kann, muss also zunächst Kapital von außen zugeführt werden. Man bezeichnet diese Art der Mittelzuführung als Außenfinanzierung.

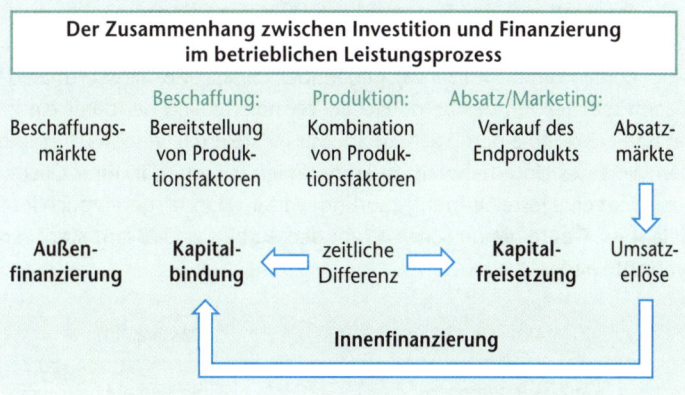

*Grundformen der Unternehmensfinanzierung*

|  | Eigenkapital | Fremdkapital |
|---|---|---|
| Außenfinanzierung | Beteiligungsfinanzierung: Zuführung von Eigenkapital, z. B. durch Aufnahme neuer Gesellschafter oder Ausgabe neuer Aktien | Kreditfinanzierung |
| Innenfinanzierung | Selbstfinanzierung, z. B. aus zurückgehaltenem Gewinn | Finanzierung aus Rückstellungen, z. B. Pensionsrückstellungen |

### Das betriebliche Rechnungswesen

Ein Bereich mit einer besonders langen Tradition ist das Rechnungswesen. Im betrieblichen Rechnungswesen werden Informationen erfasst und verarbeitet, die das Unternehmen und seine Beziehungen mit der Umwelt betreffen. Die im Rechnungswesen festgehaltenen und aufbereiteten Informationen bilden eine wichtige Grundlage für wirtschaftliche Entscheidungen, die in dem Unternehmen, vom Staat, von Kunden und von Lieferanten oder von Einzelpersonen getroffen werden, welche finanzielle Mittel in Unternehmen anlegen wollen.

### Darstellung des Unternehmens in der Bilanz

Die Bilanz stellt die Kapitalverwendung (Vermögen = Aktiva) der Kapitalherkunft (Kapital = Passiva) gegenüber, bildet also die wertmäßige Gegenüberstellung des betrieblichen Vermögens und der dafür eingesetzten Mittel zu einem Stichtag ab. Mit ihr stellt die Geschäftsführung den Wert des Unternehmens in komprimierter Form dar. Ihrer Gliederung liegt eine feste Ordnung zugrunde, die im Handelsgesetzbuch festgelegt ist. Das folgende Schema gibt den Aufbau einer Bilanz stark vereinfacht wieder.

| Aktiva | Passiva |
|---|---|
| Anlagevermögen | Eigenkapital |
| Umlaufvermögen | Fremdkapital |
| **Bilanzsumme** | **Bilanzsumme** |

**Aktiva** erfassen die **Kapitalverwendung (Vermögen)** gegliedert nach Liquidität (d.h. die liquidesten Vermögensposten stehen unten)

**Passiva** erfassen die **Kapitalherkunft (Kapital)** gegliedert nach Fristigkeit (d.h. kurzfristiges Kapital steht unten)

Als Anlagevermögen wird die Summe aller Wirtschaftsgüter bezeichnet, die in einer Firma benötigt werden, um den Geschäftsbetrieb dauerhaft aufrechtzuerhalten. Zum Anlagevermögen gehören sowohl Immobilien, d.h. Geschäfts-, Lager- und Ausstellungsräume als auch mobile Wirtschaftsgüter wie Einrichtungen und Maschinen.

Alle Güter, die dagegen in einem Betrieb zum Verbrauch oder zur Veräußerung bestimmt sind – also vor allem Waren und Vorräte –, gehören zum sogenannten Umlaufvermögen.

Die goldene Bilanzregel besagt, dass das langfristige Vermögen auch langfristig finanziert sein soll, in erster Linie durch Eigenkapital. Kurzfristiges Vermögen (Umlaufvermögen) kann auch kurzfristig finanziert sein. Ist das Verhältnis von Eigenkapital zum Anlagevermögen also gleich oder größer als 1, so ist das langfristige Vermögen eines Unternehmens (Anlagevermögen) langfristig finanziert und die Fristenkongruenz zwischen Mittelherkunft und Mittelverwendung wird eingehalten.

### Gewinn und Verlust: Die Erfolgsrechnung

In der Gewinn- und Verlustrechnung oder Erfolgsrechnung wird dem Ertrag des Unternehmens der Aufwand in einem bestimmten Zeitraum gegenübergestellt, um den Gewinn (Jahresüberschuss) oder den Verlust (Jahresfehlbetrag) aus der Geschäftstätigkeit zu ermitteln. Die Leistungen bzw. Werteabflüsse des Unternehmens bezeichnet man als Erlöse bzw. Erträge. Diese bestehen überwiegend aus den Umsatzerlösen für verkaufte Güter. Die Kosten bzw. Wertezuflüsse in den betrieblichen Leistungsprozess werden in der Rechnung als Aufwendungen benannt und umfassen Material- und Personalaufwand, Abschreibungen und Zinsen. Wenn die Erträge höher sind als die Aufwendungen, ergibt sich ein Gewinn (Jahresüberschuss). Sind die Aufwendungen höher als die Erträge, ergibt sich ein Verlust (Jahresfehlbetrag).

Der Jahresüberschuss ist ein Input in den Leistungsprozess, da er den Wert für die Kapitalüberlassung durch den Unternehmenseigentümer abbildet.

### Doppelte Gewinnermittlung

Die Gewinnermittlung kann auf zwei Arten erfolgen. Zum einen ergibt sich der Gewinn aus der Differenz des Eigenkapitals zu zwei aufeinander folgenden Zeitpunkten (Betriebsvermögensvergleich), zum anderen können die Aufwendungen und Erträge über einen Zeitraum erfasst werden. Sind die Aufwendungen kleiner als die Erträge, hat das Unternehmen einen Gewinn erwirtschaftet. Umgekehrt ergibt sich ein Verlust, wenn die Aufwendungen höher sind als die Erträge.

| Betriebsvermögensvergleich |
|---|
| Eigenkapital zum 31.12.2017 |
| − Eigenkapital zum 31.12.2016 |
| = Gewinn/Verlust im Jahr 2017 |

| Gewinn- und Verlustrechnung |
|---|
| Erträge im Jahr 2017 |
| − Aufwendungen im Jahr 2017 |
| = Gewinn/Verlust im Jahr 2017 |

Die Aufstellung einer Gewinn- und Verlustrechnung ist zur Ermittlung des Gewinns also nicht erforderlich, es reicht die Gegenüberstellung des Eigenkapitals zu zwei Zeitpunkten. Die Gewinn- und Verlustrechnung dient jedoch der Kontrolle der Ergebnisse des Betriebsvermögensvergleiches und liefert zudem eine genauere Aufstellung, aus der erkennbar wird, wie der Unternehmenserfolg (Gewinn oder Verlust) entstanden ist. Besonders im Vergleich zu den Vorjahreszahlen und den Gewinn- und Verlustrechnungen anderer Branchenunternehmen kann so nachvollzogen werden, ob die unternehmerischen Entscheidungen erfolgreich waren.

- Im allgemeinen Unternehmensmodell lassen sich sowohl Bestände (laut Inventur, Inventar und Bilanz) als auch Prozesse (laut Gewinn- und Verlustrechnung) darstellen.
- Prozesse beziehen sich immer auf einen Zeitraum, Bestände sind jedoch die Werte zu einem Zeitpunkt.
- Wertezugänge im Leistungsprozess sind Aufwendungen, Werteabgänge sind Erträge.
  Aufwendungen < Erträge = Gewinn (Jahresüberschuss)
  Aufwendungen > Erträge = Verlust (Jahresfehlbetrag)

### Wichtige Unternehmenskennzahlen

Die Bilanzanalysen haben das Ziel, aus den Kennzahlen einer Unternehmensbilanz Erkenntnisse über die wirtschaftliche Lage eines Unternehmens zu gewinnen. Bilanzanalysen werden z. B. von Aktionären, Kreditgebern, Kunden oder Konkurrenzunternehmen durchgeführt. Der Analyst verfügt dabei nicht über die internen Informationen des Unternehmens und muss sich deshalb auf die veröffentlichten Angaben des Jahresabschlusses beziehen. Im Folgenden werden nur einige wenige der sehr zahlreichen gängigen Kennzahlen dargestellt.

**1. Kennzahlen der Kapitalstruktur (Finanzierung)**

$$\text{Grad der finanziellen Unabhängigkeit} = \frac{\text{Eigenkapital}}{\text{Gesamtkapital}} \cdot 100$$

$$\text{Verschuldungsgrad} = \frac{\text{Fremdkapital}}{\text{Gesamtkapital}} \cdot 100$$

Eine hohe Eigenkapitalquote macht unabhängig gegenüber Gläubigern (z. B. Banken) und schafft in Krisenzeiten Sicherheit. Im Bereich der Kapitalbeschaffung gilt: „Wer hat, dem wird gegeben", d. h. wenn ein Unternehmen eine solide Eigenkapitalausstattung hat, wird es auch keine Schwierigkeiten haben, zusätzliches Kapital bei den Banken aufzunehmen. Umgekehrt belastet ein hoher Verschuldungsgrad die Erfolgssituation des Unternehmens, da Fremdkapital in Krisenzeiten auch verzinst werden muss. Außerdem führt die Zinsbelastung zu laufenden Zahlungen und schränkt so die Liquidität (zeitpunktgenaue Zahlungsfähigkeit) des Unternehmens ein.

Die Zahlen des Rechnungswesens dienen der Unternehmensleitung u. a. dazu, den Erfolg des Unternehmens zu kontrollieren. Insbesondere geht es darum festzustellen, ob das Unternehmen wirklich ökonomisch gewirtschaftet hat, also mit möglichst geringem Mitteleinsatz (Input) einen hohen Output erreicht hat. Dabei sind zwei Kennzahlen bedeutsam:

## 1. Eigenkapitalrentabilität
Diese Kennzahl stellt fest, wie sich der Einsatz des Eigenkapitals „ausgezahlt" hat. Ist sie sehr niedrig, wird sich ein Investor überlegen, ob er sich nicht eine andere, rentablere und evtl. auch sicherere Geldanlage sucht.

$$\text{Eigenkapitalrentabilität} = \frac{\text{Gewinn}}{\text{Eigenkapital}} \cdot 100$$

## 2. Produktivität
Die Produktivität stellt das mengenmäßige Verhältnis zwischen Output und Input des Produktionsprozesses fest.

$$\text{Produktivität} = \frac{\text{Ausbringungsmenge}}{\text{Einsatzmenge}} \cdot 100$$

# Die Welt der Unternehmen

*Zwei Kennzifferngruppen: Erläuterung und Abgrenzung*

| Liquiditätskennziffern | Cash flow |
|---|---|
| • **Berechnung:**<br>Liquide Mittel (1., 2. oder 3. Grades) werden zu den kurzfristigen Verbindlichkeiten in Beziehung gesetzt | • **Berechnung:** [1]<br>Jahresüberschuss (G+V-Rechnung)<br>+ Abschreibungen (= Aufwendungen, keine Ausgaben)<br>+ Erhöhung der langfristigen Rückstellungen (= Aufwendungen, keine Ausgaben)<br>– Erträge, die keine Einnahmen sind (z. B. Zuschreibungen zu AV/UV oder Herabsetzung von Rückstellungen)<br>= Cash flow |
| • **Berechnung:**<br>Die Liquiditätskennziffern zeigen die Fähigkeit des Unternehmens, jederzeit seine kurzfristigen Verbindlichkeiten bezahlen zu können. Dies ist eine Stichtagskennziffer. Sie geht aus den Bestandsgrößen der Bilanz hervor.<br>• **Informationswert:**<br>Die Aussagekraft dieser Kennziffer ist insofern eingeschränkt, als die genauen Fälligkeitstermine der liquiden Mittel 2.+3. Grades und der Verbindlichkeiten ausgeklammert werden; auch werden die laufenden Zahlungsverpflichtungen eines Unternehmens wie Löhne, Miete etc. nicht berücksichtigt. Diese Kennziffern geben also nur grobe Anhaltspunkte zur Beurteilung der derzeitigen Zahlungsfähigkeit einer Unternehmung. Eine genaue Finanzplanung ist für jedes Unternehmen unabdingbar. | • **Berechnung:**<br>Cash flow = Kassenfluss. Man versteht darunter jene Teile der Umsatzerlöse, denen keine ausgabewirksamen Aufwendungen gegenüberstehen. Es sind also jene Erlösbestandteile, die im laufenden Geschäftsjahr erwirtschaftet wurden und die der Unternehmung als längerfristige Finanzierungsmittel zur Verfügung stehen. Der Cash flow erfasst also den Zufluss jener Mittel, die durch den Umsatzprozess vereinnahmt wurden. Es handelt sich um eine Zeitraumgröße (gesamtes Geschäftsjahr).<br>• **Informationswert:**<br>Der Cash flow wird als Kennzahl für das Selbstfinanzierungspotenzial und für die Ertragskraft einer Unternehmung angesehen. Die absolute Zahl des Cash flow kann zu bestimmten Größen in Beziehung gesetzt werden (z. B. pro Aktie). |

[1] *in der Literatur übliche Berechnungsarten (es kursieren auch zahlreiche andere Berechnungsarten)*

# 6 Die Stabilisierungsaufgabe des Staates

**6.1 Von wegen Gleichgewicht: Die Wirtschaft schwankt**

**6.2 Wirtschaftspolitische Zielsetzungen: Das magische Viereck**

**6.3 Wirtschaftspolitische Grundkonzeptionen**

# 6 Die Stabilisierungsaufgaben des Staates

## 6.1 Von wegen Gleichgewicht: Die Wirtschaft schwankt

**Leitfragen:**
- Welche Schwankungen im Wirtschaftsablauf können unterschieden werden?
- Wie lassen sich die Schwankungen beschreiben und begründen?

### Konjunktur und Konjunkturzyklus

Das Phänomen ist dem Menschen seit jeher bekannt: Ob in der Bundesrepublik Deutschland oder weltweit – die wirtschaftliche Entwicklung vollzieht sich nicht stetig, sondern unterliegt einem Auf und Ab. Die Auswirkungen dieser Schwankungen bekommt jeder Einzelne zu spüren – sei es durch gute oder schlechte Chancen am Arbeitsmarkt, durch steigende oder stagnierende Löhne oder wechselnde Kaufkraft des Einkommens. Die mit einer gewissen Regelhaftigkeit auftretenden wirtschaftlichen Wechsellagen werden mit dem Begriff Konjunktur bezeichnet. Die Bestimmung der konjunkturellen Lage erfolgt durch den zentralen Indikator des Wirtschaftsprozesses, das inflationsbereinigte (reale) Bruttoinlandsprodukt. Je nach Dauer der wirtschaftlichen Schwankungen unterscheidet man mittelfristige (konjunkturelle), kurzfristige (saisonale) und langfristige (strukturelle) Konjunkturschwankungen.

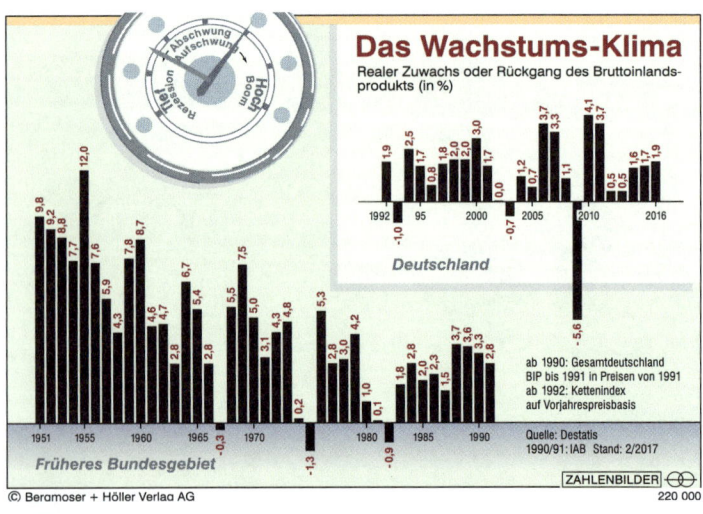

## 6.1 Von wegen Gleichgewicht: Die Wirtschaft schwankt

**Wirtschaftliche Schwankungen: Der Konjunkturzyklus**

Wirtschaftliche Schwankungen lassen sich idealtypisch in einem Grundmuster mit vier Phasen, dem Konjunkturzyklus, darstellen. Die Dauer der Zyklen bewegt sich in Deutschland zwischen vier und sechs Jahren.

- Ein Aufschwung ist gekennzeichnet durch zunehmende Wachstumsraten des Bruttoinlandsprodukts, steigende Produktion und Investitionstätigkeit der Unternehmen, meist abnehmende Arbeitslosigkeit und Stärkung der Kaufkraft. Das Vertrauen in die wirtschaftliche Entwicklung eines Landes nimmt zu.
- In der Hochkonjunktur (Boom) führt die hohe Nachfrage zu Produktionsengpässen mit der Folge von Kosten- und Preissteigerungen.
- Nach einem oberen Wendepunkt folgt die Phase des Konjunkturabschwungs (Rezession) mit rückläufiger Produktion, fallenden Wachstumsraten und steigender Arbeitslosigkeit.
- Im unteren Wendepunkt (Depression) erreicht die Arbeitslosigkeit ihren höchsten Wert, das Bruttoinlandsprodukt stagniert und weist im Extremfall auch negative Wachstumsraten auf.

Vereinfacht geht es bei Konjunkturpolitik immer darum, die Lücke zwischen Produktionspotenzial und tatsächlicher Produktion zu schließen.

*Konjunkturverlauf (kurze Wellen)*

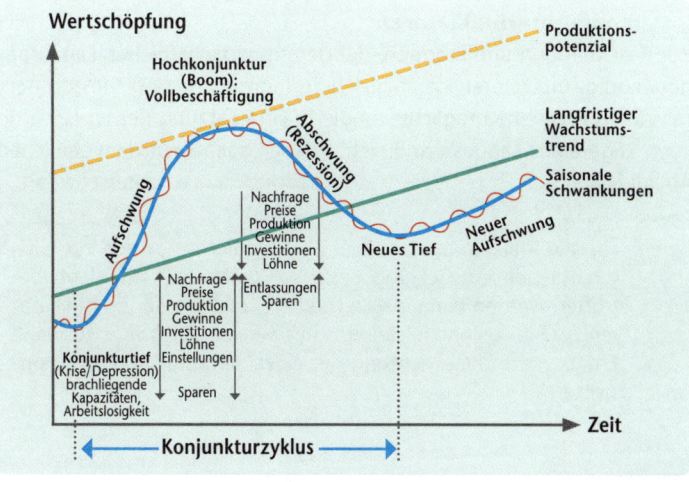

# 6 Die Stabilisierungsaufgaben des Staates

### Saisonale Schwankungen

Haben die oben beschriebenen Konjunkturschwankungen mittelfristigen Charakter, sind die jährlich auftretenden saisonalen Ausschläge des Wirtschaftsprozesses mit einer Dauer von meist ein bis drei Monaten von kurzfristiger Natur. Sie betreffen nur Teilbereiche der Volkswirtschaft und haben ihre Ursachen in erster Linie im Klimawechsel der Jahreszeiten: Während im Winter die Tätigkeiten auf dem Bau meist deutlich eingeschränkt werden, herrscht im Sommer in der Bauwirtschaft Hochbetrieb. Auch das Verbraucherverhalten löst kurzfristige Schwankungen aus. So steigen die Einzelhandelsumsätze während des Weihnachtsgeschäfts meist erheblich an. Durch ihre Kurzfristigkeit wirken sich saisonale Schwankungen nicht nachteilig auf die Volkswirtschaft aus.

### Strukturelle Schwankungen

Im Jahre 1926 stellte der russische Ökonom Nikolai D. Kondratieff die Theorie auf, dass sich die kapitalistische Wirtschaft in Form „langer Wellen" fortentwickle, wobei die Dauer dieser Wellen rund 50 bis 60 Jahre beträgt. Diese sogenannten „Kondratieff-Wellen" beschreiben tiefgreifende strukturelle Wandlungen der Wirtschaft, die durch technische Neuerungen hervorgerufen werden (Dampfmaschine, Eisenbahn, Raumfahrt, Computer, Biotechnologie …) (siehe Kap. 10.1).

### Konjunkturindikatoren

Zur Beschreibung und Prognose der gesamtwirtschaftlichen Lage ist es notwendig, Indikatoren heranzuziehen. Indikatoren sind Messgrößen, mit deren Hilfe eine möglichst fundierte Einschätzung der wirtschaftlichen Lage eines Landes ermöglicht werden soll. Nach dem zeitlichen Ablauf lassen sich Früh-, Präsens- und Spätindikatoren unterscheiden.

> Für alle Indikatoren gilt, dass eine fundierte Aussage zur wirtschaftlichen Entwicklung einer Volkswirtschaft nur dann getroffen werden kann, wenn mehrere, gleichlaufende Indikatoren zur Beurteilung herangezogen werden. Auch sind Auswahl, Erhebung und Gewichtung der einzelnen Indikatoren oft umstritten.

## 6.1 Von wegen Gleichgewicht: Die Wirtschaft schwankt

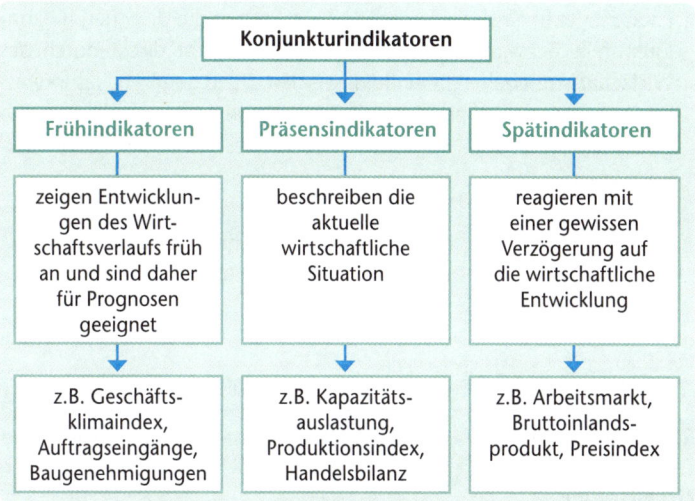

### Ursachen von Konjunkturschwankungen

Unterschiedliche Konjunkturtheorien versuchen, die zyklische Entwicklung der gesamtwirtschaftlichen Aktivitäten zu erklären und zentrale Ursachen von positiven oder negativen Trends zu erfassen.

- Monetäre Theorien gehen davon aus, dass Geldmengen- und Zinsveränderungen verantwortlich für die Auf- und Abwärtsbewegungen des Bruttoinlandsprodukts sind. Demnach führt eine Ausdehnung der Geldmenge zu einem Aufschwung, der dann in die Rezession mündet, wenn die Zentralbank bei einer Gefährdung des Preisniveaus aufgrund hoher Konsumgüternachfrage durch eine Geldmengenbegrenzung und durch Zinserhöhungen reagiert.
- Die Unterkonsumtionstheorie begründet Rezessionen damit, dass die Konsumgüternachfrage hinter den Produktionsmöglichkeiten zurückbleibt, da Löhne und Gehälter nicht im gleichen Umfang steigen wie Güterpreise und Gewinne. Wenn es den Haushalten in der Folge an Kaufkraft fehlt, führt die schwache Binnennachfrage zum Abschwung, da die Unternehmen der Nachfragelücke mit Produktionseinschränkungen und der Entlassung von Arbeitskräften begegnen.

# 6 Die Stabilisierungsaufgaben des Staates

- **Exogene (außerwirtschaftliche) Theorien** sehen die Ursachen für konjunkturelle Schwankungen in Gründen, die nicht direkt durch das Wirtschaftsgeschehen beeinflusst werden. Dazu gehören Naturkatastrophen, Kriege, Erfindungen, neue Rohstoffquellen und psychologische Faktoren, z. B. optimistische oder pessimistische Zukunftserwartungen.

> In der Regel gilt, dass konjunkturelle Schwankungen durch ein komplexes Zusammenspiel verschiedener Einflussfaktoren verursacht werden.

## 6.2 Wirtschaftspolitische Zielsetzungen: Das magische Viereck

### Leitfragen:
- Was sind die wirtschaftlichen Ziele der Sozialen Marktwirtschaft?
- Wie werden diese Ziele gemessen und begründet?

### Wirtschaftspolitischer Handlungsbedarf

Wirtschaftspolitik wird häufig damit begründet, dass der Markt in manchen Bereichen nicht die gewünschten Resultate erziele. Staatliche Wirtschaftspolitik umfasst deshalb Maßnahmen, mit denen bestimmte ökonomische, ökologische und soziale Ziele verwirklicht werden sollen, von denen man annimmt, dass der Marktprozess allein sie nicht erreicht. Die konkreten wirtschaftspolitischen Ziele werden durch den politischen Prozess entschieden. Sie sind stets umstritten und hängen wesentlich von den Wertvorstellungen innerhalb der Gesellschaft ab.

### Das Stabilitäts- und Wachstumsgesetz

Wie wir gesehen haben, garantiert das Preissystem weder Vollbeschäftigung noch stabile Preise (siehe Kap. 4, Kap. 6.1). Deshalb werden staatliche Interventionen als notwendig erachtet. Während die erste Phase der Entwicklung der Sozialen Marktwirtschaft noch von einer weitgehenden Passivität des Staates gegenüber Konjunkturschwankungen gekennzeichnet war – begünstigt durch keine nennenswerten Konjunktureinbrüche im Zuge des stürmischen Wiederaufbaus der Bundes-

## 6.2 Wirtschaftspolitische Zielsetzungen: Das magische Viereck

*Autorentext und -grafik*

republik –, setzte sich mit dem Rückgang von Produktion und Beschäftigung Mitte der 1960er Jahre der Gedanke durch, mit wirtschaftspolitischen Steuerungsmaßnahmen stabilisierend in den Wirtschaftsprozess einzugreifen.

Allerdings lebt gerade die Marktwirtschaft von der Dynamik ständiger Veränderungen. So charakterisierte der österreichische Nationalökonom Joseph A. Schumpeter die marktwirtschaftliche Ordnung als Prozess der schöpferischen Zerstörung, die mit wechselhaften Wirtschaftsverläufen einhergehe. Dass einer stabilen, berechenbaren wirtschaftlichen Entwicklung dennoch ein so hoher Stellenwert beigemessen wird, liegt vor allem daran, dass instabile Entwicklungen meist mit Planungsschwierigkeiten, Arbeitslosigkeit, Einkommensverlusten und politischen Krisen verbunden sind, welche die Politik vor große Herausforderungen stellen.

1967 wurden deshalb in dem „Gesetz zur Förderung der Stabilität und des Wachstums der Wirtschaft" (Stabilitätsgesetz, StabG) Ziele staatlicher Wirtschaftspolitik formuliert. „Bund und Länder haben bei ihren wirtschafts- und finanzpolitischen Maßnahmen die Erfordernisse des gesamtwirtschaftlichen Gleichgewichts zu beachten. Die Maßnahmen sind so zu treffen, dass sie im Rahmen der marktwirtschaftlichen Ord-

# 6 Die Stabilisierungsaufgaben des Staates

nung gleichzeitig zur Stabilität des Preisniveaus, zu einem hohen Beschäftigungsstand und außenwirtschaftlichem Gleichgewicht bei einem stetigen und angemessenen Wirtschaftswachstum beitragen." (§ 1 StabG)

*Die Ziele des magischen Vierecks*

| Hoher Beschäftigungsstand | Preisniveaustabilität |
|---|---|
| Wirtschaftspolitische Bedeutung:<br>• Ausschöpfung des gesamtwirtschaftlichen Produktionspotenzials zum Zwecke der allgemeinen Güterversorgung<br>• Vermeidung sozialer Härten infolge unfreiwilliger Arbeits- und Erwerbslosigkeit | Wirtschaftspolitische Bedeutung:<br>• Erleichterung der Erwartungsbildung der Wirtschaftssubjekte bezüglich der allgemeinen Preisentwicklung<br>• Förderung der Koordinationsfähigkeit des freien Marktbildungsmechanismus |
| **Stetiges und angemessenes Wirtschaftswachstum** | **Außenwirtschaftliches Gleichgewicht** |
| Wirtschaftspolitische Bedeutung:<br>• der Stetigkeit: Vermeidung oder Dämpfung der konjunkturellen Schwankungen von Wachstum und Beschäftigung<br>• der Angemessenheit: Notwendigkeit eines ausreichenden Wachstums für die Erreichung eines hohen Beschäftigungsgrades in der Zukunft | Wirtschaftspolitische Bedeutung:<br>• Erreichung einer langfristigen ausgeglichenen Zahlungsbilanz (Devisenzuflüsse = Devisenabflüsse)<br>• Vermeidung eines dauerhaften Netto-Abflusses inländischer Ressourcen ins Ausland, Vermeidung einer dauerhaft ansteigenden Nettoverschuldung des Inlands gegenüber dem Ausland |

## Wechselwirkungen zwischen den wirtschaftspolitischen Zielen

Die Charakterisierung der stabilitätspolitischen Zielsetzung als „magisches Viereck" bezieht sich darauf, dass zwischen den Zielen wechselseitige Beziehungen und Zielkonflikte bestehen, die es als unmöglich erscheinen lassen, alle Zielvorgaben gleichzeitig zu erfüllen. Grundsätzlich bestehen zwischen den Zielen drei mögliche Beziehungen:

## 6.2 Wirtschaftspolitische Zielsetzungen: Das magische Viereck

- Von Zielkomplementarität spricht man, wenn das Verfolgen eines Ziels das Erreichen eines weitern ebenfalls fördert. Viele Ökonomen und Politiker gehen von einer Komplementarität zwischen „Wirtschaftswachstum" und „hohem Beschäftigungsstand" aus.
- Zielneutralität ist gegeben, wenn Maßnahmen zur Realisierung eines Ziels ein anderes weder positiv noch negativ beeinflussen.
- Zielkonflikte existieren dann, wenn die Verwirklichung eines Ziels die eines anderen behindert. Solche Gegensätze werden häufig für die Zielbeziehungen „Wirtschaftswachstum – Umweltschutz" und „Hoher Beschäftigungsstand – Preisniveaustabilität" behauptet.

Die Ziele des magischen Vierecks werden in den jeweiligen Teilkapiteln genauer behandelt (siehe etwa zum hohen Beschäftigungsstand Kap. 7).

### Vom Viereck zum magischen Vieleck
Im Stabilitätsgesetz von 1967 blieben Ziele unberücksichtigt, die heute in der wirtschaftspolitischen Diskussion thematisiert werden.
- Schon 1994 wurde der Umweltschutz als allgemeines Staatsziel in das Grundgesetz aufgenommen (Art. 20a), sodass eine umweltverträgliche Wirtschaftsentwicklung als weiteres Stabilitätsziel angesehen werden darf. Dies bedeutet, dass alle staatlichen Organe in ihrem Entscheiden und Handeln auf die Verantwortung für künftige Generationen zum Schutz der Umwelt verpflichtet sind.
- Aus dem Sozialstaatsgebot im Grundgesetz (Art. 20) wird auch eine gerechte Einkommens- und Vermögensverteilung als Ziel staatlicher Politik abgeleitet.
- Darüber hinaus wurde 2011 beschlossen, eine „Schuldenbremse" in das Grundgesetz aufzunehmen (Art. 109 Abs. 3 GG). Sie soll mittelfristig zu ausgeglichenen Haushalten des Bundes und der Länder führen (siehe Kap. 8.2).

Auch diese Ziele zeigen, dass wirtschaftspolitische Ziele oft durch allgemeinere gesellschaftspolitische Werturteile bestimmt sind. Die Ziele und ihre Gewichtung sind stets Gegenstand politischer und gesellschaftlicher Diskussion.

# 6 Die Stabilisierungsaufgaben des Staates

*Das magische Vieleck*

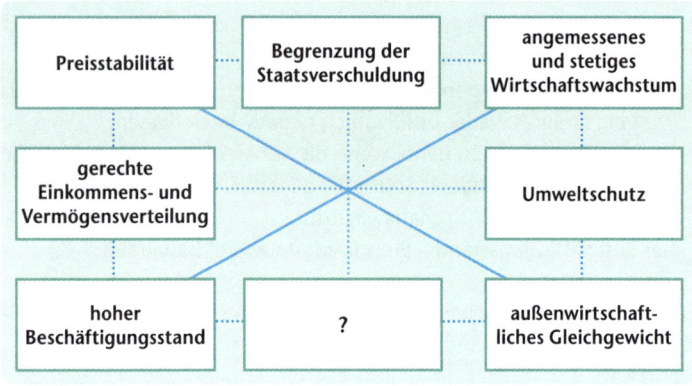

Autorentext und -grafik

## 6.3 Wirtschaftspolitische Grundkonzeptionen

**Leitfragen:**
- Welche Rolle sollte der Staat in der Wirtschaftspolitik spielen?
- Was kennzeichnet Angebots- und Nachfragetheorie?

### Welche Funktion sollte der Staat in der Wirtschaftspolitik einnehmen?

Die wesentlichen Ziele staatlicher Wirtschaftspolitik sind also im Stabilitätsgesetz von 1967 formuliert. Wie genau der Staat die Ziele des magischen Vierecks erreichen kann und von welchen wirtschaftspolitischen Grundannahmen er sich hierbei leiten lassen sollte, wird von Wirtschaftswissenschaftlern und Politikern kontrovers diskutiert. Zwei verschiedene wirtschaftspolitische Grundkonzeptionen stehen sich hier gegenüber: Keynesianismus oder Nachfragetheorie und Monetarismus oder Angebotstheorie liefern unterschiedliche idealtypische Konzepte zur Bewältigung von Wachstums- und Beschäftigungsproblemen.

### Keynes und die Nachfragetheorie

Die Nachfragetheorie geht auf den englischen Nationalökonomen John Maynard Keynes (1883–1946) zurück, der mit seiner Analyse der Welt-

## 6.3 Wirtschaftspolitische Grundkonzeptionen

wirtschaftskrise die Wirtschaftstheorie und -politik revolutionierte, um die freiheitliche Ordnung und das Marktsystem aus der Krise zu führen. Er sah Arbeitslosigkeit in einer unzureichenden gesamtwirtschaftlichen Nachfrage begründet. Da der Markt allein nicht in der Lage sei, aus sich heraus ein Unterbeschäftigungsgleichgewicht zu beseitigen, solle der Staat eine aktive Rolle bei der Steuerung der Konjunktur übernehmen und dafür sorgen, dass zusätzliche Nachfrage entstehe. Im Mittelpunkt dieser Stabilisierungspolitik stehen vor allem fiskalpolitische Maßnahmen, d. h. die Veränderung von Steuern bzw. Staatsausgaben und -einnahmen. Auch die Geldpolitik der Zentralbank sollte diese staatliche Konjunkturpolitik unterstützen. Die Maßnahmen sind jeweils so zu treffen, dass sie in Zeiten der Hochkonjunktur die Nachfrage dämpfen und in Zeiten der Rezession die Nachfrage beleben (antizyklische Wirtschaftspolitik). Staatliche Verschuldung durch aufgenommene Kredite kann in der dann folgenden Boomphase wieder abgebaut werden (deficit-spending).

Die Grundannahmen dieses Konzepts prägten 1967 in Deutschland das genannte Stabilitäts- und Wachstumsgesetz.

*Antizyklische Haushaltspolitik*

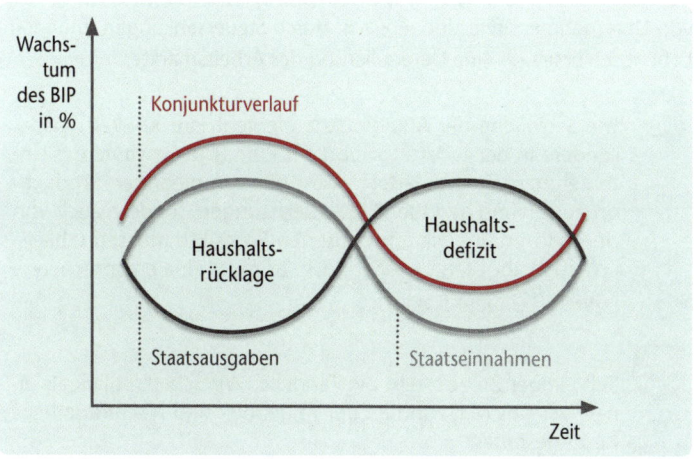

Kritiker der Nachfragetheorie sehen Schwächen in großen zeitlichen Verzögerungen zwischen wirtschaftspolitischen Entscheidungen und ihren Wirkungen (time lags), im Ansteigen der Staatsquote und damit der höheren Abgaben- und Steuerbelastung sowie der wachsenden Staatsverschuldung zur Finanzierung der öffentlichen Haushalte.

### Gegenreaktion auf Keynes: Die Angebotstheorie

Der schärfste Kritiker des Keynesianismus war der US-amerikanische Wirtschaftsnobelpreisträger Milton Friedman (1912–2006). Nach seiner Theorie sollte der Staat nur eine passive Rolle bei der Gestaltung des Wirtschaftsprozesses einnehmen. Träger wirtschaftlichen Handelns ist demnach das Individuum, zentrales Koordinierungsinstrument ist der freie Markt. Die neoklassisch orientierte Politik sieht Wachstums- und Beschäftigungsprobleme eher strukturell als konjunkturell bedingt. Der Staat soll die wirtschaftlichen Rahmenbedingungen verbessern und sich zur konjunkturellen Entwicklung neutral verhalten. Wachstum und Beschäftigung werden durch eine Verbesserung der Angebotsbedingungen gefördert. Eine geeignete Maßnahme im Sinne dieser Theorie ist vor allem die Regulierung der Geldmenge, die als wichtigste Stellgröße zur Steuerung des Wirtschaftsablaufs angesehen wird. Neben dieser Verstetigung des Geldmengenwachstums werden empfohlen: die Verbesserung der Rentabilität von Unternehmensinvestitionen, z. B. durch Steuersenkungen, moderate Lohnabschlüsse und eine Deregulierung des Arbeitsmarktes.

Die Schwäche der Angebotstheorie liegt laut Kritikern insbesondere in der Fixierung auf die Kosten. Die Gewinne der Unternehmen hängen jedoch nicht nur von niedrigen Produktionskosten und geringen Steuerbelastungen, sondern auch von den Erlösen ab. Die angebotenen Produkte müssen schließlich auch abgesetzt werden, d. h. es muss eine entsprechende Kaufkraft gegeben sein.

Seit einiger Zeit besteht die Tendenz, Wirtschaftspolitik als einen Mix aus Maßnahmen der Angebots- und Nachfragetheorie zu gestalten.

# 7 Arbeitsmarkt und Beschäftigungspolitik

7.1 Ursachen und Formen der Arbeitslosigkeit

7.2 Beschäftigungspolitik zwischen Angebot und Nachfrage

7.3 Die Rolle der Tarifpartner für die Beschäftigung

# 7 Arbeitsmarkt und Beschäftigungspolitik

## 7.1 Ursachen und Formen der Arbeitslosigkeit

**Leitfragen:**
- Wie wird Arbeitslosigkeit gemessen?
- Welche Ursachen und Formen der Arbeitslosigkeit gibt es?

### Arbeitslosigkeit in Deutschland

Laut Stabilitätsgesetz von 1967 hat jede Bundesregierung den gesetzlichen Auftrag, einen „hohen Beschäftigungsgrad" anzustreben (siehe Kap. 6). Dieses Ziel wurde nie genau quantifiziert, aber es besteht ein Konsens darüber, dass man bei einer Arbeitslosenquote von etwa 4 % im Bereich der Vollbeschäftigung liegt.

Abhängig von verschiedenen nationalen und internationalen Bedingungen ist die Entwicklung der Arbeitslosigkeit in Deutschland von einem Auf und Ab gekennzeichnet.

## Arbeitslosigkeit in Deutschland

Jahresdurchschnitt: Zahl der Arbeitslosen in Millionen

| Jahr | Arbeitslose (Mio.) |
|---|---|
| 1991 | 2,60 |
| 1995 | 3,70 |
| ~1997 | 4,38 |
| 2000 | 3,85 |
| ~2003 | 4,38 |
| 2005 | 4,86 |
| ~2008 | 3,26 |
| ~2009 | 3,41 |
| ~2012 | 2,90 |
| ~2015 | 2,69 |
| 2017 | 2,53 |

dpa·27740    Quelle: Bundesagentur für Arbeit

### Die Messung der Arbeitslosigkeit

Die Beschreibung der Beschäftigungsentwicklung und der Arbeitslosigkeit erfolgt anhand verschiedener Maßgrößen.
Definition in Deutschland nach § 16 und § 119 SGB III:

## 7.1 Ursachen und Formen der Arbeitslosigkeit

Arbeitslose sind Personen, die
- vorübergehend nicht in einem Beschäftigungsverhältnis stehen oder
- nur eine geringfügige (weniger als 15 Stunden wöchentlich) bzw. kurzzeitige Beschäftigung ausüben, eine versicherungspflichtige Beschäftigung suchen und dabei den Vermittlungsbemühungen der Agentur für Arbeit zur Verfügung stehen;
- sich bei der Agentur für Arbeit arbeitslos gemeldet haben;
- sich bemühen, ihre Beschäftigungslosigkeit zu beenden (Eigenbemühungen).

$$\text{Arbeitslosenquote} = \frac{\text{registrierte Arbeitslose}}{\text{Erwerbsperson}} \times 100$$

Die Arbeitslosenquote wird berechnet, indem die registrierten Arbeitslosen zu den (zivilen) Erwerbspersonen (= Erwerbstätige + Arbeitslose) in Beziehung gesetzt werden.

| Wohnbevölkerung | | | |
|---|---|---|---|
| Personen im erwerbsfähigen Alter | | | Personen im nicht erwerbsfähigen Alter |
| Erwerbspersonen (Alle statistisch erfassten Personen, die eine Erwerbstätigkeit ausüben oder ausüben wollen) | | Nichterwerbspersonen (Personen, die keinerlei auf Erwerb ausgerichtete Tätigkeit ausüben oder suchen) | |
| Erwerbstätige (Personen, die in einem Arbeitsverhältnis stehen, ein Gewerbe, eine Landwirtschaft betreiben oder einen freien Beruf ausüben) | Arbeitslose (erwerbsfähige und erwerbswillige Personen) | | |
| | Registrierte Arbeitslose | Stille Reserve | |
| Erwerbspersonenpotenzial | | | |

Jürgen Pätzold/Daniel Baade, Stabilisierungspolitik, 7. Aufl., München 2008, S. 17

## Ursachen der Arbeitslosigkeit: Strukturelle Ungleichgewichte

| Ökonomische Faktoren | Individuelle Faktoren |
|---|---|
| • Strukturelle Arbeitslosigkeit aufgrund eines ökonomischen Strukturwandels, z.B. wegen des wissenschaftlich-technologischen Fortschritts und der Globalisierung (weltweite Arbeitsteilung und Verlagerung von Produktionszweigen in sog. Billiglohnländer)<br>• Konjunkturelle Arbeitslosigkeit aufgrund zyklischer Schwankungen der Wirtschaft (Nachfrageschwankungen)<br>• Saisonale Arbeitslosigkeit: saisonal bedingt nachlassender Bedarf an Arbeitskräften z.B. im Baugewerbe | • Fehlende Qualifikation des Arbeitsuchenden<br>• Alter<br>• Überangebot an Arbeitskräften in bestimmten Berufssparten<br>• Geringer Anreiz zur Arbeitsaufnahme aufgrund des sozialen Sicherungssystems<br>• Fehlende Flexibilität und Mobilität (z.B. Wohnortwechsel, lange Fahrtstrecken) |

Als zentraler Ansatzpunkt bei der Bekämpfung der Unterbeschäftigung gilt die strukturelle Arbeitslosigkeit. Ihr Entstehen kann viele Gründe haben.

*Formen der „strukturellen" Arbeitslosigkeit*

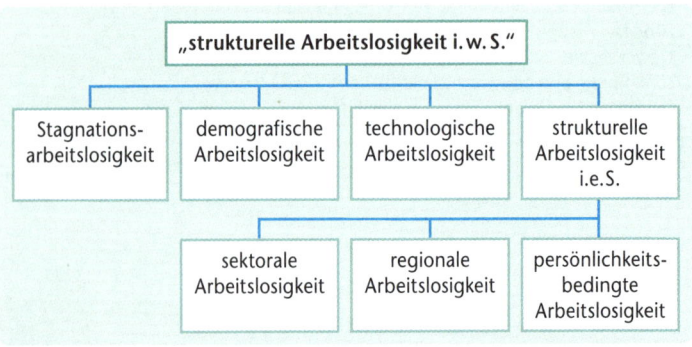

### Sektoraler Strukturwandel

Wesentlich für die strukturelle Arbeitslosigkeit im weiteren Sinne sind also verschiedene Entwicklungen des gesellschaftlichen Wandels. Die wohl bekannteste und offensichtlichste ist der sektorale Strukturwandel.

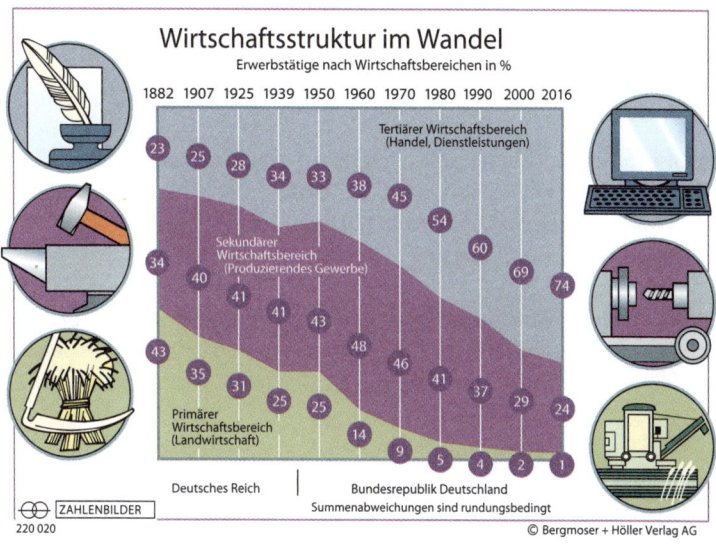

Hinter diesem strukturellen Wandel wird eine gewisse Gesetzmäßigkeit vermutet, die auch als sogenannte Drei-Sektoren-Hypothese bekannt ist.

### Erklärungsmodelle: Keynes versus die Klassiker

Auch auf dem Arbeitsmarkt gelten die Grundprinzipien von Angebot und Nachfrage: eine steigende Angebots- und eine fallende Nachfragekurve.

> Auf dem Arbeitsmarkt fragen Unternehmen Arbeit bzw. Arbeitskräfte nach und Erwerbstätige bieten Arbeit an. Der Preis auf dem Arbeitsmarkt ist der Lohn. Im Prinzip sorgt der Marktmechanismus auch auf dem Arbeitsmarkt für ein Gleichgewicht von Angebots- und Nachfrageplänen.

# 7 Arbeitsmarkt und Beschäftigungspolitik

Die Arbeitsnachfrage der Unternehmen folgt dem Zusammenhang: Je niedriger der Reallohn, desto mehr Arbeitskräfte werden nachgefragt. Das hängt damit zusammen, dass die von einem zusätzlichen Arbeitnehmer erbrachte Leistung für den Arbeitgeber umso weniger wert ist, je mehr Arbeitskräfte bereits bei ihm beschäftigt sind.

 Erster Arbeitnehmer: 15 €, zweiter Arbeitnehmer: 12 €.

Quasi umgekehrt verhält es sich mit dem Arbeitsangebot der Arbeitnehmer: Je höher der Reallohn, desto höher ist das Arbeitsangebot. Denn: Je länger die Arbeitszeit ist, desto höher ist für einen Beschäftigten das „Arbeitsleid", seine Opportunitätskosten nehmen zu.

Bei der Ursachenanalyse der Arbeitslosigkeit (= Ungleichgewicht auf dem Arbeitsmarkt) zeigen sich nun die unterschiedlichen Betrachtungsweisen der klassischen und keynesianischen Denkschulen.

*Klassische Arbeitslosigkeit*

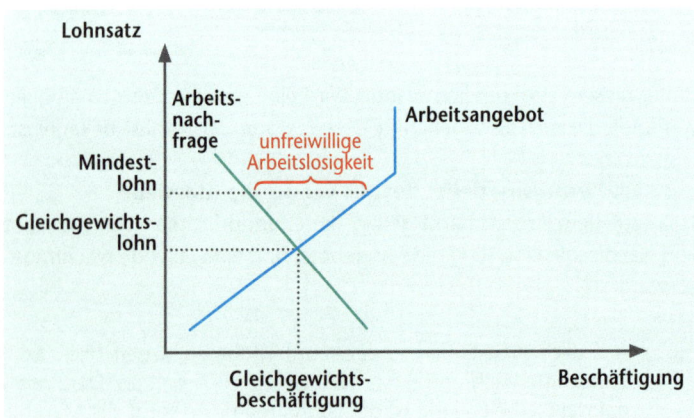

## 7.1 Ursachen und Formen der Arbeitslosigkeit

Nach Ansicht der Klassiker liegt die Ursache für Arbeitslosigkeit letztlich darin, dass unter den gegebenen Bedingungen der Reallohn zu hoch ist, d. h. über dem Gleichgewichtslohn liegt (vgl. Abb. 1). Die Erklärungsansätze dafür verweisen darauf, dass die Löhne am Arbeitsmarkt nicht frei durch den Marktmechanismus ermittelt würden, sondern in Tarifverhandlungen (siehe Kap. 7.3). Beide Parteien, Gewerkschaften wie Arbeitgeber, sind Monopolisten.

Demgegenüber bildet die Arbeitslosigkeit aus Sicht der Keynesianer die Reaktion auf einen Rückgang der gesamtwirtschaftlichen Nachfrage. Diese führt dazu, dass die Arbeitsnachfragekurve einen Knick macht: Für die Befriedigung der eingeschränkten Gesamtnachfrage ist lediglich ein bestimmter Arbeitseinsatz erforderlich. Auch bei sinkenden Löhnen stellen die Unternehmen keine Leute ein, da diese infolge fehlender Aufträge keine Arbeit hätten.

*Keynesianische Arbeitslosigkeit*

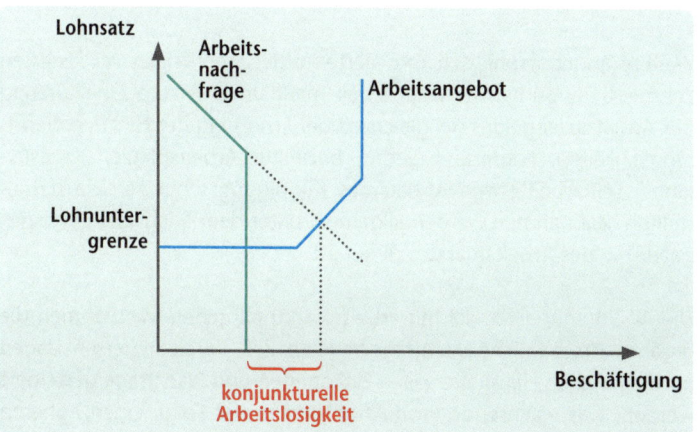

# 7 Arbeitsmarkt und Beschäftigungspolitik

## 7.2 Beschäftigungspolitik zwischen Angebot und Nachfrage

**Leitfrage:**
Wie wollen Angebots- und Nachfragepolitik den Arbeitsmarkt gestalten?

### Maßnahmen zum Abbau der Arbeitslosigkeit

Auch Maßnahmen zur Bekämpfung der Arbeitslosigkeit lassen sich den zwei konkurrierenden wirtschaftspolitischen Grundkonzeptionen der Angebots- und Nachfrageorientierung zuordnen.

Die angebotspolitisch geprägten Lösungsansätze zielen darauf ab, das Lohnniveau in direkter oder indirekter Form zu senken, um die Unternehmen zu entlasten. Durch die so verbesserte Gewinnsituation können Unternehmen wieder stärker investieren und neue Arbeitsplätze schaffen. Forderungen sind z. B.
- Senkung der Steuern für Unternehmen
- Senkung der Lohnnebenkosten
- Lohnzurückhaltung

Weitere angebotspolitisch motivierte Forderungen nach verbesserten Rahmenbedingungen auf dem Arbeitsmarkt umfassen u. a. eine Kürzung des Arbeitslosengeldes bei gleichzeitiger Erhöhung der Hinzuverdienstmöglichkeiten, Förderung gering bezahlter Arbeitsplätze, „Investivlohn", Leiharbeit sowie Abbau des Kündigungsschutzes. Die dargestellten Maßnahmen werden allgemein unter dem Stichwort der Deregulierung des Arbeitsmarktes diskutiert.

Die Nachfragepolitik will mit arbeitsmarktpolitischen Maßnahmen die gesamtwirtschaftliche Nachfrage beleben. Z. B. durch Steuersenkungen für die privaten Haushalte sollen Einkommen und Nachfrage gesteigert werden, was wachsende Produktion und in der Folge einen höheren Bedarf an Arbeitskräften bedeutet. Konkrete Maßnahmen zum Abbau der Arbeitslosigkeit sind nach diesem Konzept z. B.
- staatliche Ausgabenprogramme
- Investitionszulagen für Unternehmen

## 7.2 Beschäftigungspolitik zwischen Angebot und Nachfrage

Weitere Vorschläge von Gewerkschaften bzw. von Vertretern der Nachfragepolitik umfassen u. a. die Einführung bzw. Ausweitung von Mindestlöhnen und die Umverteilung der Arbeit durch Arbeitszeitverkürzung.

Bei allen Unterschieden besteht unter Angebots- und Nachfragepolitikern Einigkeit darüber, dass verstärkte Investitionen in Bildung und Forschung notwendig sind.

*Wirtschaftspolitik gegen Arbeitslosigkeit:*
*Entscheidungsbaum zwischen Angebots- und Nachfrageorientierung*

### Entscheidungsbaum

Was kann/soll die Wirtschaftspolitik gegen Arbeitslosigkeit tun?

**Frage 1: Soll der Staat zu diesem Zweck überhaupt in die Wirtschaft eingreifen?**

**NEIN**  **JA**

- der Markt ist stabil
- der Staat stört nur
- Arbeitslosigkeit muss vom Markt bzw. von den Tarifvertragsparteien beseitigt werden
→ gehe zu „Ende"

- der Markt ist instabil
- hohe Arbeitslosigkeit kann politisch nicht hingenommen werden
- mit Wirtschaftspolitik kann Arbeitslosigkeit bekämpft und gesenkt werden
→ gehe zu Frage 2

**Frage 2: Soll der Staat die konjunkturelle Arbeitslosigkeit bekämpfen?**

**NEIN**  **JA**

- der Fokus der Politik sollte auf der Bekämpfung der systemischen Arbeitslosigkeit liegen
- Konjunkturpolitik schadet mehr als sie nützt
→ gehe zu Frage 4

- die konjunkturelle Komponente der Arbeitslosigkeit fällt ins Gewicht
- Angebotspolitik sollte im Notfall (Rezession) ergänzt werden durch keynesianische Nachfragepolitik
→ gehe zu Frage 3

## Frage 3: Soll die Regierung keynesianische (antizyklische) Konjunkturpolitik betreiben?

**NEIN**  **JA**

- führt zur Inflation
- erhöht die Staatsverschuldung
- überfordert den Staat
- senkt die Arbeitslosigkeit nicht, sondern erhöht sie mittelfristig
- → gehe zu Fazit 1

- erhöht die gesamtwirtschaftliche Nachfrage und damit die Produktion
- stärkt Masseneinkommen und Kaufkraft
- verstetigt die Konjunktur
- verringert die Arbeitslosigkeit
- → gehe zu Fazit 2

### Fazit 1:
Wenn der Staat zur Bekämpfung der Arbeitslosigkeit in die Wirtschaft eingreifen soll, eine keynesianische (antizyklische) Konjunktur- und Nachfragepolitik aber abgelehnt wird, dann steht alternativ die Option „Angebotspolitik" zur Verfügung. Diese zielt auf Förderung der privaten Investitionen und damit auf Wachstum und zusätzliche Arbeitsplätze. → gehe zu Frage 4

### Fazit 2:
Zur Bekämpfung der konjunkturellen Arbeitslosigkeit betreibt der Staat keynesianische Beschäftigungspolitik. Zusätzlich steht ihm aber auch noch die Option offen, die systemische Arbeitslosigkeit zu bekämpfen – z.B. durch „Angebotspolitik". Nachfragepolitik ist auf eine höhere Auslastung *vorhandener* Produktionskapazitäten ausgerichtet, Angebotspolitik auf Investitionen, um *zusätzliche* Produktionskapazitäten zu schaffen. → gehe zu Frage 4

## Frage 4: Soll der Staat Angebotspolitik zur Bekämpfung des systemischen Arbeitslosigkeit betreiben?

**NEIN**  **JA**

- mehr Wachstum ist ökologisch (bei uns) nicht vertretbar
- mehr Wachstum führt nicht zu mehr Beschäftigung
- Verbesserung der Angebotsbedingungen heißt: Besserstellung der Investoren, also der Reichen
- Angebotspolitik ist sozial ungerecht und verschärft die Spaltung zwischen Arm und Reich
- → gehe zu „Ende"

- unser Hauptproblem ist die wirtschaftliche Stagnation
- Beschäftigung hängt von Investitionen und Wachstum ab
- es mangelt an Investitionen, weil die Angebotsbedingungen für Investoren unattraktiv sind
- Angebotspolitik wirkt: sie ist „sozial", weil sie zu mehr Beschäftigung führt
- → gehe zu „Ende"

*Gerhard Willke, Das politische Element in der Ökonomik, in: Georg Weißeno (Hrsg.), Politik und Wirtschaft unterrichten, Bonn 2006, S. 52 f.*

## 7.3 Die Rolle der Tarifpartner für die Beschäftigung

**Leitfrage:**
Welche Interessen haben die Tarifpartner bei der Gestaltung des Arbeitsmarktes?

### Die Positionen von Arbeitgebern und Gewerkschaften

Nun sind der Staat und die Unternehmen nicht die einzig relevanten Akteure bei Fragen der Beschäftigung bzw. des Arbeitsmarktes. Eine wichtige Rolle für die Gestaltung der Beschäftigungs- und Einkommensverhältnisse – vor allem bei der Lohnfindung und damit für den Preis der Arbeit – spielen die Tarifpartner. Tarifpartner sind einerseits die Gewerkschaften als Vereinigung der Arbeitnehmer und auf der anderen Seite die Arbeitgeber, die in verschiedenen Verbänden organisiert sind (z. B. im Bundesverband der deutschen Industrie). Sie handeln im Rahmen der Tarifautonomie – also unabhängig von direkter staatlicher Einflussnahme – die Tarifverträge aus, die zwingend Rechte und Pflichten der einzelnen Arbeitsverhältnisse zwischen den Mitgliedern der Tarifparteien regeln. Das tarifliche Entgelt darf vom Arbeitgeber nicht unterschritten werden.

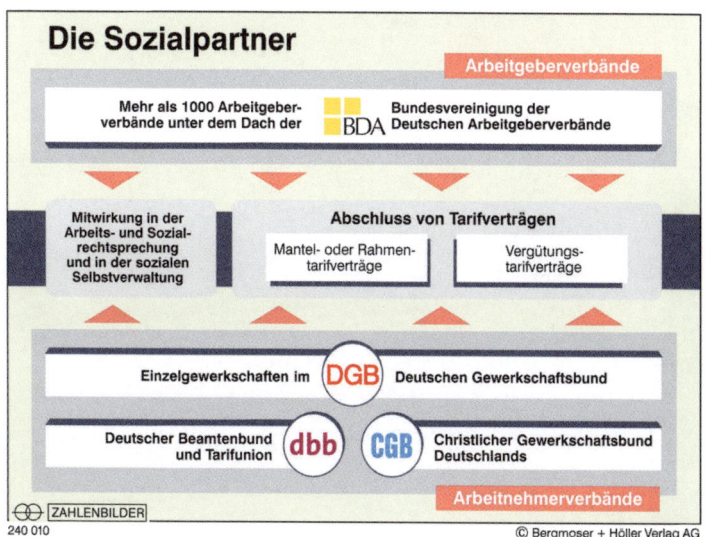

Aus Sicht der Arbeitgeber kann nur verteilt werden, was durch größere Produktivität erwirtschaftet wurde. Vor allem in Zeiten der Rezession sehen sich die Gewerkschaften mit der Forderung konfrontiert, sich bei den Lohnabschlüssen an der konjunkturellen Situation zu orientieren.
Die Gewerkschaften argumentieren anders: Sie sehen in Lohnerhöhungen eine Möglichkeit, die Konjunktur anzukurbeln und so die Arbeitslosigkeit zu bekämpfen. Nach der sogenannten Kaufkrafttheorie stärken vereinfacht gesagt höhere Löhne die Kaufkraft und schaffen so Nachfrage und Beschäftigung. Auch müssen aus dieser Perspektive Aspekte der Umverteilung bedacht werden. Diese Theorie ist allerdings nicht unumstritten.

> Im Zuge der Globalisierung sind Unternehmen mobiler geworden; es ist üblich, die Produktion an günstigere Produktionsstandorte ins Ausland zu verlagern. Diese Entwicklung hat die Position der Gewerkschaften geschwächt, ihre tarifpolitischen Forderungen können sich oft nicht mehr durchsetzen. Offensive Lohnstrategien treten zugunsten von Arbeitsplatzsicherung in den Hintergrund.

# 8 Finanzpolitik und Staatsverschuldung

8.1 Finanzpolitik

8.2 Staatsverschuldung: Ursachen und Folgen

# 8 Finanzpolitik und Staatsverschuldung

## 8.1 Finanzpolitik

**Leitfragen:**
- Welche Aufgaben hat die Finanzpolitik?
- Wie werden diese staatlichen Aufgaben finanziert?

### Was der Staat mit unserem Geld macht

Wesentlicher Bestandteil staatlicher Wirtschaftspolitik ist die Finanzpolitik. Sie umfasst alle Maßnahmen, die Einnahmen und Ausgaben der öffentlichen Haushalte betreffen – also die Haushalte von Bund, Ländern und Kommunen. Ihre zentrale Aufgabe ist es, die Finanzierung der staatlichen Ausgaben mithilfe der Steuereinnahmen, der Festlegung von Abgaben und Kreditaufnahmen zu sichern. Diese Ausgaben fließen z. B. in die sozialen Sicherungssysteme, in das Gesundheitswesen, in die Verkehrsinfrastruktur oder in das Bildungssystem. All das sind öffentliche Güter, die der moderne Wohlfahrtsstaat seinen Bürgern zur Verfügung stellt. Hinzu kommen die Zinslasten zur Bedienung der staatlichen Kredite. Eine weitere finanzpolitische Aufgabe betrifft die Umverteilung der Einnahmen nach bestimmten (z. B. sozialpolitischen) Gesichtspunkten.

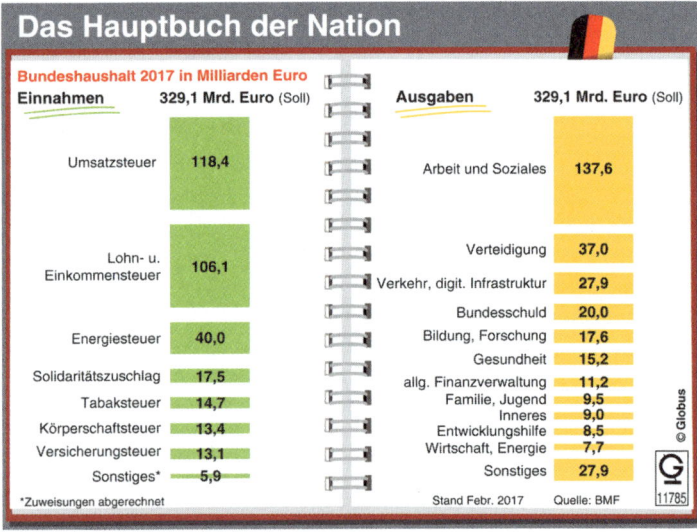

## 8.1 Finanzpolitik

Die Haushaltspolitik steht über weite Strecken unter dem Diktat gesetzlich vorgeschriebener Leistungen, d. h. der Verteilungsspielraum von Finanzministern und Kämmerern fällt in der Regel relativ gering aus. Inzwischen gibt der Staat einschließlich der Ausgaben der Sozialversicherung mehr als eine Billion Euro pro Jahr aus, wobei der Bund den größten Anteil verteilen darf.

Der Haushaltsplan des Staates hat drei Funktionen zu erfüllen.

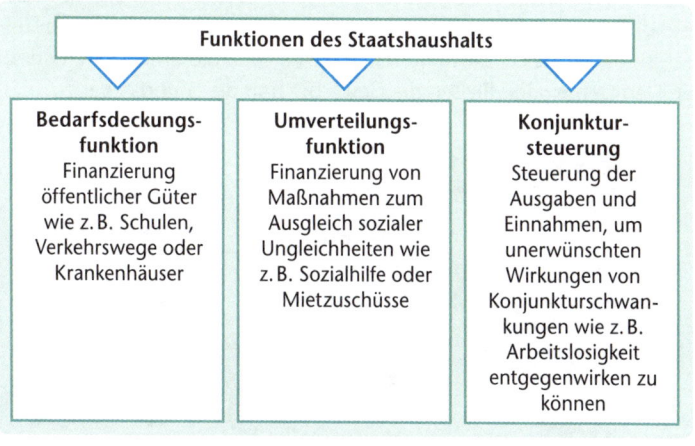

J. Altmann, Wirtschaftspolitik

### So finanziert sich der Staat

Egal, ob wir ein Auto kaufen oder in einer Kneipe ein Bier trinken, der Staat verdient mit. Das ist nicht neu. Seit jeher fordern die Staaten von ihren Bürgern Steuern. Sie sind – neben Gebühren oder Beiträgen für bestimmte staatliche Dienstleistungen – die wichtigste Finanzierungsquelle des Staates. Es werden verschiedene Steuerarten unterschieden:

- Direkte Steuern werden auf Einkommen und Vermögen erhoben, sind also Besitzsteuern und richten sich nach der wirtschaftlichen Leistungsfähigkeit des Steuerpflichtigen. Zu den direkten Steuern zählen z. B. die Einkommen- und Körperschaftssteuer.
- Indirekte Steuern sind die Verkehrs- und Verbrauchssteuern, wie etwa die Umsatzsteuer (Mehrwertsteuer) und die Mineralölsteuer. Indirekte Steuern sind in den Preisen der Produkte bereits enthalten und werden

von den Unternehmen an den Staat gezahlt. Steuerträger sind die Endverbraucher, also die privaten Haushalte. Die persönliche Belastung richtet sich dabei nach dem Verbrauch des Einzelnen, nicht nach dem Einkommen. Wer viel konsumiert, hat demnach eine höhere Steuerlast.

Ein weiterer Unterschied bezieht sich auf die Ertragshoheit: Die Mineralöl- und die Tabaksteuer stehen ausschließlich dem Bund zur Verfügung, während die Einkommensteuer nach einem bestimmten Schlüssel auf Bund, Länder und Gemeinden aufgeteilt wird. Gleiches gilt für die Umsatzsteuer. Reine Ländersteuern sind die Kfz- und die Grunderwerbssteuer. Den Gemeinden fließen die Gewerbe- und die Grundsteuer zu.

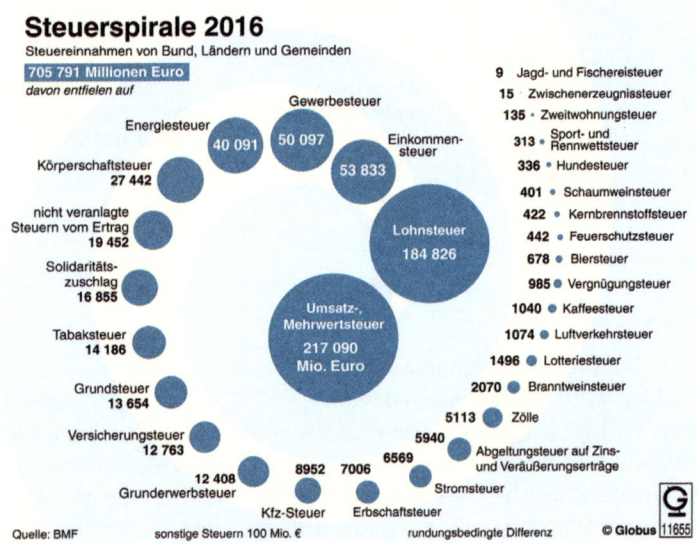

### Staatsquote und Abgabenquote

Die Staatsquote umfasst die Gesamtausgaben eines Staates (einschließlich der gesetzlichen Sozialsysteme) in Prozent des Bruttoinlandsprodukts (BIP). Sie zeigt, in welchem Umfang der staatliche Sektor die gesamte Volkswirtschaft in Anspruch nimmt. Zu den Staatsausgaben zählen alle staatlichen Investitionen und Ausgaben für Personal und

Verwaltung, aber auch Zinszahlungen und vor allem Zahlungen an private Haushalte und Subventionen an Unternehmen. Die Staatsquote beträgt in der Bundesrepublik aktuell nicht ganz 45 % und liegt damit knapp unter der vergleichbaren Zahl der Europäischen Union (ca. 47 %) und der Euro-Zone (ca. 49 %).

Die Abgabenquote drückt den Anteil von Steuern und Sozialabgaben am BIP eines Landes in Prozent aus.

### Steuergerechtigkeit – nur wie?

Jeder ist damit einverstanden, dass das Steuersystem gerecht sein sollte. Wie aber lässt sich einschätzen, ob ein Steuersystem fair ist? Die Gerechtigkeit eines Steuersystems kann nach zwei Grundprinzipien beurteilt werden.

- Nach dem Äquivalenzprinzip ist es gerecht, wenn die Steuerbelastung der Bürger den aus den beanspruchten staatlichen Leistungen empfangenen Vorteilen entspricht. Damit lässt sich etwa die Mineralölsteuer rechtfertigen, da diejenigen, die Kraftstoffe kaufen, auch diejenigen sind, die den größten Nutzen aus der über diese Steuer finanzierten Verkehrsinfrastruktur ziehen.
- Nach dem Leistungsfähigkeitsprinzip ist es fair, wenn die Bürger entsprechend ihrer steuerlichen Leistungsfähigkeit am Aufbringen des Steueraufkommens beteiligt werden. So sollen Besserverdienende zugunsten von Bürgern mit geringerem Einkommen stärker belastet werden.

Das Leistungsfähigkeitsprinzip wird u. a. damit begründet, dass alle Bürger ein gleiches Opfer tragen sollten, um den Staat zu unterstützen. Das Ausmaß des Opfers einer Person hängt jedoch nicht nur von der Höhe der Steuerzahlung ab, sondern auch von ihrem Einkommen und von weiteren Umständen. Die Steuerzahlung von 1.000 Euro eines Normalverdieners kann ein größeres Opfer bedeuten als eine Steuerzahlung von 10.000 Euro, gezahlt von einer reichen Person. Einkommensstarke Steuerzahler sollen also einen höheren Beitrag zur Finanzierung des Gemeinwesens leisten. Die Frage ist nur, wie viel (mehr) sie leisten sollten.

# 8 Finanzpolitik und Staatsverschuldung

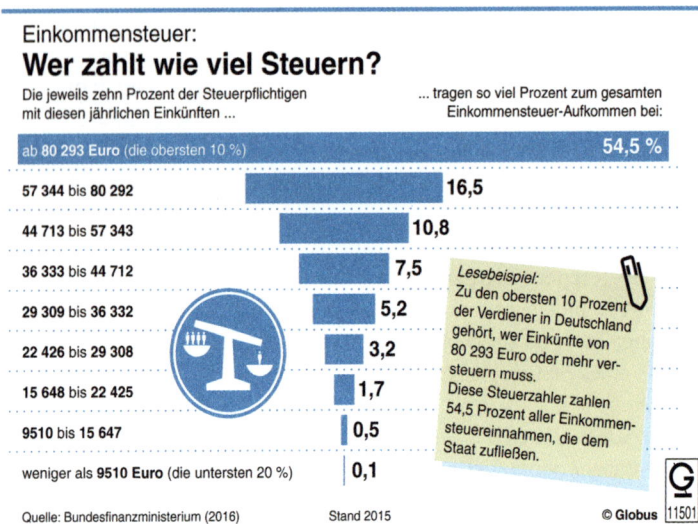

Einkommensteuer:
## Wer zahlt wie viel Steuern?

Die jeweils zehn Prozent der Steuerpflichtigen mit diesen jährlichen Einkünften ... ... tragen so viel Prozent zum gesamten Einkommensteuer-Aufkommen bei:

|  |  |
|---|---|
| ab 80 293 Euro (die obersten 10 %) | 54,5 % |
| 57 344 bis 80 292 | 16,5 |
| 44 713 bis 57 343 | 10,8 |
| 36 333 bis 44 712 | 7,5 |
| 29 309 bis 36 332 | 5,2 |
| 22 426 bis 29 308 | 3,2 |
| 15 648 bis 22 425 | 1,7 |
| 9510 bis 15 647 | 0,5 |
| weniger als 9510 Euro (die untersten 20 %) | 0,1 |

Quelle: Bundesfinanzministerium (2016)  Stand 2015  © Globus 11501

**Lesebeispiel:** Zu den obersten 10 Prozent der Verdiener in Deutschland gehört, wer Einkünfte von 80 293 Euro oder mehr versteuern muss. Diese Steuerzahler zahlen 54,5 Prozent aller Einkommensteuereinnahmen, die dem Staat zufließen.

## Der Umverteilungseffekt des Einkommensteuertarifs

Steuerpolitik kann je nach ihrer Ausgestaltung unterschiedliche Ziele verfolgen. So werden abhängig vom jeweiligen Steuertarif verschiedene Bevölkerungsgruppen unterschiedlich stark be- oder entlastet, d.h. die Steuerpolitik ist ein wesentliches Instrument zur Umverteilung der Einkommen innerhalb des Sozialstaats.

Die Einkommensteuer (ESt) ist eine Steuer, die auf das Einkommen natürlicher Personen erhoben wird. Bemessungsgrundlage ist das zu versteuernde Einkommen. Die Einkommensteuer ist eine der wichtigsten Einnahmequellen des Staates. Der Einkommensteuertarif gibt an, wie viel Steuern auf ein gegebenes zu versteuerndes Einkommen zu zahlen sind. Grundsätzlich kann man bei der Erhebung der Einkommensteuer verschiedene Tarifmodelle unterscheiden:

- Bei einem progressiven Steuertarif werden hohe Einkommen prozentual höher besteuert als geringe Einkommen.
- Beim Stufentarif gibt es verschiedene proportionale Tarife (Stufen), die mit der Höhe des Einkommens ansteigen.
- Beim proportionalen Steuertarif werden alle Einkommen – egal wie hoch – prozentual gleich besteuert.

# Finanzpolitik

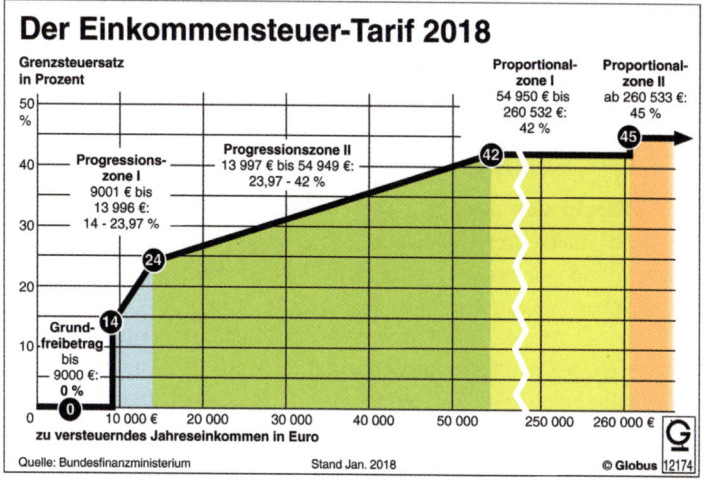

- Der Grenzsteuersatz gibt an, mit welchem Prozentualanteil jede zusätzliche Einheit eines Einkommens besteuert wird.
- Der Durchschnittssteuersatz gibt das Verhältnis des gesamten Steuerbetrags zum Einkommen wieder.

Der deutsche Einkommensteuertarif ist ein Mischsystem aus progressiven und proportionalen Tarifen.

> Die Steuerpolitik hat über ihre rein fiskalischen Ziele hinaus immer auch einen gesellschaftspolitischen Bezug. Das gilt besonders für die Einkommensteuer: Ihre Einnahmen sind nicht nur zentral für die Finanzierung des Staatshaushalts, sie ist auch der Hebel, mit dem der Staat eine sozial ausgewogene, „gerechtere" Verteilung der Steuerlasten erreichen will.

## 8.2 Staatsverschuldung: Ursachen und Folgen

**Leitfragen:**
- Was sind die Ursachen der Staatsverschuldung?
- Welche Folgen hat eine zu hohe Staatsverschuldung?

### Warum sich der Staat verschuldet

Dass sich Staaten verschulden, ist nicht ungewöhnlich und durchaus nachzuvollziehen, da es nur selten zu einem in Einnahmen und Ausgaben ausgeglichenen Budget kommt. Eine Ursache liegt in Unsicherheiten bei der Steuerschätzung. Zum Ausgleich von Fehlbeträgen werden kurzfristige Kassenverstärkungskredite aufgenommen, um die Zahlungsfähigkeit des Staates zu sichern. Ein anderer Grund staatlicher Kreditaufnahme resultiert aus Maßnahmen im Rahmen einer antizyklischen Finanzpolitik, um bei rückläufigen Wachstumsraten und steigender Arbeitslosigkeit staatliche Konjunkturprogramme zu finanzieren (deficit-spending, siehe Kap. 6). Dabei liegt die Überlegung zugrunde, dass bei anspringender Konjunktur Steuermehreinnahmen generiert werden, mit denen die Staatsschulden wieder abgebaut werden können. Die Budgetpraxis des Staates zeigt allerdings, dass Mehreinnahmen häufig nicht zur Schuldentilgung, sondern für andere Zwecke ausgegeben werden. Besonders problematisch wird es, wenn es zur strukturellen Verschuldung kommt. Man spricht dann von einem strukturellen Defizit. Darunter versteht man denjenigen Teil des Staatsdefizits, der nicht auf konjunkturelle Schwankungen zurückzuführen ist. Es entsteht z. B., wenn neue Aufgaben ohne Abbau bestehender Aufgaben zur Überlastung des Staatshaushaltes führen. In Deutschland lassen sich verschiedene Phasen der öffentlichen Verschuldung unterscheiden. Gegenwärtig ist der Bund wieder bei einer Phase ausgeglichener Haushalte angelangt.

Als Neuverschuldung werden die jährlich aufgenommenen Kredite bezeichnet, wobei die Gesamtsumme der in einem Haushaltsjahr neu eingegangen Kreditverpflichtungen die Bruttoneuverschuldung (= Bruttokreditaufnahme) ergibt. Da aber im selben Haushaltsjahr auch Kreditrückzahlungen (= Tilgungen) zu leisten sind, ergibt sich die Netto-Neuverschuldung (= Nettokreditaufnahme) als Bruttokreditauf-

## 8.2 Staatsverschuldung: Ursachen und Folgen

nahme minus Tilgungen. Die Nettokreditaufnahme bezeichnet also den Betrag, den ein Staat jährlich neu aufnehmen muss, um seinen Haushalt auszugleichen, während die Gesamtverschuldung den Schuldenstand aller öffentlichen Haushalte bezeichnet. Der Betrag, der in einem Haushaltsjahr an neuen Schulden aufgenommen wird, erhöht entsprechend die Gesamtverschuldung.

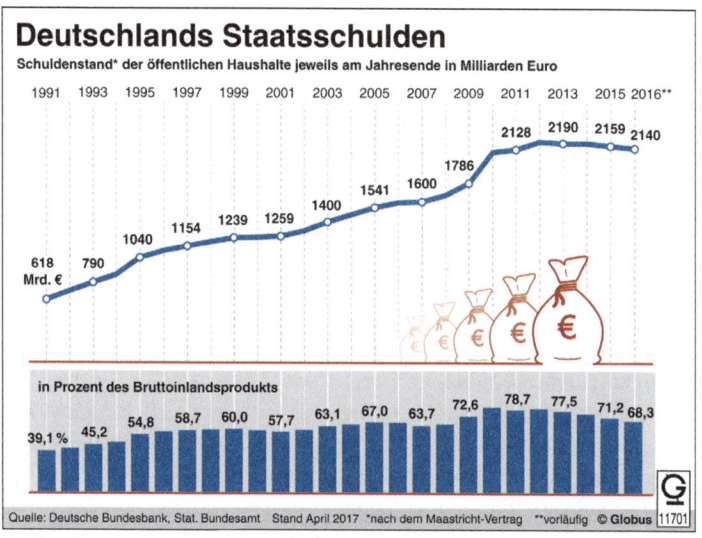

Ein wesentlicher Grund hoher Staatsdefizite liegt darin, dass Wohlstand oft „auf Pump" finanziert wird und die Bewältigung gegenwärtiger Probleme auf Kosten der Zukunft geschieht. Dass die Politik allein eine dauerhafte Begrenzung des Schuldenwachstums durchsetzt, ist kaum zu erwarten. Denn die Politik orientiert sich in aller Regel an der Zustimmung der Wähler. Und im Spannungsverhältnis zwischen dem kurzfristig oft leicht Durchsetzbaren und dem langfristig Richtigen und Notwendigen beschreiten die Bürger selbst den Weg in die Staatsverschuldung immer weiter, obwohl sie in ihrer Gesamtheit die Folgen zu tragen haben.

## Probleme hoher Staatsverschuldung

Staatliches Schuldenmachen kann durchaus akzeptabel sein. So bringen etwa Investitionen in Bildung und Forschung oder in die Verkehrsinfrastruktur in der Regel hohen gesellschaftlichen Nutzen. Auch kann es in Phasen der Rezession sinnvoll sein, vorübergehend Haushaltsdefizite in Kauf zu nehmen, um die Konjunktur anzukurbeln. Dem müssen jedoch ein Abbau von Haushaltsdefiziten und eine effektive Tilgung in Phasen guter Konjunktur entsprechen.

Bei dauerhaft hoher Staatsverschuldung überwiegen die negativen Folgen. Diese sind vielfältig:

- Die zunehmende Gesamtverschuldung bedingt eingeschränkte politische Handlungsspielräume des Staates, da ein ständig wachsender Teil der Staatseinnahmen für Zins- und Tilgungsleistungen benötigt wird. So lagen die Zinsverpflichtungen allein des Bundes im Jahr 2016 bei knapp 18 Mrd. Euro. Und jeder Euro, der für den Schuldendienst aufzuwenden ist, fehlt für Lehrer, Polizisten, Krankenhäuser und andere öffentliche Aufgaben.
- Die hohe Kreditnachfrage des Staates kann den inländischen Geld- und Kapitalmarkt so beanspruchen, dass es zu einem Anstieg des Zinsniveaus kommt. Dies kann einen „Crowding-out-Effekt" bewirken (Verdrängung privater Kreditnachfrage und Investitionstätigkeit durch den Staat). Allerdings ist diese These eher umstritten.
- Außerdem ist jede Kreditaufnahme mit einer Ausweitung der Geldmenge verbunden, was die Bemühungen der Zentralbank um Preisstabilität unterläuft.
- Ein weiterer Aspekt betrifft die Belastung zukünftiger Generationen: Höhere Staatsschulden gehen nach Meinung von Kritikern auf Kosten künftiger Generationen, da diese dann die Zins- und Tilgungsleistungen über die Steuern zu schultern bzw. unter dem eingeschränkten staatlichen Handlungsspielraum zu leiden hätten. Dem wird entgegengehalten, dass sich der Staat ja bei seinen Bürgern verschuldet, sodass die künftigen Generationen als Gläubiger auch Forderungen in Höhe der Staatskredite haben und in den Genuss der Kapitalrendite gelangen. Auf jeden Fall droht hier eine Umverteilung innerhalb der Generation hin zu den Kapitalgebern, die Zinsen erhalten: Diejenigen,

die dann die Steuern für die Zinsen bezahlen, sind nicht identisch mit denen, die die Zinseinnahmen bekommen.

Grundsätzlich muss man sich genauer ansehen, in welche Bereiche der Staat investiert; so haben Ausgaben für das Bildungssystem erwiesenermaßen langfristig eine hohe Rendite.

### Rechtliche Grenzen der Staatsverschuldung: Grundgesetz und Stabilitätspakt

Die Möglichkeiten des Staates zur Kreditaufnahme sind auch rechtlich begrenzt: Das Grundgesetz beschränkt in Artikel 115 die jährliche Neuverschuldung auf die Höhe der öffentlichen Investitionen. Allerdings hat diese Schuldengrenze den starken Schuldenanstieg in Deutschland nicht verhindern können. Grund ist vor allem der Ausnahmetatbestand des gesamtwirtschaftlichen Ungleichgewichts, zu dessen Abwehr zusätzliche Kredite aufgenommen werden dürfen.

Neben Art. 115 GG begrenzt die durch Bundestag und Bundesrat Anfang 2009 beschlossene „Schuldenbremse" die Kreditaufnahme des Bundes. Nach dieser Regelung durfte erstmals 2011 die strukturelle, also nicht konjunkturbedingte Nettokreditaufnahme höchstens 0,35 Prozent des BIP betragen. Ausnahmen sind nur bei schweren Rezessionen oder Naturkatastrophen möglich. Die Einhaltung der Vorgabe eines ausgeglichenen Haushalts ist für den Bund ab 2016 zwingend vorgesehen, für die Länder ab dem Jahr 2020.

Eine völkerrechtliche Grenze besteht seit dem Vertrag von Maastricht zur Schaffung der Europäischen Währungsunion. Danach müssen die Mitglieder der Währungsunion die folgenden staatsschuldbezogenen Konvergenzkriterien erfüllen:
- Das jährliche gesamtstaatliche Haushaltsdefizit darf 3 Prozent des BIP nicht übersteigen.
- Der gesamte Schuldenstand darf nicht höher sein als 60 Prozent des BIP.

Der Stabilitätspakt sieht Sanktionen bis hin zu Geldbußen für jene Staaten vor, die die Defizitkriterien wiederholt verfehlen. Aber auch hier gibt es Ausnahmetatbestände, die ein Überschreiten der Defizitgrenzen straffrei erlauben, etwa wenn es zu einem deutlichen Rückgang der Wirtschaftsleistung in einem Land kommt.

# 8 Finanzpolitik und Staatsverschuldung

 **Die „schwarze Null":** Zum ersten Mal seit 1969 legte 2014 eine Bundesregierung einen Haushaltsentwurf ohne Neuverschuldung vor. Die möglichen Auswirkungen dieser Politik werden kontrovers diskutiert.

Befürworter des ausgeglichenen Haushalts betonen, dass die Finanzpolitik mit der „schwarzen Null" Erwartungen einlöse und Verantwortung und Glaubwürdigkeit zeige, was wichtige Faktoren seien u. a. für Standort- und Investitionsbedingungen. Der Verzicht auf weitere unkontrollierte Kreditaufnahmen sei ein entscheidender Schritt, um auch zukünftig handlungsfähig zu sein. Den Bedarf von milliardenschweren Investitionen z. B. in der Infrastruktur könne man durch Umschichtungen im Haushalt und durch die Einbindung privater Investoren freisetzen. Dafür sei es allerdings notwendig, bei der Ausgabenpolitik teilweise andere Prioritäten zu setzen, etwa statt des Betreuungsgeldes die Mittel lieber in Infrastruktur-Investitionen zu stecken.

Kritiker des mit dem ausgeglichenen Haushalt verbundenen Sparkurses sehen eher die Schwierigkeiten, welche die „schwarze Null" z. B. für Rentenkassen und Investitionen nach sich ziehe. Demnach zahle die deutsche Wirtschaft für die Haushaltskonsolidierung einen hohen Preis: Wichtige Investitionen blieben auf der Strecke, dringend notwendige Ausgaben würden nicht getätigt und so in die Zukunft verschoben, wenn die jetzt eingesparten Investitionsausgaben nachgeholt werden müssten (z. B. bei Ausbau und Sanierung von Verkehrswegen). Dann drohe eine Kostenexplosion, die künftige Generationen belaste. Insofern geschehe die Haushaltskonsolidierung auf Kosten der Generationengerechtigkeit.

# 9 Geld und Geldpolitik

9.1 Grundlagen des monetären Systems

9.2 Zur Bedeutung der Preisniveaustabilität

9.3 Die Geldpolitik der Europäischen Zentralbank

9.4 Die Währungspolitik in der Europäischen Union

# 9 Geld und Geldpolitik

## 9.1 Grundlagen des monetären Systems

**Leitfragen:**
- Welche Funktionen hat das Geld?
- Wie kommt das Geld in die Welt?

### Das Geld: Funktionen und Arten

Das Geld hat drei zentrale Funktionen.

| Die Funktionen des Geldes im Überblick | | |
|---|---|---|
| **Zahlungsmittel** | **Recheneinheit** | **Wertaufbewahrungsmittel** |
| • Geld erleichtert den Warenaustausch.<br>• Auch Finanztransaktionen wie die Vergabe von Krediten sind möglich. | • Güterwerte lassen sich in einer Bezugsgröße ausdrücken und vergleichen.<br>• Geld fungiert als Wertmaßstab. | • Gelderwerb und Geldausgabe können zeitlich auseinanderfallen.<br>• Sparen ist möglich. |

Um diese Funktionen erfüllen zu können, muss der Gegenstand, der als Geld verwendet wird, gut teilbar, wertbeständig und allgemein akzeptiert sein.

*Deutsche Bundesbank, Geld und Geldpolitik, Frankfurt a.M. 2010, S.11*

Neben verschiedenen Funktionen unterscheidet man auch mehrere Arten von Geld.

- Bargeld lässt sich in Münzgeld (Metallgeld) und Papiergeld (Banknoten) unterscheiden. Das Recht, Münzen zu prägen (Münzregal), liegt beim Staat, während Banknoten nur von der Europäischen Zentralbank (EZB) und den nationalen Zentralbanken in Umlauf gebracht werden dürfen. Als gesetzliches Zahlungsmittel muss Bargeld von jedermann zur Tilgung einer Forderung angenommen werden. Das Bargeld macht aber nur einen geringen Teil des in der Wirtschaft vorhandenen Geldes aus.
- Einlagen auf Bankkonten sind das sogenannte Buch- oder Giralgeld.
- Wenn Zahlen von einem Konto auf ein anderes wandern, fließt Geld. Dieses elektronische Geld stellt mittlerweile den größeren Teil der Geldmenge: In Europa gibt es eine sogenannte zahlungsfähige Geld-

menge (Fachleute nennen sie „M1") von etwa 7,5 Billionen Euro. Darin enthalten ca. 1 Billion Euro Bargeld in Scheinen und Münzen (2017). Der unvorstellbar große Rest ist nur auf Konten existent, die „Sichteinlagen". Dieses Geld wird überwiegend von den Banken geschaffen.

Papiergeld bzw. Buchgeld hat keinen eigenen materiellen Wert. Es bezieht seine Akzeptanz allein aus dem Vertrauen in seine Werthaltigkeit, der zukünftigen Einsetzbarkeit unter zumindest annähernd gleichen Bedingungen.

### Geldschöpfung: wie sich das Geld vermehrt

Entsprechend den unterschiedlichen Geldproduzenten gibt es verschiedene Wege der Geldschöpfung.

| Geldproduzenten | | |
|---|---|---|
| **Staat** | **Europäische Zentralbank** | **Geschäftsbanken** |
| Münzen werden vom Staat geprägt und von der Zentralbank in Umlauf gebracht. | Banknoten und Guthaben bei der Zentralbank (Sichteinlagen) | Buch- oder Giralgeld (Sichteinlagen der Nichtbanken bei den Geschäftsbanken) |
| Zentralbankgeld | | |

Im Eurosystem können nur die Zentralbanken Zentralbankgeld schaffen, etwa indem eine Zentralbank einer Geschäftsbank einen Kredit gewährt oder ihr einen Vermögenswert (z.B. Wertpapiere) abkauft und ihr im Gegenzug den entsprechenden Betrag als Sichteinlage auf einem Konto bei der Zentralbank gutschreibt. Die Geschäftsbanken können sich ihre Sichteinlagen in Zentralbankgeld in Banknoten und Münzen auszahlen lassen und das Bargeld dann ihrerseits an ihre Kunden auszahlen. Zahlt die Geschäftsbank einen Kredit der Zentralbank zurück, wird ein entsprechender Betrag von der Sichteinlage auf ihrem Zentralbankkonto abgebucht; dieser Vorgang wird als Geldvernichtung bezeichnet.

Die Geschäftsbanken können auch Geld schöpfen, allerdings nur Buchgeld. Dieses Geld entsteht, wenn eine Geschäftsbank einer Nichtbank (z. B. einem privaten Haushalt) einen Kredit gewährt oder ihr einen Vermögenswert abkauft und der Nichtbank den entsprechenden Betrag als Sichteinlage gutschreibt. Über dieses Guthaben kann der private Haushalt jetzt verfügen, z. B. indem er mit dem Kreditgeld ein neues Auto bezahlt und dem Autohändler den Kreditbetrag auf dessen Girokonto bei seiner Hausbank überweist. Dieser Betrag steht nun der Bank des Autohändlers wiederum für eine weitere Kreditvergabe zur Verfügung.

Dieser Prozess des Verleihens und anschließenden Einzahlens auf dem Girokonto kann sich mehrmals wiederholen, sodass im Endeffekt die Geschäftsbanken mehr Geld schaffen, als die Zentralbank ursprünglich an Zentralbankgeld bereitgestellt hat. Man spricht auch von multipler Geldschöpfung.

*Wie die Banken Geld schöpfen*

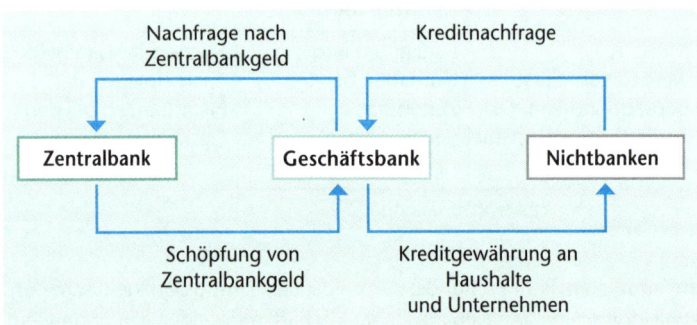

Allerdings sind diesem Prozess der Buchgeldschöpfung Grenzen gesetzt: Die Nichtbanken werden einen Teil des aufgenommenen Kredites als Bargeld halten, der dann den Geschäftsbanken nicht zur neuerlichen Kreditvergabe zur Verfügung steht. Außerdem müssen die Geschäftsbanken damit rechnen, dass Kunden die Sichteinlagen in Bargeld umtauschen möchten. Daher werden sie eine Sicherheitsreserve halten, die ebenfalls nicht zur Kreditvergabe zur Verfügung steht. Und schließlich müssen die Banken einen bestimmten Anteil auf die Einlagen ihrer Kun-

## 9.1 Grundlagen des monetären Systems

den ihrerseits als Einlage bei der Zentralbank halten. Auch über diesen Betrag können die Banken nicht mehr verfügen.

Geld entsteht durch Kredit.

### Kreditmarkt und Zins

Der Zinssatz ist der Preis für einen Kredit. Er gibt an, was Schuldner für ihren Kredit bezahlen müssen und was Gläubiger für ihre Ersparnis erhalten. Ein hoher Zinssatz verteuert die Kreditaufnahme, die nachgefragte Menge an Krediten fällt, die angebotene Menge steigt.

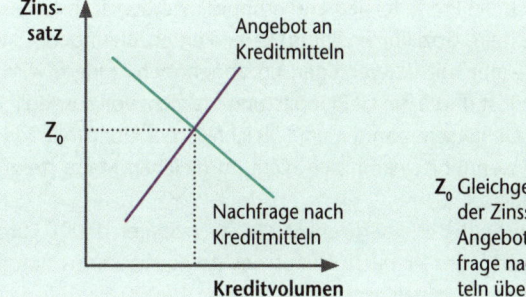

$Z_0$ Gleichgewichtszins; der Zinssatz, bei dem Angebot und Nachfrage nach Kreditmitteln übereinstimmen

## 9.2 Zur Bedeutung der Preisniveaustabilität

**Leitfragen:**
- Warum sind stabile Preise wichtig?
- Was sind Ursachen und Folgen einer Inflation?

### Auswirkungen des Preisniveaus

Vor dem Hintergrund der Erfahrungen von zwei extremen Geldentwertungen – die Hyperinflation von 1923, in abgeschwächter Form nochmals 1948 – ist die Inflation in der Bundesrepublik konsequent bekämpft worden, und das aus gutem Grund:

- Lang anhaltende Preisauftriebe führen zu Einkommensverlusten, denn während sich die Preise fortlaufend erhöhen, werden Transferleistungen (Kindergeld, Sozialhilfe, Bafög) oder Rentenzahlungen – wenn überhaupt – nur mit Zeitverzögerung angehoben; zudem wird der Kaufkraftverlust durch die Geldanpassung oft nicht voll ausgeglichen. Lohn- und Gehaltsempfänger sind gleichfalls bei einer Inflation benachteiligt, wenn ihr Einkommen nicht im gleichen Maße steigt wie das Preisniveau.

- Vor allem die Sparer erleiden Verluste: Legt ein Sparer 10.000 Euro bei einer Bank an, wird er nach Ablauf des Anlagezeitraums aufgrund des geltenden Nominalwertprinzips wieder 10.000 Euro zurückbekommen. Treten während des Anlagezeitraums deutliche Preissteigerungen auf, wird der Sparer für seine 10.000 Euro aber nur einen geringeren Gegenwert an Gütern erhalten, als dies zu Beginn der Geldanlage möglich gewesen wäre. Die Verzinsung wird den Realverlust dann nicht ausgleichen, wenn die Geldentwertungsrate größer ist als der Zinssatz. Als Folge wird die Sparneigung abnehmen und die Flucht in die Sachwerte setzt ein – Gewinner der Inflation sind also Sachvermögensbesitzer.

- Starke Preissteigerungen bewirken einen Vertrauensverlust in die Währung. Das Geld verliert dann neben seiner Aufgabe als Wertaufbewahrungsmittel auch nach und nach seine Funktion als Zahlungsmittel. Ersatzwährungen, wie die sogenannte Zigarettenwährung während der Inflation 1948, übernehmen die Geldfunktion, und der Naturalientausch bestimmt den Güterhandel. Es kann zur Kapitalflucht kommen. Häufig bleibt in derartigen Extremsituationen nur der

## 9.2 Zur Bedeutung der Preisniveaustabilität

Weg in eine Währungsreform, bei der die alte Währung durch eine neue ersetzt wird.
- Da hohe Preissteigerungen besonders stark Sparer und Arbeitnehmer benachteiligen, sind vor allem untere und mittlere Schichten betroffen. Sie sind am wenigsten in der Lage, Sachvermögen zu bilden.

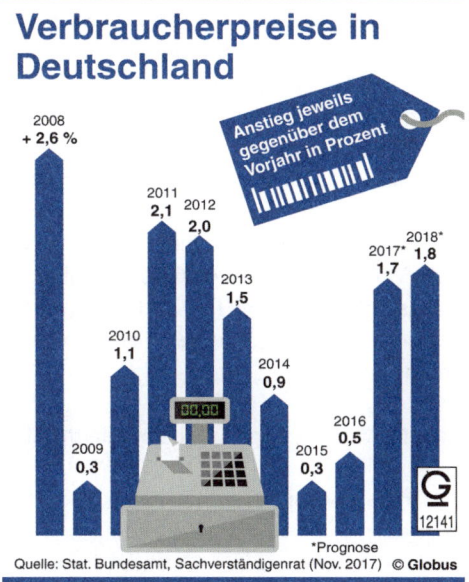

Quelle: Stat. Bundesamt, Sachverständigenrat (Nov. 2017) © Globus

### Ursachen der Inflation

Die Theorien über die Ursachen inflationärer Prozesse sind zahlreich und deuten insgesamt darauf hin, dass bei einer Inflation verschiedene Faktoren zusammenwirken, ohne dass ihr genauer Anteil an der Steigerung des Preisniveaus eindeutig bestimmt werden kann. Unstrittig ist, dass eine Inflation langfristig immer ein monetäres Problem ist: Die Geldmenge wächst stärker als die Gütermenge. Kurzfristig kann dieser Zusammenhang durch andere Faktoren überlagert werden.

Ausgangspunkt des monetären Erklärungsansatzes, d.h. des Ansatzes, der die Geldmenge als eigentliche Inflationsursache ansieht, ist die sogenannte Quantitätsgleichung oder auch Fisher'sche Verkehrsgleichung:

# 9 Geld und Geldpolitik

Geldmenge (M) x Umlaufgeschwindigkeit des Geldes (U) = Handelsvolumen (Y) x Preisniveau (P)

Die linke Seite der Gleichung beschreibt die monetäre Gesamtnachfrage oder den Wert der gekauften Güter, die rechte Seite das gesamte Angebot zu jeweiligen Preisen oder den Wert der verkauften Güter. Sie besagt damit den vom Wirtschaftskreislauf bekannten Grundsatz, dass die geld- und güterwirtschaftliche Seite aller in einer Volkswirtschaft stattfindenden Käufe und Verkäufe wertmäßig gleich groß sind. Geht man von einer relativ konstanten Umlaufgeschwindigkeit und einem kurzfristig konstanten Y (das reale Inlandsprodukt ersetzt das Handelsvolumen) aus, zeigt eine Umformung der Gleichung nach P, dass es einen proportionalen Zusammenhang zwischen der Veränderung der Geldmenge und der sich daraus ergebenden Preisniveauänderung ergibt. D. h. ein Geldmengenwachstum, welches das Wachstum des Handelsvolumens über- bzw. unterschreitet, führt zwangsläufig zu Inflation bzw. Deflation.
Neben den monetären Ursachen sind vor allem reale Ursachen des Gütermarktes in den Blick zu nehmen.

Auf der Nachfrageseite können Veränderungen auf dem Gütermarkt eine Inflation verursachen:
* Eine Nachfrageinflation tritt auf, wenn bei ausgelasteten Produktionskapazitäten ein Nachfrageüberschuss besteht. Der gestiegenen Nachfrage (z. B. durch verstärkte Ausweitung der Auslands-, Investitions-

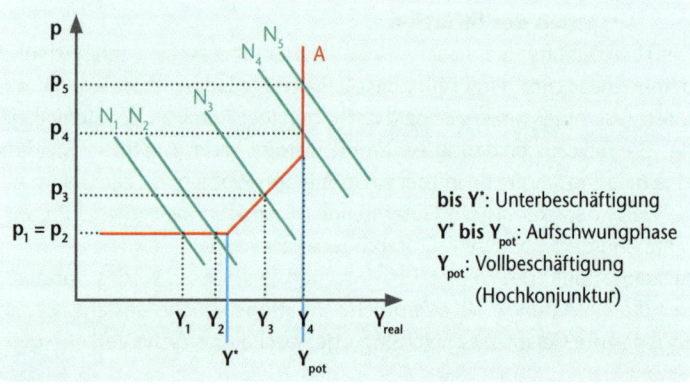

bis $Y^*$: Unterbeschäftigung
$Y^*$ bis $Y_{pot}$: Aufschwungphase
$Y_{pot}$: Vollbeschäftigung
(Hochkonjunktur)

oder Konsumnachfrage) begegnen die Unternehmen mit Preissteigerungen, wenn kurzfristig keine Möglichkeit besteht, die Kapazitäten zu erweitern.
- Von einer importierten Nachfrageinflation spricht man, wenn eine große Auslandsnachfrage zu Preissteigerungen führt.

Mit der Theorie der Nachfrageinflation können inflationäre Prozesse in einer konjunkturellen Aufschwungphase oder im Boom erklärt werden.

Daneben gibt es verschiedene Inflationsursachen, die von der Angebotsseite ausgelöst werden.
- Bei der Kosteninflation führen steigende Produktionskosten – verursacht z. B. durch Lohnerhöhungen oder Verteuerung von Vor- und Zwischenprodukten – zu steigenden Preisen, wenn es den Unternehmen gelingt, die gestiegenen Kosten auf die Preise umzulegen.

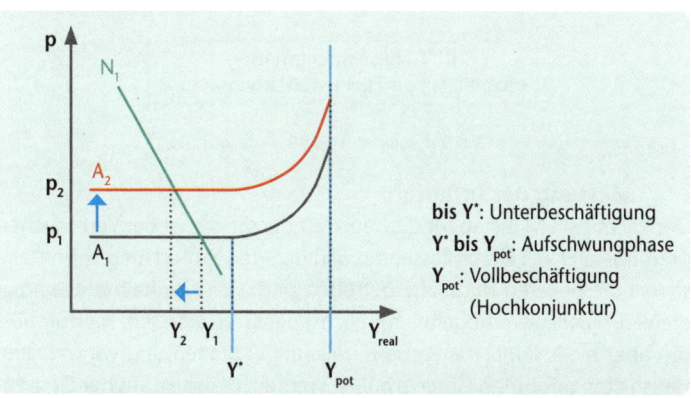

bis $Y^*$: Unterbeschäftigung
$Y^*$ bis $Y_{pot}$: Aufschwungphase
$Y_{pot}$: Vollbeschäftigung
(Hochkonjunktur)

- Eine importierte Kosteninflation liegt vor, wenn steigende Importpreise – etwa für dringend benötigte Rohstoffe wie Erdöl – die Produktionskosten verteuern und so Preissteigerungen verursachen.

In der Regel bestehen zwischen den verschiedenen Inflationsarten Wechselwirkungen, sodass sich die verschiedenen Erklärungsansätze gegenseitig ergänzen, wie z. B. in der sogenannten Lohn-Preis-Spirale als Ausdruck der Wechselwirkung zwischen Angebots- und Nachfrageinflation.

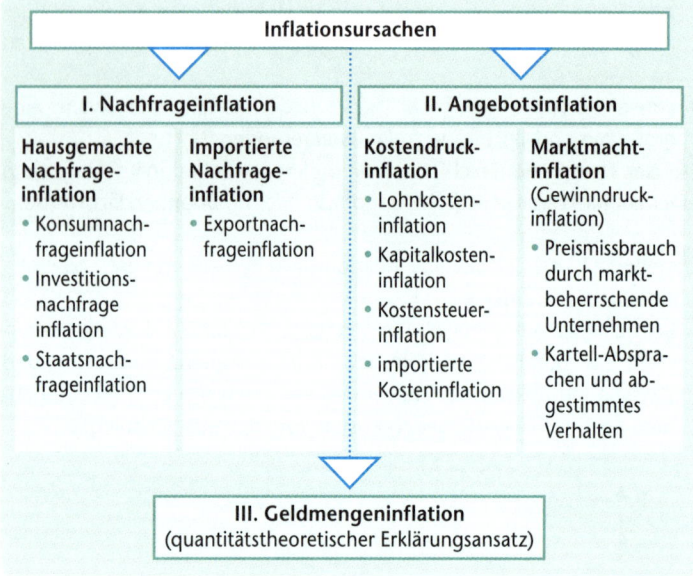

Jürgen Pätzold/Daniel Baade, Stabilisierungspolitik, München, 7. Aufl. 2008, S. 57

**Messung der Inflation**

Der wichtigste Maßstab für die Kaufkraft des Geldes ist der Verbraucherpreisindex. Er will ein umfassendes Bild der Preisentwicklung vermitteln, soweit die privaten Haushalte betroffen sind. Es ist deshalb notwendig, die Verbrauchsgewohnheiten möglichst genau zu erfassen. Hierfür müssen aber nicht sämtliche Preise für alle angebotenen und von privaten Haushalten gekauften Güter erhoben werden; es reicht, aus der Gesamtheit der Güter einen repräsentativen Warenkorb zusammenzustellen. Dieser enthält etwa 750 Güter und Dienstleistungen, die je nach ihrem Anteil an den gesamten Lebenshaltungskosten gewichtet werden. Wird der zum jeweiligen Erhebungszeitraum festgestellte Gesamtpreis des Warenkorbs zu dem Preis ins Verhältnis gesetzt, der für den Vormonat bzw. den Vorjahresmonat zu bezahlen war, dann erhält man die monatlichen bzw. jährlichen Inflations- oder Preissteigerungsraten. Wegen sich verändernder Verbrauchergewohnheiten, des Aufkommens neuer Produkte und wechselnder Qualitätsstandards werden die Warenkörbe alle fünf Jahre neu zusammengestellt.

## 9.2 Zur Bedeutung der Preisniveaustabilität

Seit der Einführung des Euro wird auch ein standardisierter europäischer Preisindex ermittelt, der sogenannte Harmonisierte Verbraucherpreisindex HVPI. Er hilft, die Teuerungsrate in den einzelnen Ländern auf eine gemeinsame Basis zu stellen.

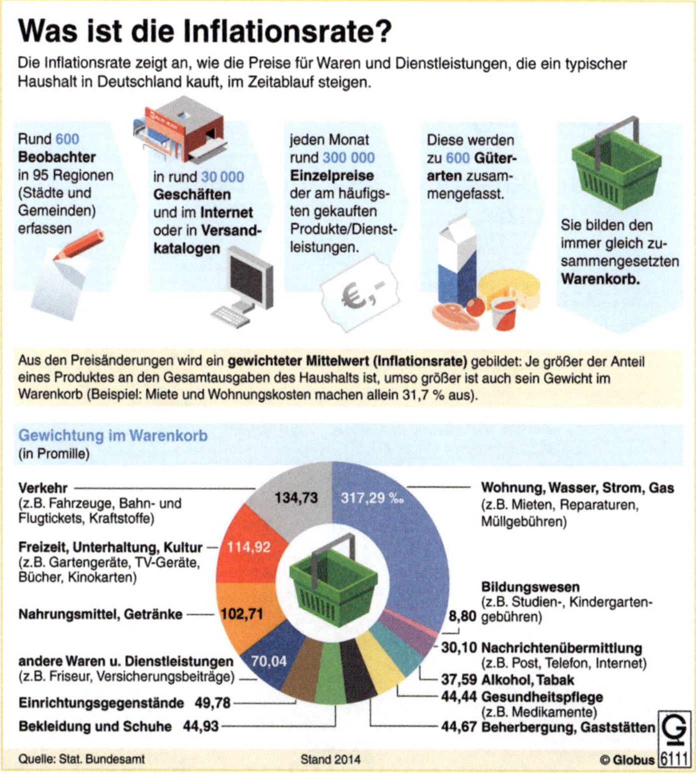

### Was ist die Inflationsrate?

Die Inflationsrate zeigt an, wie die Preise für Waren und Dienstleistungen, die ein typischer Haushalt in Deutschland kauft, im Zeitablauf steigen.

Rund 600 **Beobachter** in 95 Regionen (Städte und Gemeinden) erfassen in rund 30 000 **Geschäften** und im **Internet** oder in **Versandkatalogen** jeden Monat rund 300 000 **Einzelpreise** der am häufigsten gekauften Produkte/Dienstleistungen. Diese werden zu 600 **Güterarten** zusammengefasst. Sie bilden den immer gleich zusammengesetzten **Warenkorb.**

Aus den Preisänderungen wird ein **gewichteter Mittelwert (Inflationsrate)** gebildet: Je größer der Anteil eines Produktes an den Gesamtausgaben des Haushalts ist, umso größer ist auch sein Gewicht im Warenkorb (Beispiel: Miete und Wohnungskosten machen allein 31,7 % aus).

**Gewichtung im Warenkorb** (in Promille)

- Verkehr (z.B. Fahrzeuge, Bahn- und Flugtickets, Kraftstoffe) — 134,73
- Wohnung, Wasser, Strom, Gas (z.B. Mieten, Reparaturen, Müllgebühren) — 317,29 ‰
- Freizeit, Unterhaltung, Kultur (z.B. Gartengeräte, TV-Geräte, Bücher, Kinokarten) — 114,92
- Nahrungsmittel, Getränke — 102,71
- Bildungswesen (z.B. Studien-, Kindergartengebühren) — 8,80
- andere Waren u. Dienstleistungen (z.B. Friseur, Versicherungsbeiträge) — 70,04
- Nachrichtenübermittlung (z.B. Post, Telefon, Internet) — 30,10
- Alkohol, Tabak — 37,59
- Einrichtungsgegenstände — 49,78
- Gesundheitspflege (z.B. Medikamente) — 44,44
- Bekleidung und Schuhe — 44,93
- Beherbergung, Gaststätten — 44,67

Quelle: Stat. Bundesamt — Stand 2014 — © Globus 6111

Das Gegenteil von Inflation wird als Deflation bezeichnet. Unter Deflation versteht man einen Rückgang des allgemeinen Preisniveaus während mehrerer aufeinander folgender Zeitperioden.

# 9 Geld und Geldpolitik

## 9.3 Die Geldpolitik der Europäischen Zentralbank

**Leitfragen:**
- Welche Aufgaben hat die Europäische Zentralbank?
- Wo setzt ihre Geldpolitik an?
- Was kann eine Zentralbank für stabile Preise tun?

### Das Europäische System der Zentralbanken und seine Aufgaben

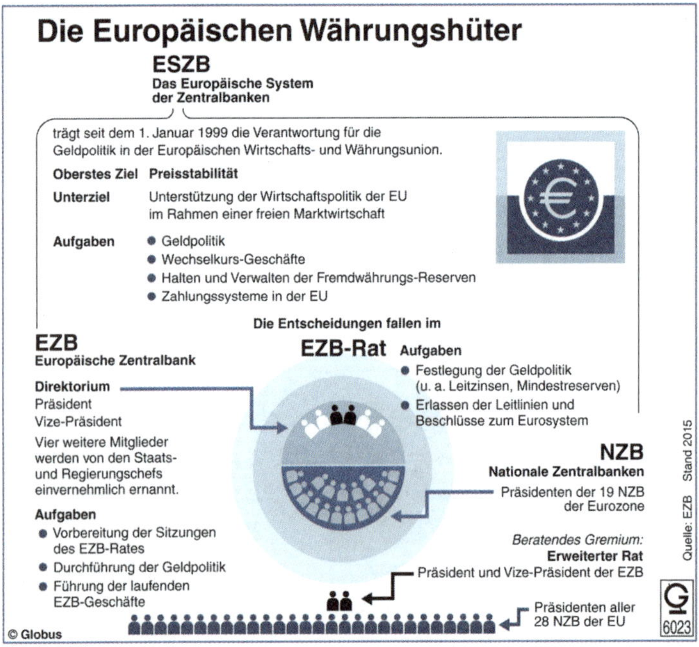

**Die Europäischen Währungshüter**

**ESZB** – Das Europäische System der Zentralbanken

trägt seit dem 1. Januar 1999 die Verantwortung für die Geldpolitik in der Europäischen Wirtschafts- und Währungsunion.

- **Oberstes Ziel:** Preisstabilität
- **Unterziel:** Unterstützung der Wirtschaftspolitik der EU im Rahmen einer freien Marktwirtschaft
- **Aufgaben:**
  - Geldpolitik
  - Wechselkurs-Geschäfte
  - Halten und Verwalten der Fremdwährungs-Reserven
  - Zahlungssysteme in der EU

Die Entscheidungen fallen im **EZB-Rat**

**EZB** – Europäische Zentralbank

**Direktorium**
- Präsident
- Vize-Präsident
- Vier weitere Mitglieder werden von den Staats- und Regierungschefs einvernehmlich ernannt.

**Aufgaben:**
- Vorbereitung der Sitzungen des EZB-Rates
- Durchführung der Geldpolitik
- Führung der laufenden EZB-Geschäfte

**EZB-Rat Aufgaben:**
- Festlegung der Geldpolitik (u. a. Leitzinsen, Mindestreserven)
- Erlassen der Leitlinien und Beschlüsse zum Eurosystem

**NZB** – Nationale Zentralbanken
Präsidenten der 19 NZB der Eurozone

*Beratendes Gremium:* **Erweiterter Rat**
- Präsident und Vize-Präsident der EZB
- Präsidenten aller 28 NZB der EU

Quelle: EZB, Stand 2015
© Globus 6023

Mit der Einführung des Euro wurde die geld- und währungspolitische Kompetenz von den nationalen Notenbanken auf die Europäische Zentralbank (EZB) übertragen, die zusammen mit allen nationalen Zentralbanken der EU-Staaten das europäische System der Zentralbanken (ESZB) bildet. Der Begriff Eurosystem bezeichnet die EZB und die nationalen Zentralbanken der Mitgliedstaaten, die den Euro eingeführt haben. Die

## 9.3 Die Geldpolitik der Europäischen Zentralbank

Hauptaufgabe der EZB besteht darin, im Euroraum für stabile Preise zu sorgen. Die EZB ist von politischen Weisungen unabhängig. Zu den Aufgaben der EZB zählt seit November 2014 auch die Aufsicht über die wichtigsten europäischen Banken (Bankenunion, siehe Kap. 11.6).

> Die Zentralbank ist die zentrale geldpolitische Institution einer Volkswirtschaft, die für das Erreichen der geldpolitischen Ziele, insbesondere das der Preisniveaustabilität, verantwortlich ist und den Zahlungsverkehr sicherstellt. Für den Euroraum ist dies die Europäische Zentralbank.

> Spätestens mit dem Management der jüngsten **Finanzkrise** seit 2007/2008 steht die Geldpolitik der EZB in der Kritik. So kaufte die EZB zur Rettung hoch verschuldeter Krisenländer (indirekt) Staatsanleihen auf und sah sich dem Vorwurf ausgesetzt, ihre politische Unabhängigkeit zu verspielen.

### Die Strategie der EZB:
### Geldwertsicherung oder Konjunkturstabilisierung?

Über die Zielsetzung der Geldpolitik wird unter Wissenschaftlern und Politikern kontrovers diskutiert. Umstritten ist vor allem, ob die EZB ausschließlich dem Ziel der Geldwertstabilität verpflichtet sein oder ob sie auch das Erreichen weiterer wirtschaftpolitischer Ziele im Sinne der Konjunkturstabilisierung bzw. der Wachstumsförderung aktiv unterstützen soll.

Das zentrale geldpolitische Ziel der EZB ist durch Artikel 105 EU-Vertrag klar vorgegeben: Sie ist verpflichtet, ihr Handeln vorrangig am Erreichen der Geldwertstabilität auszurichten. Maßgröße dabei ist der Harmonisierte Verbraucherpreisindex, der einen Anstieg der Verbraucherpreise für alle beteiligten Eurostaaten in prinzipiell gleicher Weise erfasst (siehe Kap. 9.2). Ziel der EZB ist, die so gemessene Inflation nicht höher als zwei Prozent jährlich steigen zu lassen. Diese Begrenzung ist allerdings nicht ausdrücklich als direktes „Inflationsziel" zu verstehen, das bei Abweichungen automatisch zu geldpolitischen Reaktionen der EZB führen muss – auch deshalb, weil die Politik der EZB nur mit gewissen Zeitverzögerungen und auch nur indirekt über Zwischenzielgrößen greift. So

# 9 Geld und Geldpolitik

reagiert die Zielgröße Inflationsrate erst mit einer Verzögerung von ein bis zwei Jahren auf geldpolitische Maßnahmen. Die wesentliche Zwischenzielgröße ist die Geldmenge.

Grundlage der geldmengenorientierten Strategie ist die Auffassung, dass ein zu hohes Geldmengenwachstum letztlich immer zu steigendem Preisniveau führen wird. Jedoch sind der Wirksamkeit geldpolitischer Maßnahmen Grenzen gesetzt. Internationale Finanzströme können ebenso die Inflation fördern wie zu hohe Lohnabschlüsse der Tarifparteien. Daneben können selbst steigende Zinsen die Investitions- und Konsumbereitschaft nicht dämpfen, wenn eine optimistische Grundstimmung herrscht und wenn die Rentabilität einer Investition höher ist als die Kreditzinsen. Umgekehrt führt selbst ein niedriger Leitzins nicht zu vermehrten Investitionen und kreditfinanzierter Konsumnachfrage, wenn die zukünftige Wirtschaftentwicklung von den Wirtschaftssubjekten negativ eingeschätzt wird.

### Wo die Geldpolitik ansetzt

Geldpolitik nennt man alle Maßnahmen, mit denen eine Zentralbank versucht, die ihr gestellten Aufgaben zu erfüllen. So ist die EZB verpflichtet, den Geldumlauf (Geldmenge) und die Geldversorgung der Wirtschaft mit dem Ziel zu regeln, ein stabiles Preisniveau zu sichern. Hierzu muss einerseits die Versorgung der Wirtschaft mit Geld knapp gehalten werden. Auf der anderen Seite ist Geld so reichlich zur Verfügung zustellen, dass nicht aus Mangel an Geld Produktion und Beschäftigung leiden.

Neben der Geldmenge als zentraler Steuerungsgröße sind aber auch die Zinsen ein wichtiger Ansatzpunkt der Währungsbehörde. Im geldpolitischen Werkzeugkasten der EZB befinden sich daher liquiditäts- und zinspolitischen Instrumente. Die Zentralbank kann aber ihre geldpolitischen Ziele nur indirekt erreichen und bedient sich dabei der Geschäftsbanken (siehe Kap. 9.1):

Will ein Unternehmen investieren oder ein privater Haushalt ein Auto anschaffen, wird meist ein Kredit bei einer Bank aufgenommen. Um Kredite gewähren zu können, müssen sich die Banken selbst mit Geld versorgen, d. h. sie müssen sich „refinanzieren" – und das können sie bei der Zentralbank. Und wie bei jeder Kreditgewährung werden auch hier Zinsen fällig. Genau da setzt die EZB mit ihrem Instrumentarium an (siehe auch unten). Erhöht sie die Zinsen, zu denen sie Zentralbankgeld an die Banken abgibt – den sogenannte Refinanzierungssatz –, verteuert sie deren Kreditaufnahme. Die Banken geben aber ihre höheren Geldbeschaffungskosten an die privaten Kreditnehmer – Unternehmen und private Haushalte – weiter, indem sie höhere Zinsen für die Bankkredite verlangen. Manche kreditfinanzierte Investition wird für Unternehmer jetzt unrentabel, weil die höheren Kreditkosten sich im Vergleich zum erwarteten Gewinn nicht rechnen. Auch mancher Bauherr oder Autokäufer wird angesichts höherer Zinsen seine kreditfinanzierten Bau- oder Kaufpläne erst einmal nicht realisieren. Gleichzeitig sorgen steigende Zinsen dafür, dass die Spareigung zunimmt. Die Maßnahme der EZB wirkt also doppelt: Sie dämpft die kreditfinanzierte Nachfrage und trägt durch Sparanreize dazu bei, dass dem Wirtschaftskreislauf Geld entzogen wird und auch auf diesem Weg die Nachfrage nach Waren und Dienstleistungen zurückgeht, damit sich der Preisanstieg verlangsamt.

Mit ihrem Instrumentarium kann die EZB also den Kreditspielraum der Geschäftsbanken erweitern, verengen oder über veränderte Konditionen das Zinsniveau regeln, was wiederum den Nichtbankensektor, also die private Wirtschaft, beeinflusst.

### Das Instrumentarium der EZB – Hauptrefinanzierungsgeschäfte im Mittelpunkt

Im Mittelpunkt des geldpolitischen Instrumentariums der EZB stehen die den Banken angebotenen sogenannten befristeten Offenmarktgeschäfte. Als Hauptrefinanzierungsinstrument dienen liquiditätszuführende befristete Transaktionen mit einer Laufzeit von einer Woche. Dabei handelt es sich um Refinanzierungskredite, mit denen die Zentralbank den Geschäftsbanken während der Laufzeit Zentralbankgeld zur Verfügung stellt. Die EZB verrechnet hierfür einen Zinssatz, den Hauptrefinanzierungssatz, der als europäischer Leitzins gilt (siehe oben). Zur Kreditsicherung überlassen die Banken der EZB während der Laufzeit einen entsprechenden Bestand an besonders sicheren Wertpapieren, der nach Beendigung des Refinanzierungskredits von den Geschäftsbanken wieder zurückgenommen werden muss.

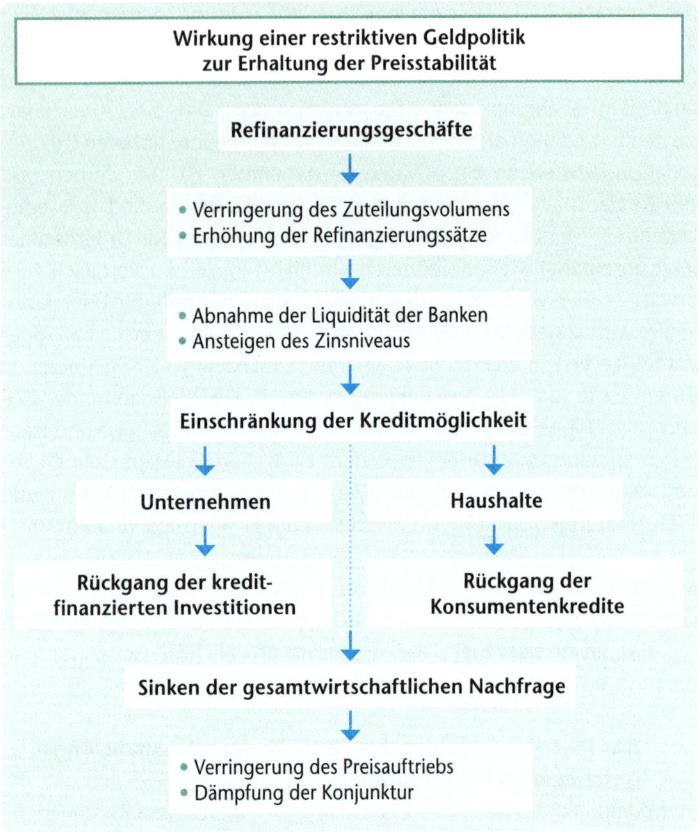

# Geld und Geldpolitik

## Wirkung einer restriktiven Geldpolitik zur Erhaltung der Preisstabilität

**Refinanzierungsgeschäfte**

↓

- Verringerung des Zuteilungsvolumens
- Erhöhung der Refinanzierungssätze

↓

- Abnahme der Liquidität der Banken
- Ansteigen des Zinsniveaus

↓

**Einschränkung der Kreditmöglichkeit**

↓ ↓

**Unternehmen** | **Haushalte**

↓ ↓

**Rückgang der kreditfinanzierten Investitionen** | **Rückgang der Konsumentenkredite**

↓

**Sinken der gesamtwirtschaftlichen Nachfrage**

↓

- Verringerung des Preisauftriebs
- Dämpfung der Konjunktur

Der Zinskorridor für den Tagesgeldsatz wird durch zwei sogenannte ständige Fazilitäten bestimmt. Die obere Grenze bildet die sogenannte Spitzenrefinanzierungsfazilität. Zu diesem (hohen) Zinssatz können sich die Geschäftsbanken „über Nacht" Kredit von der EZB einräumen lassen. Die Zinsuntergrenze wird als Einlagefazilität bezeichnet. Zu diesem (niedrigen) Zins können Geschäftsbanken überschüssige Liquidität bei der EZB anlegen. Dazwischen bewegt sich der Zinssatz für die Hauptrefinanzierungsgeschäfte.

## 9.3 Die Geldpolitik der Europäischen Zentralbank

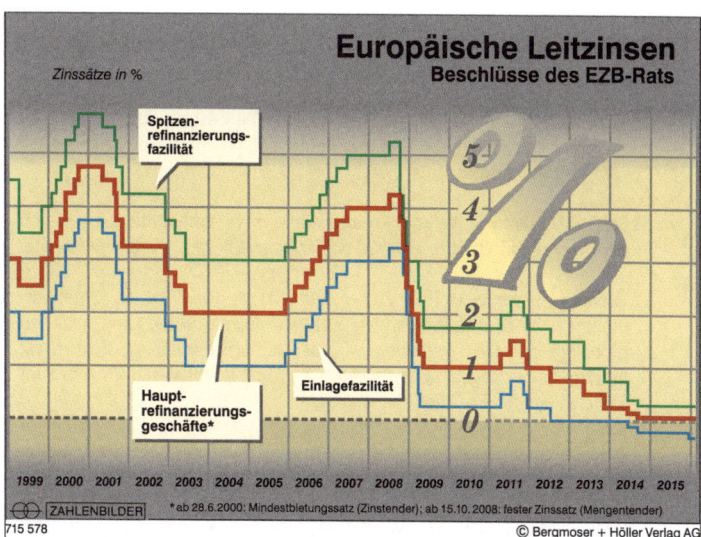

Zusammenfassend spricht man bei einer Senkung der Leitzinsen von einer expansiven geldpolitischen Maßnahme, da sie mit einem Anstieg der Geldmenge verbunden ist, was dann zu einer erhöhten wirtschaftlichen Aktivität führt. Ein Anstieg der Leitzinsen bzw. eine Rückgang der Geldmenge wird entsprechend als eine restriktive geldpolitische Maßnahme bezeichnet, die schließlich zu einem Rückgang der gesamtwirtschaftlichen Nachfrage führt.

**Wirtschaftskreislauf: Wie eine Leitzinserhöhung auf Verbraucher, Unternehmen und Staat wirkt**

**EZB:** Die Notenbank hebt den Leitzins an. Die Geschäftsbanken müssen also für die Refinanzierung bei der Zentralbank mehr Zinsen zahlen: Geld wird für die Kreditinstitute teurer.

**Geschäftsbanken:** Weil die Kreditinstitute mehr zahlen müssen, um von der Zentralbank Geld zu erhalten, verlangen sie höhere Zinsen für Kredite.

**Vermögenswerte:** Höhere Zinsen mindern die Gewinne der Unternehmen, was an den Aktienmärkten zu Kursverlusten führen kann. Weil Immobilienkredite teurer werden, wird der Immobilienmarkt gedämpft. Mit höheren kurzfristigen Zinsen steigen auch die langfristigen Zinssätze für Staatsanleihen.

**Wechselkurs:** Höhere Zinsen locken Kapital nach Europa. Der Euro wertet auf.

**Unternehmen:** Firmen müssen höhere Zinsen für Kredite zahlen. Die Rentabilität von Investitionen gerät unter Druck, da sie eine höhere Rendite erwirtschaften müssen, um zumindest die Kosten zu decken. Ein schwächerer Aktienmarkt erschwert die Kapitalaufnahme an der Börse und reduziert somit ebenfalls die Investitionen. Zudem schwächt eine Aufwertung des Euro die Exporte.

**Haushalte:** Verbraucher zahlen höhere Zinsen für neue Kredite. Zugleich wird es rentabler, Geld auf dem Sparkonto zu lassen. Der Konsum wird gedämpft. Dieser Effekt wird verstärkt, wenn die Zinserhöhung das Aktien- und Immobilienvermögen vermindert. Die Aufwertung des Euro erhöht jedoch die Kaufkraft der Verbraucher.

**Staat:** Der Staat finanziert sich durch die Ausgabe von Anleihen. Steigt das Zinsniveau, muss er eine höhere Rendite bieten, um seine Papiere zu platzieren. Damit steigt die Belastung für den Etat.

**Volkswirtschaft:** Insgesamt bremst eine Anhebung der Zinsen die Konjunktur, da der Konsum der Haushalte und Unternehmen zurückgeht. Nach Schätzung der EZB sinkt das BIP bei einer Erhöhung des Leitzinses um einen Prozentpunkt allein im ersten Jahr um 0,27 Prozent. Arbeitslosigkeit steigt an, die Inflation wird gesenkt. Durch höhere Zinsen kann die Glaubwürdigkeit der EZB-Geldpolitik gestärkt werden. Dann kann die Wirtschaft von einer strafferen Geldpolitik sogar angekurbelt werden, weil die langfristigen Zinsen als Ausdruck dieses Vertrauens niedrig bleiben.

## 9.4 Die Währungspolitik in der Europäischen Union

### 9.4 Die Währungspolitik in der Europäischen Union

**Leitfragen:**
- Was ist der Wechselkurs?
- Warum schwanken Wechselkurse und welche Wechselkursysteme kann man unterscheiden?
- Wie bilden sich Wechselkurse?
- Welche Bedeutung haben die Wechselkurse für den Außenhandel?

#### Was den Euro bewegt: Der Wechselkurs und seine Schwankungen

In unserer multinationalen Welt haben die meisten Länder eine eigene nationale Währung. Bei allen Zahlungen über die Landesgrenzen hinweg müssen daher in der Regel einheimische Zahlungsmittel in ausländische umgetauscht werden. Ein deutscher Exporteur will von seinem Geschäftspartner vorzugsweise Euro erhalten. Ein Importeur außerhalb der Eurozone muss sich also Euro für seine Landeswährung kaufen. Erhält der deutsche Exporteur eine fremde Währung, dann wird er seinerseits diese in Euro umwechseln. Solche Tauschgeschäfte erfolgen zum jeweils gültigen Wechselkurs.

Unter dem Wechselkurs versteht man das Austauschverhältnis zweier Währungen. Er gibt den Preis für eine bestimmte Menge einer Währung, ausgedrückt in einer anderen Währung an. Zum Beispiel 1 Euro = 1,50 US-Dollar – sogenannte Mengennotierung, seit Einführung des Euro üblich – oder 1 US-Dollar = 0,66 Euro – sogenannte Preisnotierung. Zahlungsanweisungen in fremder Währung werden auch als Devise bezeichnet. Deshalb wird auch häufig vom Devisenkurs gesprochen. Mit dem Wechselkurs werden Preise international vergleichbar.

Wenn ein Big Mac in New York 1,50 Dollar kostet und in Frankfurt 1 Euro, dann sind diese Preise über den Wechselkurs 1 Euro = 1,20 Dollar vergleichbar: Der Big Mac in Frankfurt kostet 1,20 Dollar und ist damit, in Dollar gerechnet, billiger als in New York. Wenn der Wechselkurs sich ändert, dann ändern sich auch die Preisrelationen der Güter: Steigt der Wechselkurs des Euro auf 1,50 Dollar, dann kostet der Big Mac in

Frankfurt umgerechnet 1,50 Dollar, genauso viel wie in New York. Der Euro hat eine Aufwertung erfahren. Sinkt der Wechselkurs, handelt es sich um eine Abwertung des Euro.

Wer Höhe und Veränderung von Wechselkursen erklären will, muss wissen, wovon Angebot und Nachfrage nach Währungen abhängen. Es lassen sich zwei dominierende Einflüsse ausmachen:

- Traditioneller Erklärungsansatz für Wechselkursschwankungen ist die Kaufkraftparitätentheorie: Erzielt ein Land z. B. aufgrund günstiger Produktionskosten Exportüberschüsse, führt dies zu einer steigenden Nachfrage nach der Währung dieses Landes, um die dort gekauften Güter bezahlen zu können. Als Folge dieser Nachfrage wird der Wechselkurs dieser Währung steigen und die Produkte verteuern – so lange, bis kein Preisvorteil mehr durch den hohen Wechselkurs besteht.
- Zur Erklärung heutiger Kursschwankungen ist die Kaufkraftparitätentheorie immer weniger geeignet, da die durch die Handelsströme ausgelösten Devisenbewegungen nur einen sehr kleinen Teil an den gesamten Währungsbewegungen ausmachen. Wechselkursschwankungen sind heute auf die immensen Kapitalbewegungen der globalen Investmentfondsgesellschaften und Versicherungen zurückzuführen, die kleinste Zinsvorteile und Renditeunterschiede ausnutzen.

### Wie bilden sich Wechselkurse?

Der Wechselkurs bestimmt sich aus dem Zusammenspiel von Angebot und Nachfrage nach Devisen. Kauft man ausländische Güter, Dienstleistungen und Vermögenswerte, so fragt man Devisen nach. Wie auch die Preise von Gütern unterliegen die Wechselkurse dem Prinzip marktwirtschaftlicher Preisbildung. Diese Wechselkursbildung lässt sich mithilfe des Marktmodells anschaulich darstellen.

Werden deutsche Güter in die Vereinigten Staaten exportiert, werden diese entweder mit US-Dollar bezahlt und die deutschen Exporteure tauschen die erhaltenen US-Dollar in Euro um, oder der Umtausch erfolgt bereits beim US-Importeur und dieser bezahlt den deutschen Exporteur mit Euro. In beiden Fällen steigen die Nachfrage nach Euro und das Angebot an US-Dollar an den Devisenmärkten. Bei unverändertem Euro-

## 9.4 Die Währungspolitik in der Europäischen Union

Angebot steigt damit der Kurs des Euro gegenüber dem Dollar. Im Marktmodell bedeutet die Erhöhung der Nachfrage nach Euro eine Rechtsverschiebung der Nachfragekurve von $N_0$ zu $N_1$. Der Wechselkurs des Euro steigt von $k_0$ auf $k_1$. Es liegt eine Aufwertung bzw. ein Kursgewinn des Euro vor.

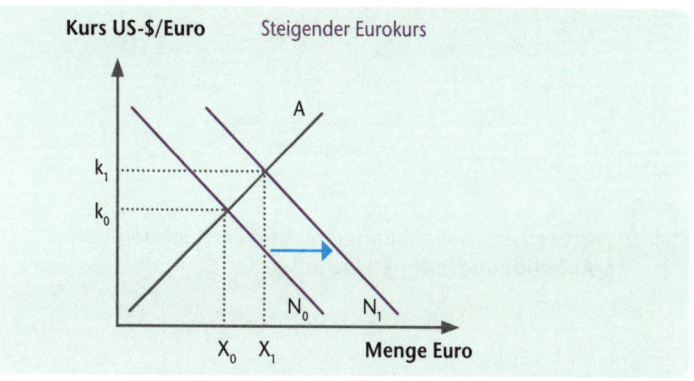

Im umgekehrten Fall – wenn also ein deutscher Importeur beispielsweise Güter aus den USA importiert – bezahlt er diese mit US-Dollar, die er vorher gegen Euro eingetauscht hat, oder mit Euro, die der US-Exporteur dann gegen US-Dollar eintauscht. In beiden Fällen kommt es also zu einer Ausweitung des Angebots an Euro und der Nachfrage nach US-Dollar. Bei unveränderter Nachfrage nach Euro an den Devisenmärkten sinkt damit der Wechselkurs des Euro gegenüber dem US-Dollar. Im Marktmodell bedeutet die Ausweitung des Angebots an Euro eine Rechtsverschiebung der Angebotskurve von $A_0$ nach $A_1$. Der Wechselkurs des Euro sinkt von $k_0$ auf $k_1$. Es liegt eine Abwertung bzw. ein Kursverlust des Euro vor.

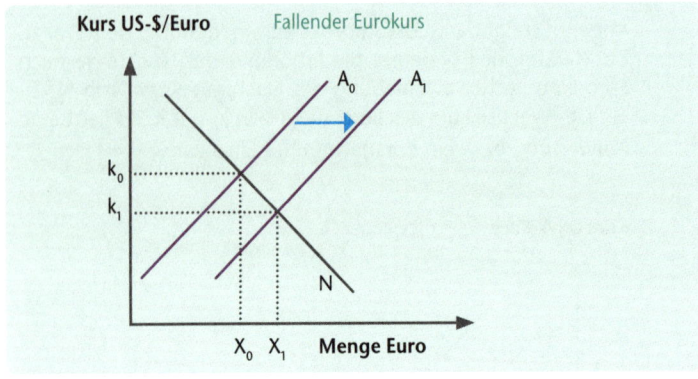

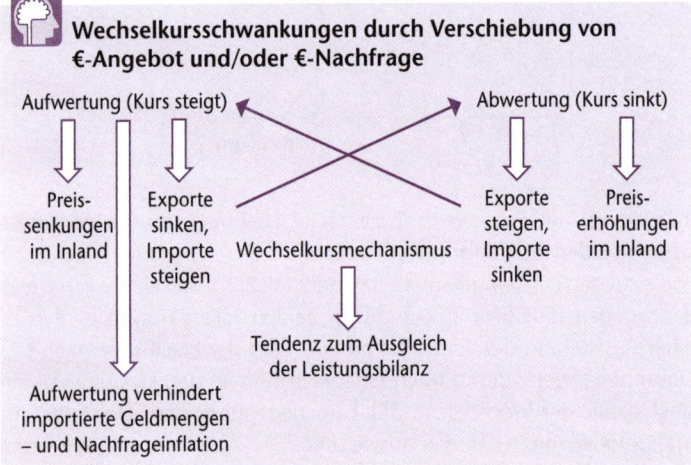

### Freie und feste Wechselkurse

Im Beispiel bildet sich der Wechselkurs allein aufgrund von Angebot und Nachfrage an den Devisenmärkten. Man spricht von einem freien (flexiblen) Wechselkurssystem. Bei einem festen (fixen) Wechselkurssystem dagegen werden die Wechselkurse zwischen Staaten vereinbart.

## 9.4 Die Währungspolitik in der Europäischen Union

*Vorteile und Nachteile fester Wechselkurssysteme*

| Vorteile | Nachteile |
| --- | --- |
| • Keine Transaktionskosten zur Kurssicherung<br>• Bessere Kalkulation von Auslandstransaktionen<br>• Abwertung der Währung zur Förderung des Exports wird verhindert<br>• Andere Länder können im Fall einer Währungsunion (z. B. in der EU) herangeführt werden; fördert politische Integration und Arbeitsteilung zwischen Volkswirtschaften | • Koordination der Wirtschaftspolitik erforderlich<br>• Gefahr, Inflation zu importieren bzw. Arbeitslosigkeit zu exportieren<br>• Plötzliche Kursänderung bei längeren Ungleichgewichten<br>• Förderung von Währungsspekulationen bei großen Ungleichgewichten<br>• Abhängigkeit von der Leitwährung<br>• Keine autonome Geld- oder Konjunkturpolitik möglich |

*Vorteile und Nachteile freier Wechselkurssysteme*

| Vorteile | Nachteile |
| --- | --- |
| • Kursänderungen eher langsam als plötzlich<br>• Ausgleich unterschiedlicher Lohn- und Preistrends im Ausland<br>• Gefahr des Imports einer Inflation aus dem Ausland begrenzt<br>• Ermöglicht eigene Wirtschaftspolitik | • Planungsunsicherheit für Im- und Exporteure<br>• Kurssicherungskosten fallen an<br>• Finanzsektor kann über Kapitalströme und Spekulationen den Güter- und Dienstleistungssektor beeinflussen |

### Der Kurs des Euro – je höher desto besser?

Ein hoher Wechselkurs gilt als Zeichen wirtschaftlichen Erfolgs. Eine positive Folge eines hohen Eurokurses ist z. B., dass Rohstoffe oder Vorprodukte, die aus dem Ausland bezogen werden, billiger werden. Doch ist der Wechselkurs zu hoch, erschwert er die Exporte, weil sich die Güter im Ausland verteuern. Als Folge gehen die Gewinne der Unternehmen zurück, wenn der Exporteur, um wettbewerbsfähig zu bleiben, seine Preise in Euro senken muss. Zudem zwingt ein zu starker Euro die Unternehmen, die in Länder außerhalb der Währungsunion exportieren, zu Kostensenkungen (Rationalisierung). Dies ist u. U. mit dem Abbau von Arbeitsplätzen verbunden. Und weil die Importgüter der ausländischen Konkurrenz billiger werden, setzt ein hoher Wechselkurs die Firmen, die ausschließlich für den Euroraum produzieren, ebenfalls unter Kostendruck.

Aber auch die Unterbewertung des Euro hat nachteilige Folgen. Zwar wird der Außenhandel kurzfristig mit positiven Wirkungen für Konjunktur und den Arbeitsmarkt begünstigt. Doch gaukelt ein zu niedriger Wechselkurs Unternehmen und Politikern eine höhere internationale Wettbewerbsfähigkeit vor, als sie tatsächlich vorherrscht. Es besteht die Gefahr, Innovationen und Reformen zurückzustellen. Zudem besteht die Gefahr der importierten Inflation, da die Einfuhren teurer werden und damit das Preisniveau steigt.

## Währung im Wirtschaftskreislauf

### Wie die Aufwertung des Euro Verbraucher, Notenbank,

| Verbraucher | Notenbank | Staat |
|---|---|---|
| Wenn der Euro an Wert gewinnt, verbilligen sich die Importe. Die Verbraucher erhalten für das gleiche Geld mehr Waren – die Kaufkraft steigt. Wenn allerdings die Aufwertung die Konjunktur bremst, sind die Folgen für die Verbraucher negativ, weil die Arbeitslosigkeit steigt. | Eine Aufwertung der eigenen Währung kommt der Notenbank entgegen, weil sie Importe verbilligt und damit die Inflation reduziert. Auf der anderen Seite bremst das Hoch aber auch Exporte, was die Konjunktur dämpft. Da die meisten Zentralbanken neben dem Ziel der Preisstabilität auch die Wirtschaft stützen wollen, eröffnet die Aufwertung Zinssenkungsspielraum. Damit können die negativen konjunkturellen Effekte teilweise abgefedert werden. Zudem können die Geldpolitiker mit Deviseninterventionen gegen die Währungsturbulenzen vorgehen. | Die öffentliche Hand spürt den starken Euro vor allem, wenn dieser die Konjunktur bremst. Dann sinken die Staatseinnahmen, und die Ausgaben etwa für Arbeitslosigkeit steigen – der Haushalt rutscht ins Minus. |

Quelle: nach Financial Times Deutschland vom 3.12.2004

## 9.4 Die Währungspolitik in der Europäischen Union

### Einflussmöglichkeiten der EZB auf den Euro-Kurs

Die EZB kann bei unerwünschten Kursschwankungen des Euro an den internationalen Devisenmärkten intervenieren und damit Einfluss auf den Außenwert der Währung nehmen. Bei sinkendem Außenwert wird sie einerseits Euro kaufen, um durch die so gestiegene Nachfrage den Eurokurs zu stabilisieren, und damit versuchen, einer weiteren Abwertung vorzubeugen. Andererseits wird sie Euro am Markt verkaufen, um durch dieses zusätzliche Angebot an Euro einem zu hohen Kurs entgegenzuwirken. Eine längerfristige Wirkung kann damit aber kaum erzielt werden, da das Volumen der EZB-Interventionen im Vergleich zu den täglichen Umsätzen an den Devisenmärkten deutlich zu gering ist.

---

**– Folgen einer Aufwertung**

**Finanzmärkte, Unternehmen und Staat beeinflusst**

| Unternehmen | Finanzmärkte | Volkswirtschaft |
|---|---|---|
| Exportorientierte Firmen, die vor allem in Europa produzieren, erleiden Verluste. Um ihre Gewinne zu halten, müssen sie ihre Waren im Ausland teurer anbieten. Wollen sie die Preise nicht erhöhen, sinken die Margen. Für Firmen, die stark im Ausland produzieren lassen oder einkaufen, kann die Aufwertung positiv sein, weil die Kosten sinken – zumal wenn sie ihre Güter vor allem im Inland absetzen. In der Realität sind Mischformen am häufigsten. Zudem können sich Unternehmen gegen Währungsverluste absichern. Per saldo belastet eine Aufwertung aber Studien zufolge die Firmen. | Ein mit der Aufwertung des Euro kräftig fallender Dollar mindert die Attraktivität amerikanischer Anlagewerte. Am US-Anleihemarkt führt dies zu fallenden Kursen und somit steigenden Renditen. Die Auswirkung auf den Aktienmarkt hängt von der Weiterentwicklung der exportorientierten Papiere ab, die tendenziell zulegen müssten. Der Goldpreis profitiert vom fallenden Dollar, da das Edelmetall für alle nicht-amerikanischen Investoren günstiger wird. | Alle Studien deuten darauf hin, dass – bei unveränderten Zinsen – eine Aufwertung des Euro die Konjunktur im Währungsraum unterm Strich dämpft. Umstritten ist nur das Ausmaß des negativen Effekts. Faustformeln der OECD zufolge reduziert eine zehnprozentige Aufwertung gegenüber den Währungen der Handelspartner das Wachstum nach einem Jahr um 0,8 Prozentpunkte. Es kommt aber auch auf die Geschwindigkeit der Aufwertung an. Je gemächlicher sie vonstatten geht, desto ungefährlicher wird, weil die Firmen mehr Zeit haben, sich anzupassen. |

# 9 Geld und Geldpolitik

##  Soll die EZB in die Wirtschaft eingreifen?

| Pro | Contra |
|---|---|
| • Die Maßnahmen der EZB waren erfolgreich. Trotzdem ist die Wirtschaft im Euroraum noch nicht stabil. Damit vor allem die Krisenstaaten endgültig wieder auf die Beine kommen, müssen Firmen in diesen Ländern mehr investieren – dafür brauchen sie aber mehr Geld von den Banken.<br>• Die EZB hat die Möglichkeit, einer Deflation entgegenzusteuern. Niedrige Teuerungsraten sind zwar gut für den Verbraucher, aber schlecht für die Wirtschaft. Es besteht die Gefahr einer Spirale aus sinkenden Preisen und sinkender Nachfrage.<br>• Es muss an mehreren Stellschrauben gedreht werden. Die Sparmaßnahmen der Staaten allein helfen nicht gegen eine Wirtschaftskrise.<br>• Die Zentralbank ist die ganze Zeit aktiv. Bereits im Juni [2014] hat sie zwei insg. 400 Milliarden Euro schwere Geldspritzen für Banken (TLTRO) angekündigt. Die EZB sollte alles in Betracht ziehen, um die maue Kreditnachfrage und die für den Geschmack der EZB zu niedrige Inflation anzukurbeln. Die USA haben mit Anleihekäufen gute Erfahrungen gemacht. Dort wächst die Wirtschaft im kommenden Jahr voraussichtlich um 3,0 %. Die Arbeitslosenquote ist auf rund 6 % gefallen. | • Die EZB betreibt Wirtschaftspolitik, was nicht zu ihren Kernaufgaben gehört. Ihr Hauptzweck ist es, für Preisstabilität zu sorgen, also die Inflation zu kontrollieren, sowie die Finanzmärkte und -institute zu beaufsichtigen.<br>• Die Zentralbank kauft lediglich Zeit und bekämpft die Ursachen der Krise nicht. Gleichzeitig würde der Eingriff den Reformdruck von den Staaten nehmen.<br>• Es gibt Zweifel, dass das Geld der Banken in der Realwirtschaft ankommt. Dafür sprechen auch die niedrigen Inflationsraten in den Eurostaaten. Erfahrungsgemäß fördern die Interventionen der Notenbanken eher Blasenbildungen an den Finanzmärkten. Eine Blase könnte sich im Immobilienmarkt bilden. Hier sind die Preise bereits deutlich gestiegen.<br>• Die europäischen Währungshüter und viele andere Ökonomen sehen bisher keine Deflationsgefahr. Für sie sind die Preise stabil. IWF-Chefin Christine Lagarde spricht von „Lowflation" (niedrige Inflation), andere von „Disinflation" (Verringerung des Preisanstiegsniveaus). |

*Verändert nach: Diana Dittmer auf: http://www.n-tv.de/wirtschaft/Pro-und-Contra-Soll-die-EZB-wieder-in-die-Wirtschaft-eingreifen-article13532886.html vom 03.09.2014*

# 10 Strukturwandel und Wirtschaftswachstum

10.1 Strukturwandel und Strukturpolitik

10.2 Wirtschaftliches Wachstum

# 10 Strukturwandel und Wirtschaftswachstum

## 10.1 Strukturwandel und Strukturpolitik

**Leitfragen:**
- Was bedeutet wirtschaftlicher Strukturwandel?
- Welche Ursachen und Dimensionen des Strukturwandels werden unterschieden?
- Welche Möglichkeiten hat der Staat, den Strukturwandel zu beeinflussen?

### Wirtschaft im Wandel

Wenn Menschen ihren Arbeitsplatz verlieren oder um diesen bangen, von Arbeitnehmern lebenslanges berufliches Lernen erwartet wird, zahlreiche Einzelhandelsgeschäfte in den Stadtzentren schließen und wir über Handy und Internet kommunizieren, hat dies alles mit tiefgreifenden Veränderungen in Wirtschaft und Gesellschaft zu tun, die wir im Begriff „Strukturwandel" zusammenfassen. Strukturwandel ist nichts Neues. Umwälzende Veränderungen, wie der Übergang von der Agrar- zur Industriegesellschaft, haben mit der industriellen Revolution im 18./19. Jahrhundert begonnen und setzen sich heute beschleunigt im Übergang von der Industrie- zur Dienstleistungsgesellschaft fort. Der technische Fortschritt gilt als Triebfeder der Wandlungsprozesse in der Wirtschaft. Er verändert Produktionsverfahren, Produkte, Konsumverhalten und Arbeitsbedingungen. Basisinnovationen wie etwa die Erfindung des Automobils prägen und wandeln ganze Wirtschaftsepochen. Der Einzelne erfährt die damit verbundenen Veränderungen z. B. im Berufsleben durch wachsende Anforderungen an seine Ausbildung, Qualifikation oder Mobilitätsbereitschaft. Konnten frühere Generationen einen Beruf erlernen und darauf vertrauen, diesen Beruf ein Leben lang auszuüben, veraltet das heute erworbene Wissen und Können schneller. Alte Berufe, z. B. im Handwerk, sterben aus und neue Berufe entstehen, zunehmend in der Informationstechnologie. Unternehmen können sich heute und in Zukunft nur als anpassungsfähige und lernende Organisationen im internationalen Wettbewerb behaupten. Besonders schmerzhaft sind die Auswirkungen des Strukturwandels auf Arbeitnehmer beim Verlust des Arbeitsplatzes. Gerade die strukturell bedingte Arbeitslosigkeit erweist sich als problematisch, weil die Ursachen dieser Form der Arbeitslosigkeit nicht kurzfristig zu beheben sind (siehe Kap. 7).

## 10.1 Strukturwandel und Strukturpolitik

 Wandel in der Textilbranche: Einerseits ist es der deutschen Textilwirtschaft nicht möglich, im weltweiten Lohnwettbewerb mitzuhalten, andererseits finden Beschäftigte in der Textilbranche aufgrund mangelnder Qualifikation und/oder mangelnder Mobilitätsbereitschaft nicht ohne weiteres eine neue Arbeit in anderen Branchen. D.h., gelingt die Anpassung des Einzelnen an die vom Strukturwandel hervorgerufenen Veränderungen nur langsam oder gar nicht, entsteht eine Form struktureller Arbeitslosigkeit.

### Dimensionen des Strukturwandels

Der marktwirtschaftliche Wettbewerb und die internationale Arbeitsteilung verursachen eine fortwährende Veränderung der wirtschaftlichen Strukturen. Strukturwandel ist – ob politisch gefördert oder gebremst – Kennzeichen einer Marktwirtschaft. Im Wesentlichen lassen sich drei Dimensionen des Strukturwandels unterscheiden.

- **Sektoraler Strukturwandel:** Damit ist der in allen entwickelten Volkswirtschaften seit dem 19. Jahrhundert zu beobachtende Übergang von einer Agrar- in eine Industriegesellschaft und seit Mitte des 20. Jahrhunderts in eine Dienstleistungsgesellschaft gemeint. Mittlerweile sind die Beschäftigten überwiegend in den Dienstleistungsbranchen bzw. im Informationssektor tätig. Besonders expansiv entwickeln sich z. B. gesundheits- und unternehmensnahe Dienste wie Werbung, Finanzierung oder Kundenservice. Angesichts der wachsenden Bedeutung der Informations- und Kommunikationstechnologien wird bereits von einem Übergang in die Informationsgesellschaft gesprochen.
- **Intrasektoraler Strukturwandel:** Auch innerhalb der großen Wirtschaftssektoren – Agrarwirtschaft, Industrie, Dienstleistungen – gibt es strukturelle Veränderungen. So übernehmen z. B. in der Industrieproduktion Maschinen gefährliche und schwere Arbeiten. Gerade in den Industrieländern stellen gut qualifizierte Arbeitskräfte einen immer größeren Anteil an den Beschäftigten, während es zunehmend weniger Arbeit für Geringqualifizierte gibt.
- **Regionaler Strukturwandel:** In einzelnen Regionen verändern sich die wirtschaftlichen Strukturen immer wieder, zum Teil mit einschnei-

denden Konsequenzen für den Arbeitsmarkt. Ein anschauliches Beispiel ist das Ruhrgebiet, das sich mit dem Niedergang des Bergbaus und der Montanindustrie von einer Schwerindustrieregion in ein Zentrum für hochtechnologische Industrien (z. B. im Umweltschutzbereich) und moderne Dienstleistungen gewandelt hat. Ein wesentlicher Trend des Strukturwandels ist die funktionale Konzentration. Damit ist die Ballung vor allem bestimmter Dienstleistungen auf einige regionale Zentren gemeint: Banken in Frankfurt am Main, Versicherungen in München, Medienunternehmen in Hamburg, Berlin und Köln.

*Prognostizierte Veränderung der Beschäftigtenzahlen nach Branchen*

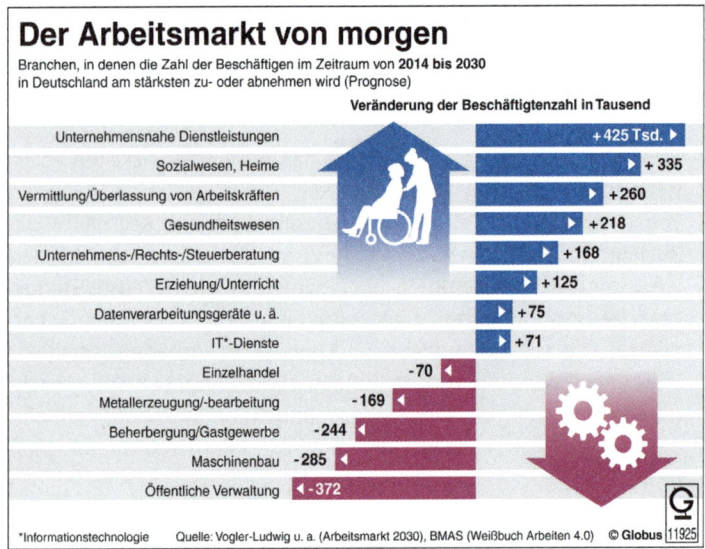

### Was den Strukturwandel antreibt

Die Frage, welche Faktoren den Strukturwandel der Wirtschaft letztlich hervorrufen, wurde u. a. von Nikolai Kondratieff (1892–1938) beantwortet (siehe Kap. 6.1). Die These seiner Wachstumstheorie lautet, dass die sogenannten Basistechnologien, also die großen Erfindungen, den entscheidenden Impuls für die Dynamik der wirtschaftlichen Entwicklung geben. Diese Basistechnologien lösen Wachstumsschübe aus, die jahrzehntelang Wellen schlagen und alle Bereiche des wirtschaftlichen sowie gesellschaftlichen Lebens prägen.

Als zunehmend starker Motor der wirtschaftlichen und gesellschaftlichen Entwicklung erweist sich der Informationssektor. Dieser auch Quartärssektor genannte Bereich ergänzt das Drei-Sektoren-Modell (siehe Kap. 7.1) und umfasst folgende Tätigkeitsfelder:
- Beratungsdienstleistungen (von Rechtsanwälten, Steuerberatern, Heil- und Erziehungsberufen)
- Informationsdienste (Bibliotheken, Internetdienste)
- Hochtechnologien (Chipfertigung, Nano- und Biotechnologie)

Die mittlerweile herausragende Bedeutung von Information und Kommunikation in unserem Leben wird im Begriff der Wissensgesellschaft deutlich. Wissen und Informationen gelten als zentrale Ressourcen von Entwicklung und sozialem Fortschritt. Gleichzeitig steigen die Anforderungen an Bildung und Ausbildung, und erfolgreiche berufliche Biografien erfordern zunehmend lebenslanges Lernen.

Kritische Stimmen vermissen in der zweiten Hälfte des 20. Jahrhunderts eine Basisinnovation, die den historischen Vorgängerinnen gleichzusetzen wäre. Sie sprechen von einer „säkularen Stagnation". Auch das Computer-Zeitalter kann in ihren Augen an dieser Stagnation nur wenig ändern. Die digitale Revolution finden sie, verglichen mit den früheren Erfindungen, kaum beeindruckend. „Wir können die Computer-Revolution überall sehen – außer in den Produktivitätsstatistiken", klagte so etwa der Wachstumsforscher Robert Solow.

### Strukturpolitik in der Sozialen Marktwirtschaft

In der Sozialen Marktwirtschaft der Bundesrepublik Deutschland greift der Staat mit konjunktur- und strukturpolitischen Maßnahmen in das wirtschaftliche Geschehen ein. Zwar gilt das für die marktwirtschaftliche Ordnung konstitutive Prinzip, dass der Strukturwandel von den Wirtschaftsakteuren selbst zu bewältigen ist. Im Rahmen seiner ordnungspolitischen Kompetenzen hat der Staat aber durchaus ein Gestaltungs-

# 10 Strukturwandel und Wirtschaftswachstum

interesse. Zudem sollen in der Sozialen Marktwirtschaft soziale Härten für Individuen, Unternehmen oder Regionen vom Staat ausgeglichen werden. Grundlage dafür sind die Art. 72, Abs. 2 und Art. 106, Abs. 3 Nr. 2 des Grundgesetzes, welche den Staat verpflichten, für die Einheitlichkeit bzw. Gleichwertigkeit der Lebensverhältnisse zu sorgen. Die strukturpolitischen Maßnahmen des Staates sind vielfältig:

- Zur Steuerung sektoraler Anpassungsprozesse betreibt der Staat Arbeitsmarktpolitik, Subventions-, Technologie- und Forschungspolitik, z. B. für die Windenergie.
- Zur Steuerung der Regionalstruktur dient vor allem der Ausbau der Infrastruktur (Straßen, Nahverkehr, Bildungseinrichtungen, Kommunikation).
- Im Rahmen der Mittelstandspolitik werden kleinere und mittlere Unternehmen gefördert.

*Instrumente staatlicher Strukturpolitik*

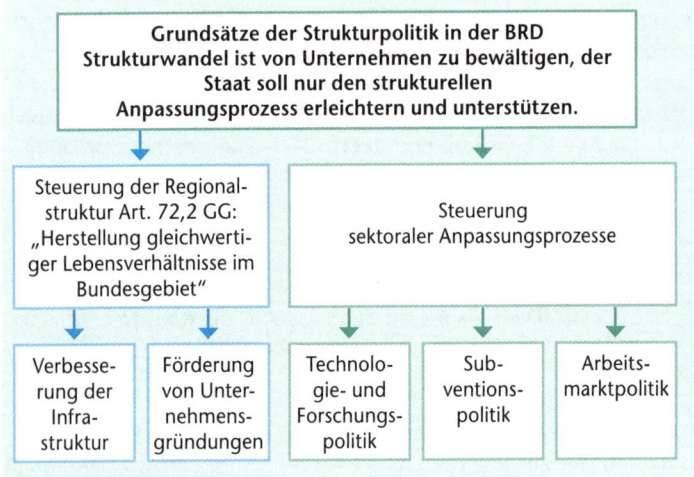

## 10.1 Strukturwandel und Strukturpolitik

Im „Aufbau Ost", in den der Staat seit 1990 über 1,4 Billionen Euro für strukturpolitische Maßnahmen investiert hat, zeigen sich sehr anschaulich die Probleme staatlicher Strukturpolitik. Trotz eines in der Geschichte der Bundesrepublik beispiellosen finanziellen Kraftakts sind die strukturschwächsten Regionen mit der höchsten Arbeitslosigkeit nach wie vor im Osten Deutschlands zu finden. Mit dem ersten sogenannten Solidarpakt (seit 1995) wurden die neuen Länder in den bundesstaatlichen Finanzausgleich einbezogen. Bund und Länder unterstützen mit dem Solidarpakt den Abbau der teilungsbedingten Sonderlasten der ostdeutschen Länder (einschließlich Berlins). Der 2001 vereinbarte Solidarpakt II sichert die Fortsetzung der ursprünglich bis 2004 beschlossenen Förderung bis zum Jahr 2019. Mit ihm stellt der Bund den neuen Ländern insgesamt weitere 156,5 Milliarden Euro zur Verfügung. Die Verteilung der Mittel nach dem Gießkannenprinzip (z.B. eine generelle Förderung von Bauinvestitionen) soll allerdings durch eine gezieltere Konzentration der Mittel ersetzt werden.

Neben der Strukturpolitik des Bundes und der Länder ist die Strukturpolitik der EU immer wichtiger geworden. Mit der Kohäsionspolitik der EU sollen strukturschwache Regionen innerhalb der EU finanziell unterstützt werden. Durch Umverteilung von Mitteln zwischen reicheren und ärmeren EU-Regionen sollen Folgen der wirtschaftlichen Integration ausgeglichen werden. Für solche nationalen und regionalen Hilfsprogramme hat der Europäische Rat 2013 für die Förderperiode 2014–2020 rund 346 Milliarden Euro zur Verfügung gestellt.

Wie stark der Staat in den Strukturwandel eingreifen soll, ist umstritten. Vor allem Erhaltungssubventionen (z.B. im Kohlebergbau) werden als marktwirtschaftlich bedenklich betrachtet, weil sie i.d.R. notwendige Strukturanpassungsprobleme verhindern oder verzögern. Ebenso wird staatliche Industriepolitik bzw. die Förderung von Zukunftstechnologien kontrovers beurteilt, da sie die unternehmerischen Risiken teilweise auf den Staat übertragen und damit letztlich die Verantwortung in die Hände der Allgemeinheit legen.

# 10 Strukturwandel und Wirtschaftswachstum

## 10.2 Wirtschaftliches Wachstum

**Leitfragen:**
- Wie wird Wirtschaftswachstum gemessen?
- Wie viel und welches Wachstum brauchen wir?
- Welche Faktoren steuern das Wachstum?

### Das Ziel der Wirtschaftspolitik: stetiges und angemessenes Wirtschaftswachstum

Wie wir in Kapitel 6 gesehen haben, ist „stetiges und angemessenes Wirtschaftswachstum" ein zentrales Ziel des Stabilitätsgesetzes.

- Ein stetiges Wachstum will starke Konjunkturschwankungen vermeiden oder dämpfen, da diese meist mit entsprechenden Schwankungen bei der Erwerbstätigkeit einhergehen.
- Ein angemessenes Wachstum zielt darauf, den allgemeinen Wohlstand eines Landes zu erhöhen. Das Stabilitätsgesetz nennt zwar keine in Zahlen ausgedrückte Zielvorgabe; Experten gehen aber davon aus, dass Wachstumsraten von dauerhaft 2 % bis 3 % anzustreben sind, um positive Beschäftigungseffekte zu erreichen. Bei 2 % Wirtschaftswachstum verdoppelt sich das Bruttoinlandsprodukt nach 35 Jahren.

Im Rückgriff auf die Überlegungen zu den konjunkturellen Schwankungen der Wirtschaft in Kapitel 6 kann man Wachstumspolitik so definieren, dass es ihr – vergleichbar zur Stabilisierungspolitik – um die „Glättung" der Konjunkturwellen geht, besonders aber darum, das Produktionspotenzial der Volkswirtschaft zu erhöhen. Damit gehört Wachstumspolitik zu einem großen Teil zur Ordnungspolitik, etwa wenn sie die Märkte, beispielsweise den Arbeitsmarkt, dereguliert.

### Die Messung des Wachstums

Als Indikator für das Wirtschaftswachstum gilt weltweit das Bruttoinlandsprodukt (BIP), genauer: die Änderungsrate des inflationsbereinigten (realen) BIP, wie wir es bereits bei der Betrachtung der Konjunktur kennengelernt haben. Das BIP errechnet sich aus der Summe an Sachgütern und Dienstleistungen, die in einem Land in einem bestimmten Zeitraum erzeugt werden und mit Preisen bewertet sind. Das BIP ist die umfassendste Messgröße für die gesamtwirtschaftliche Leistung eines Landes.

## 10.2 Wirtschaftliches Wachstum

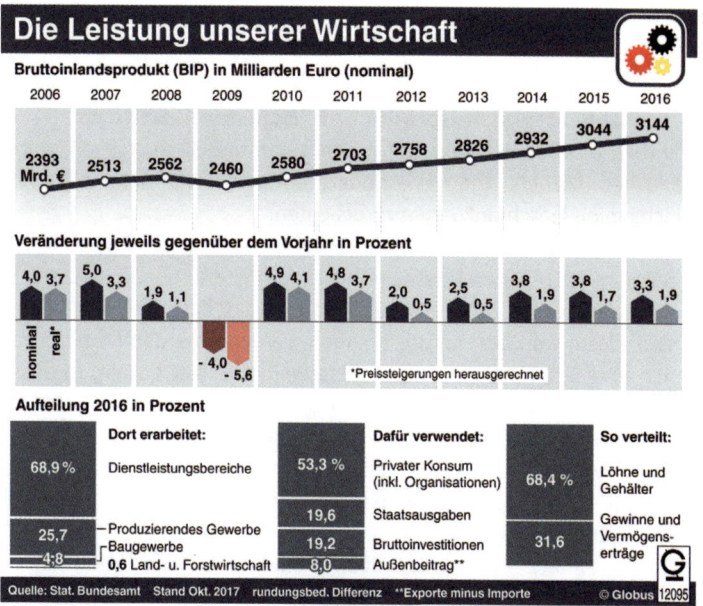

### Warum brauchen wir Wirtschaftswachstum?

Keines der Ziele des magischen Vierecks wird so kontrovers diskutiert wie das des Wirtschaftswachstums. Für die Befürworter dieses Ziels bedeutet Wachstum:

- Sicherung und Zunahme von Arbeitsplätzen durch steigende Güterproduktion,
- höheres Einkommen und damit steigender Lebensstandard,
- leichtere Finanzierung von Infrastrukturmaßnahmen und der sozialen Sicherung durch größeres staatliches Steueraufkommen,
- konfliktfreiere Umverteilung von Einkommenszuwächsen als in einer stagnierenden Wirtschaft.

Gegner dieses Zielkonzeptes dagegen sehen im Vordergrund:
- die Endlichkeit der verfügbaren natürlichen Ressourcen, damit die Umweltfolgen starken Wirtschaftswachstums und
- die einseitig auf maximalen materiellen Konsum ausgerichteten Produktionsweise des vorherrschenden Wachstumsideals, die der Ent-

wicklung einer gerechten und ökologisch ausgerichteten Gesellschaft entgegensteht.

### Das Bruttoinlandsprodukt als Wohlstandsmaßstab

Will man das BIP als Indikator für den gesamtgesellschaftlichen Wohlstand heranziehen, sind insbesondere bei einem internationalen Vergleich einige Einschränkungen zu beachten.

- Das BIP erfasst nur legal auf Märkten gehandelte Leistungen. Die Produktion der privaten Haushalte bleibt im BIP also ebenso unberücksichtigt wie alle Leistungen der Schattenwirtschaft. Je ärmer Länder sind, desto weniger Dienstleistungen werden über den Markt bezogen und desto mehr Agrarprodukte werden selbst erstellt. Insoweit ist ihr Wohlstand höher, als es durch die BIP-Daten zum Ausdruck kommt. Das gilt ebenso für Länder mit einer ausgeprägten Schattenwirtschaft.
- Das BIP lässt keine Aussage über die Verteilung der Einkommen und Vermögen sowie über die Höhe der Arbeitslosigkeit zu.
- Die Entstehungsbedingungen von Produkten bleiben im BIP unberücksichtigt. Weder Arbeitszeit, Arbeitsbelastung noch Arbeitsqualität werden abgebildet.
- Auch der Umweltverbrauch wird im BIP nur sehr unzureichend berücksichtigt (siehe Kap. 4), da es für den Verbrauch von Umweltgütern wie sauberer Luft, sauberem Wasser oder gesunden Wäldern in der Regel keine Preise und keinen Markt gibt.

Um die genannten Faktoren bei der Wohlstandsmessung stärker zu berücksichtigen, als es mit dem BIP möglich ist, wurden in jüngster Zeit zahlreiche alternative Indikatoren zur Messung des Wohlstands entwickelt. Bei diesen alternativen Konzepten werden auch soziale oder ökologische Faktoren einbezogen, z. B. das Niveau des Bildungssystems, der Gesundheitsversorgung oder das Ausmaß des Ressourcenverbrauchs.

## 10.2 Wirtschaftliches Wachstum

Der wohl bekannteste alternative Wohlstandsindikator ist der Human Development Index (HDI). Er ist ein von den Vereinten Nationen entwickelter Fortschrittsindikator, der mehrere Indikatoren kombiniert: Lebenserwartung, Alphabetisierungsrate, Einschulungsrate in Grund-, Sekundär- und Hochschulen, BIP pro Kopf. Auf Rang 1 des HDI steht immer wieder Norwegen, Deutschland belegt Rang 4, auf dem letzten Platz liegt die Zentralafrikanische Republik (2016).

Trotz vieler Kritikpunkte und mehrerer alternativer Indikatoren bleibt das BIP bisher das zentrale Maß, um den ökonomischen Wohlstand einer Volkswirtschaft beurteilen und international vergleichen zu können.

### Von welchen Faktoren das Wachstum abhängt

Ausgangspunkt für eine Analyse des Wachstums ist der Zusammenhang zwischen Wirtschaftswachstum einerseits und dem Zusammenwirken von Arbeitsvolumen und Arbeitsproduktivität andererseits. Wenn man Wachstum als Wachstum pro Kopf betrachtet, kann man sich auf die Determinante der Arbeitsproduktivität konzentrieren.

Der Zuwachsfaktor (ZF) des realen Bruttoinlandsproduktes = ZF Erwerbstätige x ZF Arbeitsproduktivität je Erwerbstätigem
oder auch
Der ZF des realen Bruttoinlandsproduktes je Erwerbstätigem = ZF Arbeitsproduktivität je Erwerbstätigem

Der Zuwachsfaktor des realen BIP gibt an, mit welchem Faktor das BIP von heute multipliziert werden muss, um das BIP von morgen zu erhalten.

BIP heute bei 1 020 Mrd €; BIP im Vorjahr bei 1 000 Mrd. €, dann beträgt ZF: 1 020 : 1 000 = 1,02; was einer Zuwachsrate von 2 % entspricht.

# 10 Strukturwandel und Wirtschaftswachstum

Eine wichtige Ursache für Veränderungen der Arbeitsproduktivität sind Investitionen, durch die der Kapitalstock eines Landes (Maschinen, Gebäude, Infrastruktur) erhöht wird. Sie erlauben es, dass pro Arbeitsstunde ein höherer Output produziert werden kann.

Die neue Wachstumstheorie betont vor allem die Rolle des technischen Fortschritts und des Humankapitals, d. h. der Qualität der eingesetzten Arbeitskräfte. Die Qualität dieses Faktors kann z. B. mit der Anzahl der Ausbildungsjahre bzw. dem Qualifikationsniveau der Bevölkerung gemessen werden. „Humankapital" wurde 2004 zum „Unwort" des Jahres ernannt, da Menschen nicht auf ökonomisch relevante Aspekte reduziert werden dürften.

Schließlich spielt auch das Sozialkapital eine wichtige Rolle. Es umfasst die formellen und informellen Spielregeln einer Gesellschaft, aber auch einen weichen Faktor wie die Leistungsbereitschaft („Fleiß").

Nicht übersehen sollte man auch die natürlichen Ressourcen, d. h. die Qualität des Bodens, die klimatischen Bedingungen und die geografischen Verhältnisse, wie z. B. dem Zugang zum Meer.

> Es ergibt sich die Produktionsfunktion:
> Y = f (Zahl der Erwerbstätigen, Kapital, natürliche Ressourcen, Humankapital, Sozialkapital)

Die Arbeitsproduktivität stellt dabei das Verhältnis der insgesamt hergestellten Güter und Dienstleistungen zu dem eingesetzten Arbeitsvolumen dar.

> Arbeitsproduktivität je Erwerbstätigem = Y / Zahl der Erwerbstätigen

Wachstumspolitik bedeutet nun nichts anderes als die Förderung und Entwicklung genau der Faktoren, die in der Produktionsfunktion auf der rechten Seite der Gleichung stehen. Diese sind vor allem für die Fähigkeit zur Gütererstellung wichtig, also für die Höhe der potenziellen Produktion und somit für das Gesamtangebot an Gütern in der Ökonomie. Wachstumspolitik hat somit nicht ausschließlich, aber erhebliche angebotsseitige Auswirkungen auf die Wirtschaft.

# 11 Internationale Wirtschaftsbeziehungen

- **11.1 Globalisierung: Erscheinungsformen und Ursachen**

- **11.2 Chancen und Risiken der Globalisierung: Gewinner und Verlierer**

- **11.3 Gestaltung der Globalisierung: Internationale Wirtschaftspolitik und Kooperation**

- **11.4 Der Standort Deutschland**

- **11.5 Außenwirtschaftliches Gleichgewicht als wirtschaftspolitisches Ziel**

- **11.6 Stand und Perspektiven der wirtschaftlichen Integration in der EU**

- **11.7 Wirtschafts- und Finanzkrisen**

# 11 Internationale Wirtschaftsbeziehungen

## 11.1 Globalisierung: Erscheinungsformen und Ursachen

**Leitfragen:**
- Was bedeutet wirtschaftliche Globalisierung?
- Welche Ursachen und Dimensionen hat die wirtschaftliche Globalisierung?
- Warum gibt es internationale Arbeitsteilung?
- Welche Rolle spielen multinationale Unternehmen im Globalisierungsprozess?

**Kennzeichen der wirtschaftlichen Globalisierung**

An Neujahr 2007 waren der reichste Mann der Welt (Bill Gates), der größte Autoproduzent der Welt (GM) und die teuerste Bank der Welt (Citigroup) allesamt Amerikaner. Die USA waren auch der zweitgrößte Exporteur und der größte Emittent von Treibhausgasen. Am Ende des Jahres, zu Silvester 2007, war der reichste Mann ein Mexikaner (Carlos Slim), der größte Autohersteller kam aus Japan (Toyota), und die teuerste Bank (ICBC) saß in China. Die Chinesen waren inzwischen auch die Nummer zwei bei den Exporten und die Nummer eins in Sachen Treibhausgas-Emissionen. Der schwedische Ökonom Johan Norberg kommentierte diese Entwicklung mit dem Fazit: „2007 was the developing world's coming out party."

Globalisierung meint allgemein gesprochen den in den vergangenen Jahrzehnten stark beschleunigten wirtschaftlichen Strukturwandel. Dieser wirkt sich in nahezu allen Lebensbereichen aus und hat neben ökonomischen auch politische, gesellschaftliche, ökologische, kulturelle und rechtliche Aspekte. Im Folgenden steht die ökonomische Globalisierung im Zentrum, also die zunehmende Intensität und Reichweite grenzüberschreitender wirtschaftlicher Austauschbeziehungen, die Schaffung globaler Märkte und die Intensivierung des internationalen Wettbewerbs. Vor allem die rasanten Fortschritte in den Informations- und Kommunikationstechnologien sowie die schrittweise Liberalisierung des Welthandels haben die umfassende Globalisierung der Wirtschaft erst ermöglicht. Kennzeichen der Globalisierung sind

- grenzüberschreitender Handel von Waren und Dienstleistungen sowie von Devisen, Wertpapieren, Krediten und Portfolio-Investitionen

## 11.1 Globalisierung: Erscheinungsformen und Ursachen

- grenzüberschreitende Direktinvestitionen
- modulare Produktionsprozesse
- Wanderung von Arbeitskräften

Kaum etwas veranschaulicht die Globalisierung so deutlich wie die steigende ökonomische Bedeutung des Außenhandels bzw. die Veränderung des Verhältnisses von Warenhandel und Weltwarenproduktion. Außenhandel ist der grenzüberschreitende Waren- und Dienstleistungsverkehr einer Volkswirtschaft. Er umfasst den Kauf ausländischer Güter (Import) und den Auslandsabsatz inländischer Güter (Export). Der prozentuale Anteil der Warenexporte und -importe am weltweiten BIP (Außenhandelsquote) stieg von 19,1 Prozent in 1970 auf 49,1 Prozent im Jahr 2014.

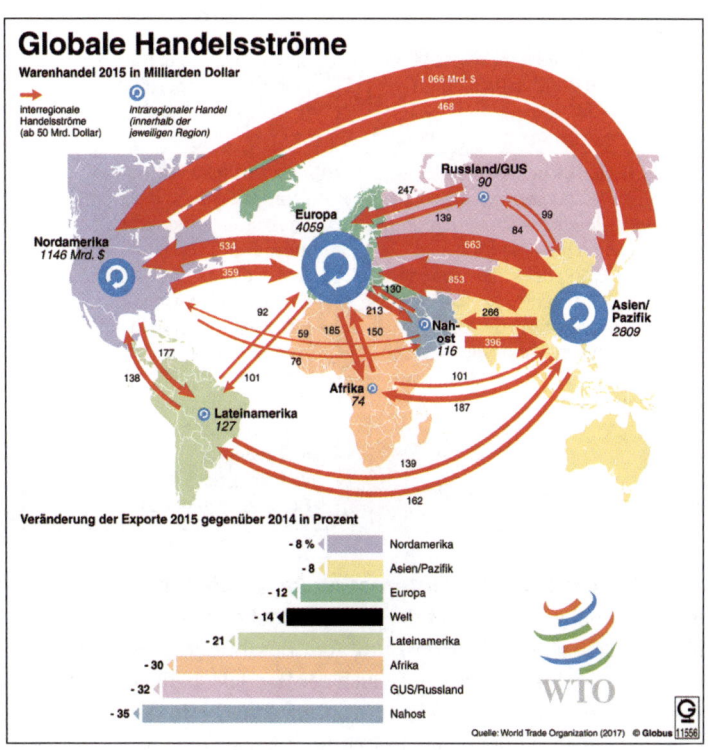

# 11 Internationale Wirtschaftsbeziehungen

## Bedingungsfaktoren der Globalisierung

Neben den beschriebenen Veränderungen im Außenhandel gibt es weitere Faktoren, die den Prozess der Globalisierung beschleunigen bzw. bremsen.

### Faktoren für Globalisierungsprozesse

**Politische Faktoren**
- Durchsetzung des marktwirtschaftlichen Ordnungsmodells
- Abbau von Handelshemmnissen im Waren- und Dienstleistungsverkehr
- Liberalisierung der Finanz- und Kapitalmärkte
- Integration größerer Wirtschaftsräume zu Wirtschaftsbündnissen (EU, NAFTA, ...)

**Technologische Faktoren**
- Mikroelektronik und digitale Datenverarbeitung als Basistechnologie
- Fortschreitende Vernetzung und Beschleunigung digitaler Informations- und Kommunikationsstrukturen
- Sinkende Kommunikationskosten
- Sinkende Transportkosten

**Gesellschaftliche Faktoren**
- Weltweiter Wissenstransfer durch länderübergreifenden Erfahrungsaustausch (Reisetätigkeit)
- Nivellierung des Wissensstandes in der Forschung
- Homogenisierung der Konsumgewohnheiten und Überwindung kultureller Distanzen (Akkulturationsprozesse)

**Wirtschaftliche Faktoren**
- Radikale Senkung der Transaktionskosten ermöglicht globale Aufspaltung von Produktionsprozessen und Dienstleistungsfunktionen (Outsourcing)
- Erschließung neuer Marktpotenziale
- Verkürzung der Produktzyklen durch technische Innovationen erhöht den Anteil der F&E-Kosten und zwingt zur weltweiten Vermarktung
- Globaler Wettbewerb

## Außenhandel und internationale Arbeitsteilung

Wie wir gesehen haben, hat der Außenhandel eine enorme Bedeutung für den Globalisierungsprozess. Im Kern beruht der Außenhandel auf dem gleichen Mechanismus wie auch der Handel innerhalb einer Volkswirtschaft: Arbeitsteilung schafft Wohlstand und erfordert einen Austausch von Gütern über Märkte. Mit Ausnahme des Einsiedlers, der in Autarkie lebt, betreiben fast alle Menschen, Unternehmen, Regionen

## 11.1 Globalisierung: Erscheinungsformen und Ursachen

und Nationen Arbeitsteilung, sodass die Güter und Dienstleistungen, die sie produzieren, nicht identisch sind mit den Gütern und Dienstleistungen, die sie konsumieren. In dem Maße, in dem Arbeitsteilung immer mehr im internationalen Maßstab organisiert wird, sind internationale Märkte für den Austausch nötig.

> Der internationalen Arbeitsteilung liegt die Erkenntnis zugrunde, dass jedes Land eine unterschiedliche „Ausstattung" mit Rohstoffen, Know-how, Infrastruktur und Arbeitskräften aufweist und sich auf den Handel entsprechender Güter spezialisiert. Ein klassisches Beispiel ist der starke Rohstoffexport von Entwicklungsländern in Industrieländer (z. B. Öl, Kakao), die sich ihrerseits auf Herstellung und Export stärker veredelter Produkte konzentrieren (z. B. Maschinen, Autos).

Die Vorteile der Arbeitsteilung werden mit zwei zentralen Ansätzen erklärt.

- Im intra-industriellen Handel werden vergleichbare Güter derselben Art gehandelt, zum großen Teil innerhalb der Industrieländer. Dieser Handel konzentriert sich also vor allem auf entwickelte Länder mit ähnlicher Wirtschaftsstruktur; hier macht er häufig über zwei Drittel des gesamten Außenhandels aus. Wesentliche Ursachen für diese Arbeitsteilung zwischen Industrieländern sind der technische Fortschritt und Lerneffekte, die die Arbeitsproduktivität, d. h. den pro Arbeitsstunde erzielten Output, erhöhen.

> Beispielsweise werden Autos in Südkorea und Deutschland nicht wesentlich anders produziert, trotzdem importiert Deutschland Autos aus Südkorea und Südkorea Autos aus Deutschland. In den Augen der Konsumenten haben die jeweils importierten Autos andere Eigenschaften als die heimisch produzierten. Ohne Außenhandel müsste die deutsche Automobilindustrie ein breiteres Produktspektrum anbieten, wobei dann von jedem einzelnen Modell nur geringere Stückzahlen hergestellt würden, was mit höheren Kosten verbunden wäre.

# 11 Internationale Wirtschaftsbeziehungen

- Die Theorie der komparativen Kostenvorteile beschreibt das Phänomen, dass die Produzenten sich auf die Produkte spezialisieren, die sie aufgrund ihrer individuellen Fähigkeiten mit den *relativ* geringsten Kosten herstellen können. Diese Form der Arbeitsteilung ist eher relevant für den Handel zwischen Industrie- und Entwicklungsländern. Für die Arbeitsteilung sind hier nicht absolute Kostenvorteile entscheidend, sondern die relativen. Auch absolut weniger leistungsfähige Produzenten profitieren davon, wenn sie sich auf die Produktion solcher Güter und Dienstleistungen spezialisieren, die sie mit den geringsten komparativen Kosten herstellen können. Es besteht eine enge Verwandtschaft zum Konzept der Opportunitätskosten (siehe Kap. 1.1).

Berühmt geworden ist dieser Ansatz durch den englischen Ökonomen David Ricardo (1772–1823). Seine These, dass Außenhandel besser ist als Autarkie, wurde zeitbedingt am Beispiel des Außenhandels zwischen England (Produzent von Tuch) und Portugal (Produzent von Wein) modellhaft entwickelt.

### Ricardos Theorie der komparativen Kostenvorteile

| England | | Portugal | | |
|---|---|---|---|---|
| Tuch | Wein | Tuch | Wein | |
| 5 | 10 | 4 | 2 | Arbeitsstunden |
| 1 Ballen | 1 Fass | 1 Ballen | 1 Fass | Produktion (insgesamt: 4) |

**Spezialisierung**

| | | | | |
|---|---|---|---|---|
| 15 | | | 6 | Arbeitsstunden |
| 3 Ballen | 0 | 0 | 3 Fass | Produktion (insgesamt: 6) |

**Tausch**

| | | | | |
|---|---|---|---|---|
| 2 Ballen | 1 Fass | 1 Ballen | 2 Fass | Ergebnis nach Tausch: Beide Länder profitieren |

*Herbert Sperber, Wirtschaft verstehen, 4. Aufl., Stuttgart 2012, S. 305*

Nach diesem Beispiel hat England einen komparativen Kostenvorteil bei der Produktion von Tuch, da es für die Mehrproduktion von einem Ballen

Tuch nur auf ein halbes Fass Wein verzichten muss, Portugal dagegen auf zwei Fässer Wein. Bei der Herstellung von Wein verhält es sich umgekehrt: Hier hat Portugal einen komparativen Kostenvorteil, da es für die Herstellung von einem Fass Wein nur auf einen halben Ballen Tuch verzichten muss, während diese Kosten in England zwei Ballen Tuch betragen. Entsprechend liegen eine Spezialisierung Englands auf Tuch und Portugals auf Wein und ein anschließender Tausch nahe.

Die Realität des Außenhandels freilich ist wesentlich komplizierter als dieses einfache Modell. So sollte die Lohnstruktur der am Handel beteiligten Länder in etwa den absoluten Produktivitätsunterschieden entsprechen, d.h. die Löhne in den weniger produktiven Ländern sollten deutlich geringer sein als in den entwickelten Ländern. Später wurde Ricardos Theorie weiterentwickelt zur sogenannten Faktor-Proportionen-Theorie und zur Produktlebenszyklustheorie (zum Produktlebenszyklus siehe Kap. 5.4).

### Die Rolle der multinationalen Unternehmen

Die Revolution der Kommunikationstechnologie macht in Verbindung mit drastisch gesunkenen Transportkosten breit gestreute, auf viele Länder verteilte Produktions- und Dienstleistungsunternehmen technisch und wirtschaftlich möglich. Rund 80.000 multinationale Unternehmen (Global Player) bestimmen heute den internationalen Güterhandel.

Global Player sind organisiert als ein Netzwerk geografisch verteilter Zentren mit gemeinsamen Strategien, gemeinsamen Normen und intensivem Austausch von Informationen, Erfahrungen und Ressourcen. Dies macht transnationale Unternehmen zu einem Herzstück der globalen Weltwirtschaft. Mit ihren Direktinvestitionen (Auslandsinvestitionen, bei denen Kapital nicht zur reinen Vermögensanlage exportiert wird) vernetzen transnationale Unternehmen nationale Volkswirtschaften.

# 11 Internationale Wirtschaftsbeziehungen

*VW-Produktionsstandorte weltweit*

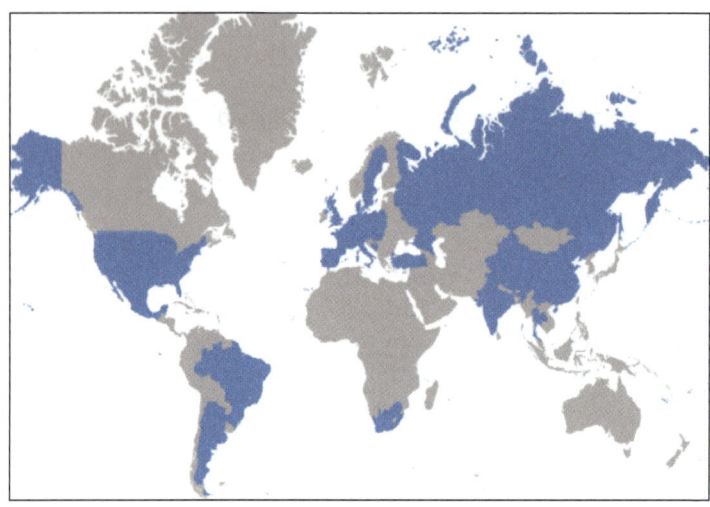

*VW-Produktionsstandorte weltweit, 2014, aus: www.stepmap.de*

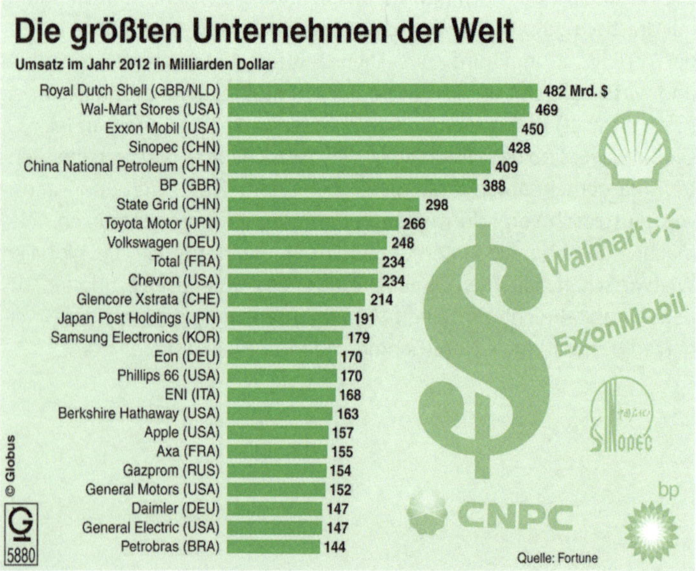

## Die größten Unternehmen der Welt

**Umsatz im Jahr 2012 in Milliarden Dollar**

| Unternehmen | Mrd. $ |
|---|---|
| Royal Dutch Shell (GBR/NLD) | 482 |
| Wal-Mart Stores (USA) | 469 |
| Exxon Mobil (USA) | 450 |
| Sinopec (CHN) | 428 |
| China National Petroleum (CHN) | 409 |
| BP (GBR) | 388 |
| State Grid (CHN) | 298 |
| Toyota Motor (JPN) | 266 |
| Volkswagen (DEU) | 248 |
| Total (FRA) | 234 |
| Chevron (USA) | 234 |
| Glencore Xstrata (CHE) | 214 |
| Japan Post Holdings (JPN) | 191 |
| Samsung Electronics (KOR) | 179 |
| Eon (DEU) | 170 |
| Phillips 66 (USA) | 170 |
| ENI (ITA) | 168 |
| Berkshire Hathaway (USA) | 163 |
| Apple (USA) | 157 |
| Axa (FRA) | 155 |
| Gazprom (RUS) | 154 |
| General Motors (USA) | 152 |
| Daimler (DEU) | 147 |
| General Electric (USA) | 147 |
| Petrobras (BRA) | 144 |

© Globus 5880

Quelle: Fortune

## 11.2 Chancen und Risiken der Globalisierung: Gewinner und Verlierer

Die Beurteilung der Global Player ist zwiegespalten: Einerseits können sie wichtig sein für die Schaffung von – im Vergleich oft gut bezahlten – Arbeitsplätzen oder den Aufbau von Forschung und Entwicklung im jeweiligen „Gastland". Andererseits konzentriert sich bei großen Konzernen bisweilen so viel Macht, dass sie durch Lobbyarbeit Einfluss auf politische Entscheidungen nehmen können. Durch das Fehlen einer internationalen Wettbewerbsbehörde mangelt es zudem an öffentlicher Kontrolle der Konzerne. Auch die oft unzureichende Beachtung von Umwelt-, Sicherheits- und Menschenrechtsstandards wird immer wieder diskutiert, insbesondere am Beispiel gehäufter Unfälle in der Textilindustrie.

### 11.2 Chancen und Risiken der Globalisierung: Gewinner und Verlierer

**Leitfragen:**
- Wie ungleich sind die Lebensbedingungen weltweit?
- Welche Ansätze gibt es zur Bekämpfung der Ungleichheit?
- Wie wirkt sich die Globalisierung auf die Entwicklungsländer aus?

#### Ungleiche Verteilung des Wohlstands auf der Welt

Wohlstand und Entwicklungschancen sind weltweit nach wie vor ungleich verteilt. So erwirtschaften 15 Prozent der Weltbevölkerung in den Industrieländern rund 52 Prozent der Weltwirtschaftleistung und verkaufen ca. zwei Drittel aller Weltexporte.

Wesentliche Messgrößen zur Ermittlung der Ungleichheiten sind z. B. neben dem BIP der Human Development Index (HDI) oder der GINI-Koeffizient (in der Regel zur Messung der innerstaatlichen Ungleichheit). Der HDI ist ein Index, der sich errechnet aus der Lebenserwartung bei Geburt, dem Bildungsniveau (Dauer des Schulbesuchs, Alphabetisierungsgrad) und dem Pro-Kopf-Einkommen (siehe Kap. 10.2).

## Ungleiche Lebensbedingungen

| Länder mit niedrigem und mittlerem Einkommen | Zugang zu sauberem Wasser | Zugang zu sanitären Einrichtungen | Kindersterblichkeit unter 5 Jahren | Besuch weiterführender Schulen | Gesundheitsausgaben |
|---|---|---|---|---|---|
| | in % der Bevölkerung | | je 1 000 Kinder | in % der entsprechenden Altersgruppe | pro Kopf in US-Dollar* |
| Afrika südlich der Sahara | 68 | 30 | 83 | 33 | 200 |
| Südasien | 92 | 45 | 53 | 59 | 234 |
| Naher Osten und Nordafrika | 93 | 90 | 25 | 69 | 712 |
| Ostasien und Pazifik | 94 | 75 | 18 | 76 | 626 |
| Lateinamerika und Karibik | 95 | 83 | 18 | 76 | 1 087 |
| Europa und Zentralasien | 97 | 86 | 17 | 88 | 1 174 |
| **zum Vergleich:** Länder mit hohem Einkommen | 100 | 99 | 6 | 92 | 5 193 |

Quelle: Weltbank 2016 © Globus 11472
*umgerechnet mit Kaufkraftparitäten jeweils letzter verfügbarer Stand

Trotz gewisser Vorsicht gegenüber den folgenden Befunden u. a. aufgrund von verschiedenen Definitionskriterien bei der Messung der Ungleichheit lassen sich insgesamt einige Trends erkennen:

- Der rasante Aufstieg Chinas und der BRIC-Staaten (Brasilien, Russland, Indien, China) hat einen sehr starken Effekt auf die Ungleichheit. Die Entwicklung dieser Länder hat zwar wesentlich zur Zunahme der Gleichheit seit ca. 1985 geführt. Aber auch wenn man die BRIC-Staaten insgesamt oder auch nur China nicht berücksichtigt, ist in den letzten zehn Jahren die Ungleichheit dennoch gesunken.
- Die Ungleichheit innerhalb der Länder hat demgegenüber zugenommen. Es ist zumindest vorstellbar, dass Länder wie China den Aufstieg mit einer Zunahme der Ungleichheit innerhalb des Landes „erkauft" haben.

## 11.2 Chancen und Risiken der Globalisierung: Gewinner und Verlierer

**Maßnahmen zur Bekämpfung der Ungleichheit**

Im Jahr 2000 formulierten die Vereinten Nationen konkrete Ziele zur Bekämpfung der größten Weltprobleme bis zum Jahr 2015, die sogenannten Millenniumsentwicklungsziele. Im Zentrum stand die Bekämpfung von extremer Armut und Hunger. Die damals 189 Mitgliedstaaten unterzeichneten acht Ziele mit 21 Unterpunkten. Als Basisjahr wurde 1990 festgelegt, als Zieljahr 2015.

Für einige Ziele lässt sich eine positive Bilanz ziehen, etwa bei der Reduzierung der Armut oder besserer Trinkwasserversorgung. Andere Ziele sind jedoch noch längst nicht erreicht; daher verabschiedeten die Vereinten Nationen neue Vereinbarungen für die Zeit ab 2015, die Ziele nachhaltiger Entwicklung.

Agenda 2030: **Ziele nachhaltiger Entwicklung**

1. Extreme Armut überwinden
2. Gesicherte und bessere Ernährung
3. Krankheiten überwinden, ein gesundes Leben sichern
4. Zugang zu einer guten Bildung für Jungen und Mädchen; lebenslanges Lernen für alle
5. Gleichheit der Geschlechter verwirklichen
6. Zugang zu sauberem Wasser und sanitärer Versorgung
7. Erschwingliche, zuverlässige, nachhaltige und moderne Energie für alle
8. Stetiges und nachhaltiges Wirtschaftswachstum, menschenwürdige Arbeit
9. Aufbau einer belastbaren Infrastruktur, nachhaltige Industrialisierung
10. Soziale, wirtschaftliche, politische Ungleichheit verringern – innerhalb jedes Landes und international
11. Sichere, lebensfähige Städte und Siedlungen
12. Nachhaltige Konsum- und Produktionsweisen
13. Maßnahmen gegen den Klimawandel und seine Folgen
14. Bewahrung und nachhaltige Nutzung der Meere
15. Schutz und nachhaltige Nutzung der terrestrischen Ökosysteme
16. Friedliche Gesellschaften, starke Institutionen
17. Stärkung der internationalen Entwicklungspartnerschaft

Als weitere wichtige Ansatzpunkte zur Bekämpfung der Ungleichheit werden eine umfassende Entschuldung der Entwicklungsländer sowie der Abbau protektionistischer Maßnahmen diskutiert (siehe Kap. 11.3).

*Halbierte Armutsquote: Anteil der Menschen, die mit weniger als 1,25 Dollar pro Tag auskommen müssen – 1990 und 2010 (in Prozent)*

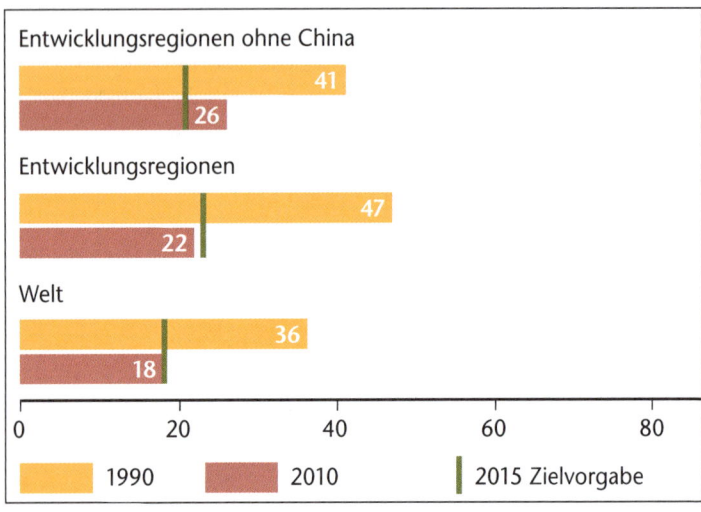

Millenniums-Entwicklungsziele. Bericht 2014, Vereinte Nationen, New York 2014, S. 8

## Auswirkungen der Globalisierung auf die Entwicklungsländer

Die Folgen der Globalisierung für die Entwicklungsländer werden unterschiedlich beurteilt. Für internationale Institutionen wie den Internationalen Währungsfonds und viele Ökonomen stehen die Vorzüge im Vordergrund, Globalisierungskritiker und zahlreiche Nichtregierungsorganisationen betonen hingegen eine wachsende Kluft zwischen den Ländern des globalen Nordens und jenen des globalen Südens.

Einige Folgen der Globalisierung für Entwicklungsländern sind jedoch weitgehend Konsens:

- Länder, die sich gegen die internationalen Wirtschaftsbeziehungen abschotten, bleiben in ihrer wirtschaftlichen Entwicklung gegenüber der globalisierten Welt zurück.
- Dies gilt ebenso für Staaten, die wegen innerer Probleme und/oder fehlender Exportprodukte bisher vom internationalen Warenhandel ausgeschlossen sind.

- Im Zuge der Globalisierung wachsen die Wohlstandsunterschiede.
- Wie sehr Entwicklungsländer die Chancen der Globalisierung nutzen können, hängt auch damit zusammen, ob der wirtschaftliche Strukturwandel begleitet wird von staatlichen Maßnahmen zur Abfederung von Härten und zur Verbesserung der öffentlichen Infrastruktur (Bildungswesen, Gesundheitssystem, Verwaltung und Rechtssystem).
- Als Gewinner der Globalisierung können hauptsächlich Schwellenländer in Süd- und Ostasien angesehen werden, die in den vergangenen Jahren ein starkes Wirtschaftswachstum aufwiesen. Der durchschnittliche Wohlstand in der Bevölkerung wächst, allerdings bei oft extrem ungleicher Verteilung innerhalb der Gesellschaft (s. o.). Dagegen sind die meisten Staaten Afrikas weiter zurückgefallen.

## 11.3 Gestaltung der Globalisierung: Internationale Wirtschaftspolitik und Kooperation

**Leitfragen:**
- Was ist Global Economic Governance?
- Worin bestehen die Aufgaben von Welthandelsorganisation, Weltbank und Internationalem Währungsfonds?
- Was kennzeichnet freien Welthandel und Protektionismus?
- Was meint Global Governance?

### Global Economic Governance

Die zunehmende wirtschaftliche Verflechtung der Welt erfordert Konzepte und supranationale Institutionen, die die internationalen Wirtschaftsbeziehungen entsprechend der neuen Herausforderungen gestalten – sei es, dass diese den Abbau von Schranken für den freien Güter- und Kapitalverkehr fördern, sei es, dass regionale oder globale ökonomische Fehlentwicklungen oder Risiken korrigiert werden sollen. Supranationale (= überstaatliche) Lösungen werden umso notwendiger, je mehr sich die Unternehmen internationalisieren und durch nationalstaatliche Politik kaum mehr erreicht werden können. Die Versuche einer weltwirtschaftlichen Ordnungspolitik werden unter dem Begriff der

Global Economic Governance zusammengefasst. Im Zentrum der Global Economic Governance-Architektur stehen dabei internationale Organisationen wie die Welthandelsorganisation, der Internationale Währungsfonds und die Weltbank.

### Die Welthandelsorganisation WTO

Die Welthandelsorganisation (World Trade Organization) ist neben dem Internationalen Währungsfonds und der Weltbank die zentrale internationale Organisation, welche Handels- und Wirtschaftspolitik mit globaler Reichweite verhandelt. Ihre Gründung geht auf die Initiative der Freihandelsbefürworter zurück, welche die Meinung vertraten, dass freier und ungehinderter Handel sich positiv auf den Wohlstand aller Nationen auswirkt. Daher wurde kurz nach dem Zweiten Weltkrieg das GATT (General Agreement on Tariffs and Trade) geschlossen. Seine Nachfolgerin, die WTO, nahm 1995 ihre Tätigkeit auf. Die WTO gilt als „Hüterin des Freihandels" und schafft mit der Beseitigung von Handelshemmnissen entscheidende Voraussetzungen für den Globalisierungsprozess. Die Organisation legt als einzige international anerkannte Vertragsinstitution Regeln für den Welthandel fest. Ihre 160 Mitgliedstaaten haben folgende Ziele und Aufgaben:
- die Liberalisierung des internationalen Handels,
- den Abbau von Handelsbeschränkungen sowie
- die Schlichtung von Handelsstreitigkeiten zwischen den Mitgliedern.

> Die Erfolge der WTO bei der Liberalisierung des Welthandels werden unterschiedlich beurteilt. Während Befürworter einer weitgehenden Liberalisierung auf die Wohlfahrtseffekte einer zunehmend arbeitsteiligen Weltwirtschaft verweisen, kritisieren Globalisierungsgegner die negativen Folgen der Liberalisierung. Sie werfen der WTO Versagen bei der Durchsetzung einer gerechten Weltwirtschaftsordnung vor, die auch den ärmeren Ländern durch eine moderate Umverteilung des Wohlstandes die Einhaltung von sozialen und ökologischen Mindeststandards ermöglichte. Der WTO wird vorgeworfen, sie stelle das liberale Handelsrecht über ökologische und soziale Erfordernisse. So müsse sich z. B. das Handelsrecht in Zukunft dem Prinzip der Nachhaltigkeit und dem Umweltschutz unterordnen.

## 11.3 Gestaltung der Globalisierung: Internationale Wirtschaftspolitik und Kooperation

*Die Welthandelsorganisation (WTO) – Grundprinzipien und institutionelle Ordnung*

**164 Mitgliedstaaten** (Stand: 2017)

| Hauptorgan: Ministerkonferenz | • **Prinzip der Konsensentscheidungen:** eine Entscheidung gilt als angenommen, wenn ihr kein Mitgliedstaat formell widerspricht<br>• **Prinzip der formalen Gleichheit:** one state, one vote |
|---|---|

| Güter- und Zollabkommen (GATT) | Dienstleistungsabkommen (GATS) | Abkommen über geistiges Eigentum (TRIPs) |
|---|---|---|
| regelt den Warenverkehr in den Bereichen Industriegüter: Zollsenkungen bis zu 100 % Landwirtschaft: Abbau von Exportbeschränkungen | regelt den Handel mit Dienstleistungen, Abbau von Handelshemmnissen in den Bereichen: Telekommunikation, Banken und Versicherungen, Transport, Tourismus | regelt den Schutz des geistigen Eigentums in den Bereichen: Patente, Marken, Urheberrecht, Industriedesign, Computerprogramme |
| 30.10.1947 seit 1.1.1995 unter dem Dach der WTO | 1.1.1995 | 1995/2001 (Review) |

**Dispute Settlement Body (DSB) / Streitschlichtung**
Regelung bei Handelskonflikten

| Prinzip der Meistbegünstigung: | Handelsvorteile müssen allen Mitgliedstaaten gewährt werden |
|---|---|
| Prinzip der Nichtdiskriminierung: | Keine Benachteiligung eines einzelnen Mitgliedstaates gegenüber anderen Mitgliedstaaten |
| Prinzip der Inländerbehandlung: | Keine Begünstigung inländischer Güter und Dienstleistungen gegenüber ausländischen Produkten |
| Prinzip der Transparenz: | Keine geheimen Abkommen, sondern gegenseitige Informationen über Handelsvorschriften |

nach: Politik und Unterricht 4/2003,
Globalisierung, Landeszentrale für politische Bildung Baden-Württemberg, S. 28

## Internationale Wirtschaftsbeziehungen

### Freier Welthandel oder Protektionismus?

Protektionistische Maßnahmen umfassen tarifäre und nichttarifäre Handelshemmnisse:

- Tarifäre Handelsbeschränkungen entstehen durch die Auferlegung von Zöllen.
- Nichttarifäre Handelshemmnisse umfassen formale (preis- und mengenbezogene) und administrative Beschränkungen. Beispiele für Handelsbeschränkungen sind Exportsubventionen, Dumping oder im administrativen Bereich technische Normen, spezifische Verbraucherschutzbestimmungen oder Sozialstandards, die inländische Produzenten begünstigen.

**Freihandel und Protektionismus**

| Argumente für Freihandel | Rechtfertigungen des Protektionismus |
|---|---|
| Protektion bindet Kapital, Arbeitskräfte und Steuern in „alten" Produktionen | „Infant Industries" brauchen zeitweiligen Schutz bis zum Erstarken |
| „Erziehungszölle" werden leicht zu dauerhaften Schutzzöllen | Freihandel könnte politisch und militärisch wichtige Industrien zerstören (Argument der Versorgungssicherheit) |
| Autarkiestreben muss mit hohen volkswirtschaftlichen Kosten erkauft werden<br>• Höhere Verbraucherpreise<br>• Verteuerte Vorprodukte<br>• Verminderter Innovationswettbewerb | Zölle und Steuern sind Einnahmequellen für den Staatshaushalt |
| | Schutz vor ausländischer Konkurrenz ermöglicht es, Strukturwandel sozial „abzufedern" |
| Errichtung von Einfuhrhemmnissen provoziert Vergeltung („Handelskrieg") | |
| Öffnung der Märkte für Einfuhren aus Entwicklungsländern ermöglicht diesen Entwicklung aus eigener Kraft | |

Diese Schutzmaßnahmen, die trotz der Erfolge der WTO bei der Liberalisierung immer noch gebräuchlich sind, bieten einerseits Schutz für die eigene Volkswirtschaft vor wirtschaftlich überlegenen Konkurrenten und deren Gütern, die inländische Umweltstandards oder ethische Standards nicht erfüllen. Andererseits verzögert der Protektionismus notwendige Strukturanpassungen, sodass eine abgeschirmte Wirtschaft in der Regel langsamer wächst als eine offene Volkswirtschaft.

Ein Beispiel für Agrarprotektionismus Seit Jahrzehnten fördert die Europäische Union den Export u. a. von Agrarprodukten nach Afrika. Diese Subventionspolitik erschwert es den dortigen Kleinbauern, gegen die Masse billiger europäischer Lebensmittel zu bestehen. Dies kann dazu führen, dass diese Bauern die Landwirtschaft aufgeben, ihre Existenzgrundlage verlieren und die einheimische Lebensmittelproduktion zurückgeht, heimische Märkte also zerstört werden.

### Der Internationale Währungsfonds IWF

Der Internationale Währungsfonds steht im Mittelpunkt der internationalen Finanzmarktarchitektur. Er wurde 1944 mit dem zentralen Ziel gegründet, das internationale Währungs- und Finanzsystem zu ordnen und zu überwachen und so für eine stabile Weltwährungsordnung zu sorgen. Bei Zahlungsbilanzschwierigkeiten unterstützt er Mitgliedstaaten mit Krediten und versucht so, größere Turbulenzen auf den internationalen Finanzmärkten zu verhindern.

Staaten, die sich bei hohen Defiziten im Austausch von Waren und Dienstleistungen mit dem Ausland nicht mehr auf dem internationalen Kapitalmarkt finanzieren könnten, würden sonst zahlungsunfähig und könnten dabei eine schwere Störung des internationalen Geld- und Kapitalverkehrs verursachen.

Die Kreditvergabe durch den IWF ist in der Regel mit Auflagen zur Sanierung der Staatsfinanzen verbunden, die im Empfängerland oft als unangemessene Einmischung in die Wirtschafts- und Sozialpolitik empfunden werden. Diese wirtschaftspolitischen Maßnahmen der Schuldenrestrukturierung sind vor allem den Ideen Angebotspolitik, Freihandel und exportorientierte Wirtschaftspolitik verpflichtet. Symptomatisch für diese Ausrichtung ist der sogenannte Washingtoner Konsens. (Der Begriff wurde für eine Konferenz 1990 in Washington D. C. geprägt.)

# 11 Internationale Wirtschaftsbeziehungen

Die Stimmengewichte im Entscheidungsorgan des IWF, dem Internationalen Währungs- und Finanzkomitee, richten sich nach den Quoten der einzelnen Mitgliedstaaten. Dies ergibt ein deutliches Übergewicht der großen Industrieländer, sodass der IWF von Kritikern als verlängerter Arm der Industriestaaten gesehen wird. Diese Tatsache und auch das Verhalten des IWF bei Finanzkrisen schwächerer Länder werden einerseits oft als Bevormundung der Entwicklungsländer durch die großen Industrieländer kritisiert; andererseits hat der IWF nach Ansicht seiner Befürworter durch seine Kreditvergaben häufig schlimmere Krisen verhindert.

## Die Weltbank

Die Weltbank ist eine Sonderorganisation der UNO, die 1945 auf der Grundlage des Abkommens von Bretton Woods zusammen mit dem Internationalen Währungsfonds gegründet wurde. Zentrale Aufgabe der Weltbank ist es, die wirtschaftliche Entwicklung von weniger entwickelten Mitgliedsländern zu fördern. Dazu setzt sie finanzielle und technische Hilfen sowie Beratung ein. Hauptinstrument der Weltbank ist die Vergabe von langfristigen Darlehen bzw. zinslosen, langfristigen Krediten für Investitionsprojekte.

# Die Weltbank

*Jim Yong Kim*

- gegründet 1945
- 188 Mitglieder, größter Anteilseigner: USA
- Präsident seit 2012: Jim Yong Kim (KOR, USA) gewählt für 5 Jahre
- Hauptaufgaben: Entwicklungshilfe, Armutsbekämpfung, Klimaschutz

## Wichtigste Organisationen

| IBRD | IDA |
|---|---|
| Internationale Bank für Wiederaufbau und Entwicklung | Internationale Entwicklungsorganisation |
| vergibt günstige Kredite für Entwicklungs- und Schwellenländer | vergibt zinslose Kredite und Zuschüsse an die ärmsten Länder der Welt |
| erwirtschaftet nötige Mittel auf dem Kapitalmarkt | finanziert Hilfe durch Beiträge der Mitgliedsländer |

## Kreditnehmer

Im Jahr 2013 vergaben IBRD und IDA zusammen **Kredite** in Höhe von **31,5 Milliarden Dollar.** Davon in Prozent für diese Regionen:

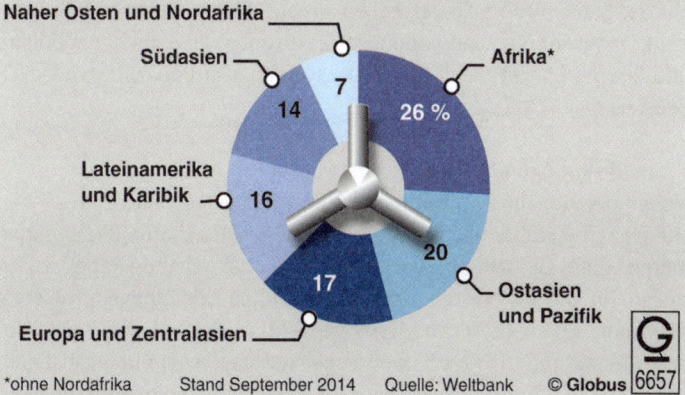

- Naher Osten und Nordafrika: 7
- Südasien: 14
- Afrika*: 26 %
- Lateinamerika und Karibik: 16
- Ostasien und Pazifik: 20
- Europa und Zentralasien: 17

*ohne Nordafrika   Stand September 2014   Quelle: Weltbank   © Globus 6657

# 11 Internationale Wirtschaftsbeziehungen

### Internationale Netzwerke
Neben IWF, WTO und Weltbank existiert ein Netzwerk globaler transgouvernementaler Zusammenarbeit, das für die Stabilität internationaler Finanzmärkte sorgen soll. Im Mittelpunkt stehen dabei immer noch die westlichen Industriestaaten und Russland (G8-Staaten). 1999 wurde ein informelles Dialogforum der Finanzminister und Notenbankgouverneure aus Industrie- und Schwellenländern geschaffen, die G20, die über 90 Prozent des Weltsozialprodukts produzieren und knapp zwei Drittel der Erdbevölkerung repräsentieren.

Zweck der G20 ist es, in einem informellen Dialog zwischen Industrie- und Schwellenländern Fragen zu erörtern, die für die Stabilität des internationalen Finanz- und Währungssystems bedeutsam sind. Hierzu gehören z. B. Fragen der Angemessenheit des Wechselkursregimes oder Fragen einer geordneten Liberalisierung des Kapitalverkehrs. Um die destabilisierenden Finanzspekulationen zu unterbinden, wird z. B. die Einführung einer Devisentransaktionssteuer gefordert, um die teilweise enormen Schwankungen zwischen den Währungen zu bekämpfen. Bei jedem Währungsumtausch soll demnach eine Steuer von bis zu 0,5 Prozent auf den Umsatz der Transaktion erhoben werden. Die Einnahmen aus der Steuer (Tobin-Steuer) sollen armen Ländern direkt zugute kommen. Damit könnten Entwicklungsprojekte unterstützt werden. Wirkung und Realisierbarkeit der Tobin-Steuer werden allerdings unterschiedlich beurteilt.

### Global Governance
Neben den genannten Institutionen und Netzwerken existieren zahlreiche weitere Akteure, die die internationalen (Wirtschafts-)Beziehungen mitgestalten. Gemeinsam wird versucht, global geltende Regeln zu erstellen für die weltweiten Herausforderungen wie Umweltprobleme, Migration, Verbreitung von Massenvernichtungswaffen oder internationalen Terrorismus. Dieses Zusammenwirken staatlicher und nichtstaatlicher Akteure von der lokalen bis zur globalen Ebene im Rahmen einer globalen Rechtsordnung meint der Begriff der Global Governance.

Basiswissen Schule, Politik Wirtschaft, Duden 2012, S. 459

## 11.4 Der Standort Deutschland

**Leitfragen:**
- Welche Stellung hat Deutschland im internationalen Handel?
- Wie attraktiv ist der Standort Deutschland?
- Was sind wichtige Standortfaktoren?

### Bedeutung des Außenhandels

Als eine der exportstärksten Volkswirtschaften der Welt spielt der Außenhandel für Deutschland eine besondere Rolle. Deutschland gehört trotz seiner vergleichsweise geringen Bevölkerungszahl zu den drei führenden Exportnationen der Welt und rangiert heute nach China fast gleichauf mit den USA an zweiter Stelle. 2011 überstieg der Wert der deutschen Ausfuhren zum ersten Mal die Billionengrenze. Der hohe Verflechtungsgrad mit der Weltwirtschaft – der Weltmarktanteil deutscher Exporte betrug insgesamt über acht Prozent in 2016 – zeigt sich auch an der Außenhandelsquote. Diese entspricht dem prozentualen Anteil des Warenexports und -imports eines Staates/einer Region am jeweiligen Bruttoinlandsprodukt (BIP). Deutschland hatte im Jahr 2016 mit ca. 73 Prozent eine überdurchschnittlich hohe Außenhandelsquote. Gleichzeitig ist Deutschland als rohstoffarmes Land auch auf Importe angewiesen, vor allem im Energiebereich. Exportschlager der deutschen Wirtschaft sind Maschinen, der Fahrzeugbau und Produkte der chemischen Industrie. Die wichtigsten Handelspartner sind die EU-Mitgliedstaaten. Das wichtigste Exportland ist nach wie vor Frankreich.

Die deutschen Exporte tragen wesentlich zur Sicherung der Arbeitsplätze bei. Fast jeder vierte Arbeitsplatz in Deutschland ist vom Außenhandel abhängig. Damit verbunden ist eine starke Abhängigkeit der Wirtschaft von der weltwirtschaftlichen Entwicklung.

### Deutschland im Standortwettbewerb

Durch die Globalisierung, aber insbesondere auch durch die Aufnahme der mittel- und osteuropäischen Staaten in den EU-Binnenmarkt im Zuge der Osterweiterung steht Deutschland in einem verstärkten weltweiten Standortwettbewerb. Dabei ist die zentrale Frage, ob der Standort Deutschland noch attraktiv genug ist, um Unternehmen und Investitionen im Lande zu halten bzw. neue Unternehmen und Investitionen nach Deutschland zu holen.

Für die Attraktivität von Wirtschaftsstandorten gibt es keinen absoluten Maßstab. Die Qualität eines Wirtschaftstandorts ist nur in Relation zu anderen Standorten zu definieren. Zudem sind Standortfaktoren von Branche zu Branche und selbst für Unternehmen einer Branche unterschiedlich zu gewichten. Allgemein gilt, dass Standorte mit hohem Innovationspotenzial, in welchen die Produktionsfaktoren flexibel auf den Strukturwandel reagieren können und damit die Anpassungslasten einer Volkswirtschaft reduzieren, begehrt sind. Ein Indikator für die Attraktivität von Standorten sind die Investitionstätigkeiten von Ausländern, die sogenannten Direktinvestitionen. Allerdings ist dieser Indikator nicht unumstritten, da in die Investitionsentscheidung auch Motive eingehen können, die nicht unmittelbar mit der Standortqualität zu tun haben. Dazu gehören z. B. Marktnähe durch lokale Präsenz, geografisch angepasste Produktdifferenzierung und lokale Strategien in der Produktentwicklung und -werbung. Durch Investitionen im Ausland können Unternehmen ihre internationale Wettbewerbsfähigkeit sichern und damit auch ihr Überleben. Weitere Standortfaktoren sind die örtlichen Steuersätze, die Arbeitskosten (Arbeitsentgelt und Personalzusatzkosten), Kapitalkosten (Kreditkosten, Abschreibungssätze), Kosten für Energie, Entsorgung und die Qualität der Infrastruktur (Verkehrswege, Kommunikationskanäle). Auch politische und soziale Stabilität und Rechtssicherheit in einem Land entscheiden mit über die Standortqualität.

## 11.4 Der Standort Deutschland

**Welche Standortfaktoren wichtig sind**

Befragungsergebnisse von 2.256 deutschen Unternehmen
Duchschnittliche Bewertung der Standortfaktoren:
0 = irrelevant, 100 = absolut unverzichtbar
- Dienstleister  • Industrieunternehmen

| Standortfaktor | Dienstleister | Industrieunternehmen |
|---|---|---|
| Ressourcen/Rohstoffe | 77,7 | 90,3 |
| Ordnungsrahmen | 85,9 | 89,3 |
| Bürokratie | 73,4 | 79,5 |
| Markt und Kunden | 76,5 | 79,0 |
| Arbeitsbeziehungen | 68,9 | 78,1 |
| Infrastruktur | 74,5 | 77,6 |
| Humankapital | 69,3 | 76,4 |
| Innovationsumfeld | 61,7 | 74,4 |
| Kosten | 66,3 | 73,5 |
| Wertschöpfungskette | 57,6 | 71,3 |
| Kapitalmarkt | 66,8 | 69,3 |
| Offenheit/Außenhandel | 51,4 | 68,0 |
| Staatliche Förderung | 48,2 | 49,5 |
| Regulierung | 43,5 | 43,8 |
| Luft-/Bahn-/Schifffahrt | 39,4 | 43,3 |

*Unternehmensbefragung im März/April 2012*
*Quellen: Institut der deutschen Wirtschaft Köln, Institut der deutschen Wirtschaft Köln Consult*

Der vom Weltwirtschaftsforum jährlich durchgeführte Global Competitiveness Report erfasst unterschiedliche Dimensionen der Wettbewerbsfähigkeit von Volkswirtschaften im Vergleich. Hier zeigt sich, dass der Wirtschaftsstandort Deutschland in vielen Bereichen ein hohes Maß an internationaler Wettbewerbsfähigkeit aufweist.

# 11 Internationale Wirtschaftsbeziehungen

### Internationale Wettbewerbsfähigkeit im Vergleich der Staaten

**Global Top 10**

| The Global Competitiveness Index 2017–2018 | Global rank* |
|---|---|
| Switzerland | 1 |
| Singapore | 2 |
| United States | 3 |
| Finland | 10 |
| Germany | 5 |
| Japan | 8 |
| Hong Kong SAR | 9 |
| Netherland | 4 |
| United Kingdom | 7 |
| Sweden | 6 |

Source: The Global Competitiveness Report 2017–2018, S. 9
Weltwirtschaftsforum

## 11.5 Außenwirtschaftliches Gleichgewicht als wirtschaftspolitisches Ziel

### Leitfragen:
- Welche Bedeutung hat das außenwirtschaftliche Gleichgewicht?
- Wie werden die wirtschaftlichen Transaktionen mit dem Ausland erfasst?

### Was meint das Ziel des außenwirtschaftlichen Gleichgewichts?

Der Austausch von Waren und Dienstleistungen mit dem Ausland (Export und Import) ist für die Bundesrepublik von großer Bedeutung, allein deshalb, weil Deutschland ein rohstoffarmes Land ist, das die wichtigsten Rohstoffe einführen muss. Um sie zu bezahlen, aber auch um seine Defizite im Dienstleistungsverkehr mit dem Ausland (Reiseverkehr) und seine Nettozahlungen zum EU-Haushalt oder internationalen Organisationen finanzieren zu können, braucht Deutschland ausländische Zah-

## 11.5 Außenwirtschaftliches Gleichgewicht als wirtschaftspolitisches Ziel

lungsmittel (Devisen), die es auf Dauer nur durch die Ausfuhr deutscher Waren ins Ausland verdienen kann. Diese hochgradige Verflechtung der Bundesrepublik in den internationalen Handel zeigt die Bedeutung des vierten wirtschaftspolitischen Ziels des Stabilitätsgesetzes „außenwirtschaftliches Gleichgewicht". Doch was ist damit gemeint?

Das Gesetz lässt offen, was darunter im Detail tatsächlich zu verstehen ist. Zumeist wird es als ein Zustand definiert, bei dem sich die aus dem internationalen Güter-, Dienstleistungs- und Kapitalverkehr ergebenden Zahlungseingänge und Zahlungsausgänge entsprechen.
Dauerhaft hohe Importüberschüsse bedeuten nämlich, dass zur Finanzierung des Imports entweder Devisenreserven abgebaut werden müssen oder es zur Verschuldung im Ausland kommt, mit der Folge künftiger Zins- und Tilgungsleistungen. Diese Länder, die ein Defizit in der Leistungsbilanz aufweisen (siehe unten), geben im Ausland mehr Geld aus, als sie von dort an Einnahmen erzielen. Sie leben also über ihren Verhältnissen. Prominentestes Beispiel für ein solches Land sind die USA.
Demgegenüber nehmen Länder mit Exportüberschüssen wie z. B. Deutschland mehr Geld aus dem Ausland ein, als sie dort ausgeben. Man kann auch sagen, solche Länder leben damit unter ihren Verhältnissen. Exportüberschüsse führen zu einer besseren Kapazitätsauslastung und helfen damit, die eigene Arbeitslosigkeit abzubauen und den Wohlstand zu sichern – allerdings zu Lasten der Defizitländer, denn Exportüberschüsse und die Devisenzunahme eines Landes sind gleich den Importüberschüssen und Devisenverlusten anderen Länder. Tragen sie im Inland zur Stützung der Konjunktur und der Beschäftigung bei, so setzen sie im Ausland Arbeitsplätze frei.

Auch wenn das Ziel „außenwirtschaftliches Gleichgewicht" im Jahr 1967 in einen ganz anderen zeitgeschichtlichen Kontext mit festen Wechselkursen eingebettet war, so zeugt es heute letztlich von der Vorstellung einer gleichgewichtigen Entwicklung aller Staaten. Im Vergleich zu den wirtschaftspolitischen Zielen Preisstabilität, hoher Beschäftigungsstand und stetiges und angemessenes Wirtschaftswachstum tritt es in der Bedeutung allerdings deutlich zurück.

### Die Zahlungsbilanz

Die ökonomischen Transaktionen zwischen Inländern und Ausländern, die in einem bestimmten Zeitraum stattgefunden haben, werden in der Zahlungsbilanz erfasst. Sie ist in mehrere Teilbilanzen untergliedert. Die wichtigsten sind:

- Leistungsbilanz: Sie setzt sich aus vier Teilbilanzen zusammen. Die Handelsbilanz erfasst alle Transaktionen von Waren mit dem Ausland (Im- und Export). Die Ausgaben im Reiseverkehr und der weitere Austausch von Dienstleistungen werden in der Dienstleistungsbilanz verbucht. Die Übertragungsbilanz berücksichtigt alle unentgeltlichen Leistungen, wie etwa Entwicklungshilfe oder EU-Zahlungen an das Ausland. In der Bilanz der Erwerbs- und Vermögenseinkommen erscheinen z. B. Zins- und Dividendenzahlungen, Pachtzahlungen und Vertragshonorare. Ein Überschuss in der Leistungsbilanz zeigt an, dass das Inland mehr Leistungen an das Ausland erbringt.
- Kapitalbilanz: In ihr werden die grenzüberschreitenden Kapitalbewegungen zwischen In- und Ausländern dargestellt. Dazu gehören Direktinvestitionen (u.a. Beteiligungen an Unternehmen, grenzüberschreitender Erwerb von Immobilien), Wertpapieranlagen (Anleihen oder Aktien) oder der Kreditverkehr.
- Devisenbilanz: Sie beschreibt die mengenmäßige Veränderung der Währungs- und Goldbestände.

Da die Datenerfassung der außenwirtschaftlichen Vorgänge nach dem Prinzip der doppelten Buchführung erfolgt, ist die Summe aller Teilbilanzen gleich null – die Teilbilanzen weisen dagegen meist von null abweichenden Salden auf. Wenn also davon gesprochen wird, dass sich die Zahlungsbilanz im Ungleichgewicht befindet, dann bezieht sich dies immer auf Teilbilanzen.

## 11.6 Stand und Perspektiven der wirtschaftlichen Integration in der EU

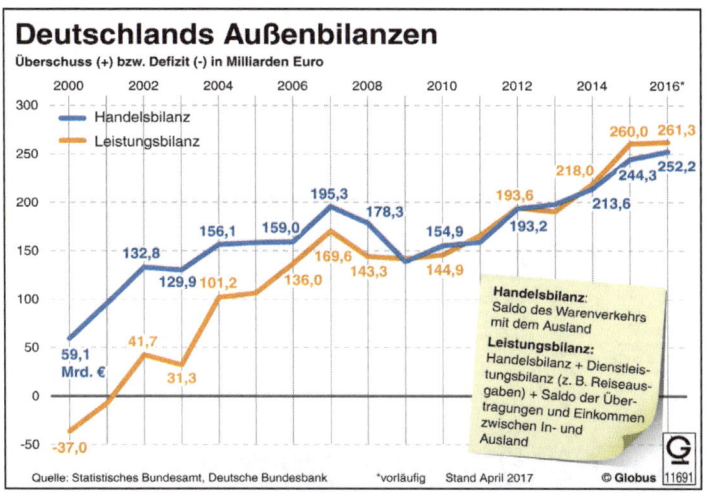

## 11.6 Stand und Perspektiven der wirtschaftlichen Integration in der EU

**Leitfragen:**
- Was bedeuten Wirtschafts- und Währungsunion?
- Wie ist der Stand der wirtschaftlichen Integration?
- Wie hat die EU auf die Finanzkrise reagiert?

### Die Wirtschaftsunion

Die weltwirtschaftliche Triade Westeuropa, Nordamerika und Südostasien/Pazifik ist nicht nur strukturprägendes Element der Globalisierung, sondern mit diesen Zentren zugleich Ausdruck von Verdichtungs- und Regionalisierungstendenzen. Unter diesen ist der Europäische Binnenmarkt als der gemeinsame Binnenmarkt der 28 EU-Mitgliedstaaten der größte gemeinsame Markt der Welt.

Die Entwicklung der europäischen Integration wurde von Anfang an durch die wirtschaftliche Zusammenarbeit geprägt und vorangetrieben. Politisch gesehen versprach man sich von engen wirtschaftlichen Verflechtungen der Länder wechselseitige Abhängigkeiten, die die politische Stabilität und den Frieden sichern sollten.

Wirtschaftliches „Herz" der Europäischen Union ist der Binnenmarkt. Mit seiner Einführung entstand ein Wirtschaftsraum, in welchem der freie Verkehr von Waren, Personen, Dienstleistungen und Kapital gewährleistet sein sollte (die „vier Freiheiten" des EG-Binnenmarktes).

Der ungehinderte Warentransport über die Binnengrenzen hinweg ist heute ebenso selbstverständlich geworden wie ungehindertes Reisen und Niederlassungsfreiheit für die EU-Bürger innerhalb der Gemeinschaft. Die Gestaltung des Binnenmarktes zum Nutzen der Wirtschaft und der Verbraucher ist ein kontinuierlicher Prozess, der stets aufs Neue zwischen den zuständigen EU-Organen und Nationalstaaten ausgehandelt wird. Die Vollendung des europäischen Binnenmarktes erweist sich als ordnungspolitische Daueraufgabe der EU.

### Die gemeinsame Währung

Für die Bürger der Europäischen Union ist die Einführung des Euro als einheitliche Währung 2002 sichtbares Zeichen gemeinsamer europäischer Politik. Die Europäische Währungsunion vervollständigt den Binnenmarkt. Bedingungen und Effizienz des Wirtschaftens wurden verbessert durch

## 11.6 Stand und Perspektiven der wirtschaftlichen Integration in der EU

- den Wegfall von Wechselkursrisiken und Umtauschkosten sowie
- erhöhte Transparenz der Preise für Waren und Dienstleistungen.

Die Geld- und Währungspolitik ist nun Aufgabe der Europäischen Zentralbank (siehe Kap. 9.3).

Um den Erfolg der Europäischen Wirtschafts- und Währungsunion (EWWU) zu sichern und Risiken zu vermeiden, vereinbarten die Mitgliedstaaten in Maastricht 1993 wirtschaftliche Kriterien, die ein Staat erfüllen muss, bevor er der EWWU beitreten und den Euro einführen darf – die sogenannten Konvergenzkriterien (Konvergenz = Annäherung, Übereinstimmung).

Diese Konvergenzkriterien beinhalten:

- Preisstabilität: Die Inflationsrate darf max. 1,5 Prozent über derjenigen der drei preisstabilsten Mitgliedstaaten liegen;
- Haushaltsdefizit: Die Neuverschuldung darf höchstens 3 Prozent des BIP betragen;
- Verschuldung: Die Gesamtverschuldung der öffentlichen Haushalte (Bund, Länder und Kommunen) darf 60 Prozent des BIP nicht übersteigen;
- Stabile Wechselkurse: Vor Aufnahme in die Währungsunion muss ein Beitrittskandidat mindesten zwei Jahre am Wechselkurssystem des Europäischen Währungssystems teilnehmen, ohne sein Währung abzuwerten;
- Zinsen: Der Zinssatz für langfristige Anlagen darf höchstens 2 Prozent über dem der drei preisstabilsten Mitgliedsländer liegen.

Um die Stabilität des Euro dauerhaft zu gewährleisten, verpflichteten sich die EU-Staaten im Rahmen des Stabilitäts- und Wachstumspaktes von 1997, sich auch zukünftig an die genannten Kriterien für eine stabile Gemeinschaftswährung zu halten. Nichterfüller konnten seitdem mit Geldstrafen zur Haushaltsdisziplin gezwungen werden, allerdings liegt darin kein Automatismus. Zudem gibt es Ausnahmetatbestände, die die Sanktionen außer Kraft setzen.

### Finanzpolitische Instrumente als Antwort auf die Finanzkrise

Die Finanzkrise von 2007, die schließlich in Europa 2009 zur Staatsschuldenkrise führte (siehe Kap. 11.7), hat seitdem die Einführung weiterer finanzpolitischer Instrumenten bewirkt, wie z. B. 2012 den Eurostabilitätsmechanismus ESM oder 2013 den Fiskalpakt, die die Zahlungsfähigkeit der Euroländer und ihrer Banken sicherstellen sollen. Die Staatsschuldenkrise offenbarte einen Konstruktionsfehler der Wirtschafts- und Währungsunion: die Verknüpfung einer gemeinsamen Geldpolitik mit einer nach wie vor nationalen Wirtschaft- und Haushaltspolitik. Es kommt verschärfend hinzu, dass als weitere wichtige Sicherung im Gebäude der Währungsunion eigentlich der Haftungsausschluss gilt, bekannt als sogenanntes No-Bail-Out-Prinzip (Nichtbeistands-Klausel des Maastrichter Vertrags). Nach diesem Prinzip ist es Mitgliedsländern verboten, für die Schulden anderer Mitgliedsländer einzustehen. Das Leitmotiv der Währungsunion war damit die Eigenverantwortung der Mitgliedsländer für die Folgen ihrer Politik und die Eigenverantwortung der Finanzmarktakteure für die Folgen ihrer Anlageentscheidungen. Es ist die Frage und wird vor den höchsten Gerichten verhandelt, ob die EZB mit ihren Maßnahmen wie z. B. dem indirekten Aufkauf bestimmter, vom Staat garantierter Wertpapiere, nicht gegen solche Bestimmungen verstößt.

Eine weitere Reaktion auf die Finanzkrise ist die Einführung der Bankenunion. So überwacht seit November 2014 die EZB die 120 wichtigsten Banken, darunter auch 21 deutsche Geldhäuser. Fortan wird z. B. die Deutsche Bank nicht mehr von der deutschen Finanzaufsicht, sondern von der EZB überwacht. Dieser weitere Integrationsschritt leitet sich ab aus der Erkenntnis, dass eine gemeinsame Währung auch eine gemeinsame Aufsicht über die Banken erfordert. Dies ist ein der hohen finanziellen Verflechtungen und Abhängigkeiten innerhalb der Währungsunion geschuldeter Versuch, mit einer übergeordneten Finanzmarktaufsicht die Entwicklungen im Banken- und Kreditgewerbe zukünftig stärker zu kontrollieren und die bisherige Verbindung zwischen Bankrisiken und Staatsverschuldung zu schwächen.

## 11.7 Wirtschafts- und Finanzkrisen

● **Leitfragen:**
● Wie konnte es passieren, dass amerikanische Hausbesitzer im Jahre 2007 eine globale Rezession auslösten?
● Welche Ursachen können die Instabilität des kapitalistischen Wirtschaftssystems erklären?
● Welche Regulierungsmaßnahmen gibt es?

### Krisenanfälligkeit des internationalen Finanzsystems

Immer wieder einmal überhitzen Märkte und erschüttern ganze Volkswirtschaften. Dies ist nicht erst eine Erscheinung der Moderne. Schon 1637 machten die Niederländer mit einer Tulpenspekulationsblase die bittere Erfahrung, dass extremem Preisanstieg ein rasanter Absturz folgt. Mit ihren Elementen einer massiven Überbewertung eines Handelsobjekts, mit dem blinden Vertrauen der Investoren darauf, dass der Preis immer weiter steigt, und mit dem Zusammenbruch des Marktes in dem Moment, in dem die Investoren das Vertrauen verlieren, zeigt die Tulpenkrise typische Merkmale einer heftigen Wirtschaftskrise.

Auf den internationalen Finanzmärkten werden täglich unvorstellbare Summen an Geld, Devisen und Wertpapieren bewegt. Die zunehmende Liberalisierung und Globalisierung seit den 1970er Jahren hat auch die nationalen Volkswirtschaften stärker miteinander verflochten und damit die gegenseitige Abhängigkeit erhöht.

Die Finanzkrise 2007/2008 löste eine globale Rezession aus, deren Auswirkungen sich u.a. in der europäischen Staatsschuldenkrise seit 2010 bemerkbar machten. Seither wurden zahlreiche Maßnahmen verabschiedet und diskutiert, wie das internationale Finanzsystem gegen solche Krisen besser geschützt werden kann.

### Die Finanzkrise 2008
Die Finanzkrise 2007/2008 hat ihren Ursprung in einer leichtfertigen und unzureichend kontrollierten Kreditvergabe der Banken aufgrund der Aussicht auf steigende Kurse und Vermögenswerte seit den 1980er Jahren. Besonders seit 2000 und beschleunigt seit den Terroranschlägen 2001 vergaben ameri-

kanische Banken Darlehen zu niedrigen Zinsen, selbst an US-Bürger, die wenig oder nichts verdienen – die sogenannten Subprime-Kredite. Von einer automatischen Wertsteigerung der Immobilien wurde ausgegangen.

In einem nächsten Schritt wurden aus den Forderungen dieser Subprime-Kredite riskante Wertpapiere geformt. Dies erfolgte vor allem auf dem Weg der Verbriefung. Die so kreierten Wertpapiere verteilten sich auf das globale Finanzsystem, indem die Hypothekenbanken diese Papiere an Banken, Versicherungen und Fonds überall auf der Welt verkauften. Die Käufer verließen sich auf die positiven Bewertungen durch die sogenannten Ratingagenturen, deren zentrale Aufgabe es ist, anhand vergebener Bonitätsnoten das Ausfallrisiko von Wertpapieren einzuschätzen.

Die Immobilienblase platzte in dem Moment, in dem die Zentralbank die Geldpolitik straffte mit der Folge, dass die US-Zinsen ab 2004 kräftig stiegen. Die meisten Kreditnehmer hatten variable Zinsen vereinbart, weshalb die Zinserhöhungen sofort durchschlugen. Viele Hausbesitzer konnten die Raten nicht mehr zahlen, Zwangsversteigerungen nahmen rapide zu. Der Boom am Immobilienmarkt war aber längst vorbei, weshalb auch die Banken die Häuser nicht mehr mit Gewinn losschlagen konnten.

Weil Hausbesitzer ihre Kredite nicht mehr bedienten, „faulten" die Kredit-Wertpapiere („toxische Wertpapiere"): Hypothekendarlehen fielen aus, und es entwickelte sich eine Kreditkrise, die 2007/2008 zunehmend eskalierte.

Schließlich entwickelte sich die Kreditkrise zur Bankenkrise. Die Finanzhilfen der Notenbanken reichten nicht aus, das Vertrauen wiederherzustellen. Selbst große Banken gerieten in Not, ihnen ging das Geld aus. Die Bankenkrise hatte sich zur schwersten Krise der Weltökonomie seit der Großen Depression der 1920er Jahre entwickelt.

## 11.7 Wirtschafts- und Finanzkrisen

*Durchschlag der Finanzkrise auf die Realwirtschaft*

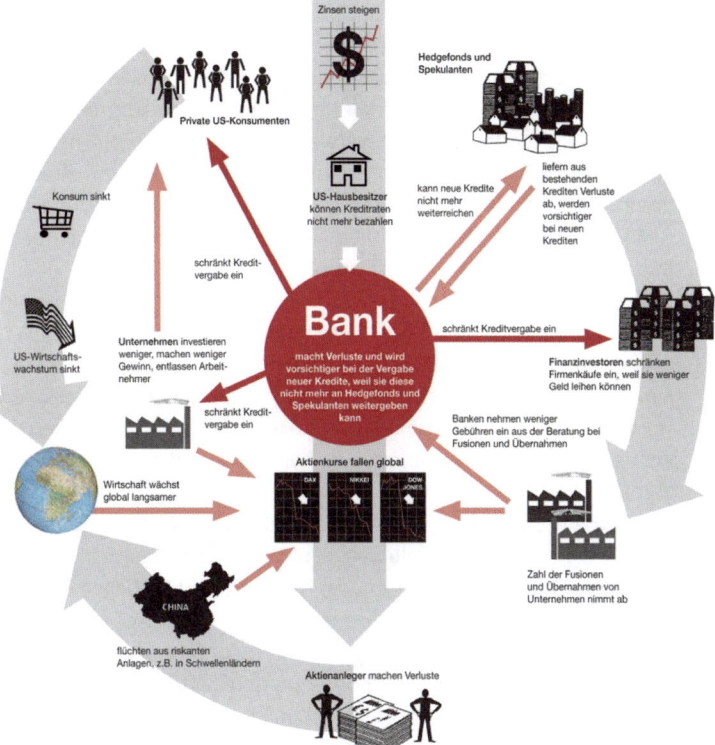

nach: Wolfgang Sischke, in: Die Zeit Nr. 33/2007

### Ursachen für die Destabilisierung der Wirtschaft

Die zahlreichen Stabilitätsrisiken auf den internationalen Finanzmärkten hängen u. a. mit dem stark gewachsenen Kapitalvermögen und den Möglichkeiten seiner globalen Investition zusammen. Zu den sich teilweise gegenseitig verstärkenden Risiken zählen:

- Eine exzessive Kreditvergabe von Banken an Privathaushalte und Unternehmen, die unzureichend kontrolliert wird;

## 11 Internationale Wirtschaftsbeziehungen

- Große Unterschiede in der Leistungsbilanz zwischen einzelnen Staaten mit der Gefahr der Verschuldung bzw. Anhäufung von Devisenreserven;
- Eine starke Verbreitung von Hedgefonds und Private Equity Gesellschaften, die mit großen Kapitalmengen spekulieren. Diese Investmentgesellschaften wetten auf steigende oder fallende Kurse von Aktien, Rohstoffen oder Anleihen und werden kaum kontrolliert. Für ihre spekulativen Investitionen verwenden sie Geld von privaten und institutionellen Anlegern und ergänzen dies oft noch um Kredite. Wenn diese Fonds in Schieflage geraten, können sie aufgrund der gewaltigen Summe des verwalteten Vermögens die Kreditgeber (meist Investmentbanken) mitziehen und eine globale Krise verursachen.
- Irrationale Finanzmarkt-Akteure: Die Finanzkrise erschütterte auch einen klassischen Glaubenssatz der Standardökonomie, dass nämlich Finanzakteure immer strikt rationale Entscheidungen träfen. Die Krise lenkte den Blick auf übertriebene Euphorie und plötzliche Panik, auf Herdentrieb und irrationale Investorenentscheidungen. Bereits Keynes prägte für dieses emotionale Konglomerat den Begriff Animal Spirits.
- Neben dem Staatsversagen (staatlich geförderte Kreditvergabe, Billigst-Geld-Politik der Zentralbank), dem Versagen der Aufsichtsorgane und der Ratingagenturen kommt das Moral-Hazard-Verhalten der einzelnen Akteure hinzu. Moral Hazard („moralisches Risiko") meint verantwortungslose Rücksichtslosigkeit, die befördert wird, wenn der einzelne Akteur nicht für die Konsequenzen haften muss, sondern unbeteiligte Dritte diese negativen Konsequenzen seines Handelns tragen. Dies meint auch z. B. das „Too Big to Fail"-Problem, demzufolge große, systemrelevante Finanzunternehmen vom Staat gerettet werden, wenn nicht das gesamte Finanzsystem gefährdet werden soll. Durch solche Rettungsaktionen wird aber der „Bestrafungsmechanismus" des Marktes konterkariert, was zu ähnlichem Fehlverhalten in der Zukunft einlädt.

> Hedgefonds (to hedge = absichern) sind eine spezielle Art von Investmentfonds, die mithilfe von Fremdkapital bzw. Kreditfinanzierung ein Vielfaches ihres Eigenkapitals anlegen – z. B. in Devisen, festverzinslichen Wertpapieren, Aktien, Rohstoffen

> oder Derivaten. Sie betreiben eine hochspekulative Anlagepolitik, bieten die Chance auf sehr hohe Renditen und tragen ein entsprechend großes Risiko.
>
> Hedgefonds sind wegen dieser kurzfristig renditeorientierten und spekulativen Geschäftspolitik stark in die Kritik geraten, da diese als Gefahr für die internationalen Finanzmärkte gilt und zur Zerschlagung ganzer Unternehmen führte, an denen sich solche Fonds beteiligten. Trotzdem unterliegen Hedgefonds nach wie vor relativ geringen regulatorischen Anforderungen. Die Anzahl der weltweit aktiven Hedgefonds kann nur geschätzt werden, ebenso wie das Volumen der verwalteten Vermögen.
>
> Nach: http://www.bpb.de/nachschlagen/zahlen-und-fakten/globalisierung/52612/hedge-fonds

### Maßnahmen für eine neue globale Finanzmarktarchitektur

Als Lösung zur Vermeidung von Finanzkrisen zeichnet sich eine Revitalisierung der Erkenntnis ab, dass der Kapitalismus nur dann als die beste aller Welten gelten kann, wenn der Staat das Spielfeld definiert, die Regeln vorgibt und als Schiedsrichter auftritt. Die daraus resultierenden Regulierungsinstrumente der Finanzmärkte sollten idealerweise international harmonisiert sein.

Einige Reformansätze wurden 2009 von den G 20-Staaten verabschiedet:

- Regulierung und Aufsicht aller systemrelevanten Finanzinstitute, -instrumente und -märkte inklusive Hedgefonds;
- Bekämpfung von Steuerhinterziehung (u. a. härteres Vorgehen gegen sogenannte Steueroasen);
- Mehr Transparenz durch überarbeitete Bilanzierungsregeln; transparente Standards für die Arbeit von Ratingagenturen;
- Manager-Sonderzahlungen sollen künftig stärker am langfristigen Erfolg einer Bank und an einem besonnenen Risikomanagement orientiert sein;
- Mehr Ressourcen für den IWF, um die Mittel für jene Länder zu erhöhen, die besonders unter der Wirtschafts- und Finanzkrise leiden.

Bei manchen Maßnahmen der Finanzmarktregulierung ist Vorsicht geboten. Wenn es vor allem die Erwartungen der Finanzmarktteilnehmer sind, die Finanzmärkte instabil machen können, so sind viele Einfälle der Finanzmarktregulierung nach Ansicht von Kritikern wenig geeignet, Stabilität in Finanzmärkte zu bringen – Strafen, Gehaltsregelungen und andere Anreize, die darauf abzielen, Händlern das Risiko weniger schmackhaft zu machen, würden dann ins Leere laufen, weil die Marktteilnehmer das Risiko nicht immer vorhersehen.

# Anhang
## mit Musterklausur und Arbeitstechniken

*Hinweis:* Bei den folgenden Materialien handelt es sich nicht um verbindliche Vorgaben, sondern um Beispiele und Tipps, die zeigen sollen, wie die schriftliche Abiturprüfung im Fach Wirtschaft in Baden-Württemberg in der Regel aufgebaut ist und welche Anforderungen an die Aufgabenlösungen gestellt werden können.

1. **Beispiel für eine Abitur-Musterklausur**
   **Beispiel für eine mögliche Lösung der Aufgaben**

2. **Erläuterungen zum Operatorenkatalog**

3. **Hinweise zur Materialbearbeitung**

4. **Hinweise zu einzelnen Operatoren**

## Anhang mit Musterklausur und Arbeitstechniken

### 1. Beispiel für eine Abitur-Musterklausur

*(auf der Grundlage der schriftlichen Abiturprüfung 2014)*

**Der Zeitungs- und Zeitschriftenmarkt im Umbruch: „Digitalisierung" als erfolgreiche Strategie?**

Mit jährlich 4,8 Milliarden Kaufentscheidungen sind Zeitungen und Zeitschriften die meistgefragte Warengruppe im Einzelverkauf. Demographische und andere gesellschaftliche Entwicklungen sowie die auch daraus folgenden ökonomischen Probleme stellen die Branche – sowohl Zeitungen als auch Zeitschriften – vor neue Herausforderungen. Es stellt sich die Frage, ob es den Verlagshäusern gelingt, erfolgreiche Strategien für einen veränderten Markt zu entwickeln.

**Bei der Bearbeitung der folgenden Aufgaben sind geeignete Materialien in Abhängigkeit von der Aufgabenstellung einzubeziehen und zu belegen.**

**Aufgaben:**
1. Charakterisieren Sie die Marktsituation deutscher Tageszeitungen. — 12 VP
2. Gruner + Jahr ist einer der großen Verlage auf dem Zeitungs- und Zeitschriftenmarkt. — 14 VP
   *Erläutern Sie – ausgehend von der wirtschaftlichen Situation – die Entwicklung des Unternehmens.*
3. „Nach Schätzungen dürfte die Transformation in den nächsten Jahren bis zu einer halben Milliarde Euro verschlingen." (M 5, Z. 18f.) — 16 VP
   *Erörtern Sie Chancen und Risiken verschiedener Finanzierungsarten für Gruner + Jahr.*
4. Produktentwicklung durch Digitalisierung ist eine strategische Maßnahme der Verlage, auf die Marktveränderungen zu reagieren. — 18 VP
   *Beurteilen Sie – ausgehend von Gruner + Jahr – Auswirkungen von Produktentwicklungen auf die Stakeholder eines Unternehmens.*

# Beispiel für eine Abitur-Musterklausur

**Materialien:**

## M 1a Täglich verkaufte Auflagen der Tageszeitungen in Deutschland (in Millionen)

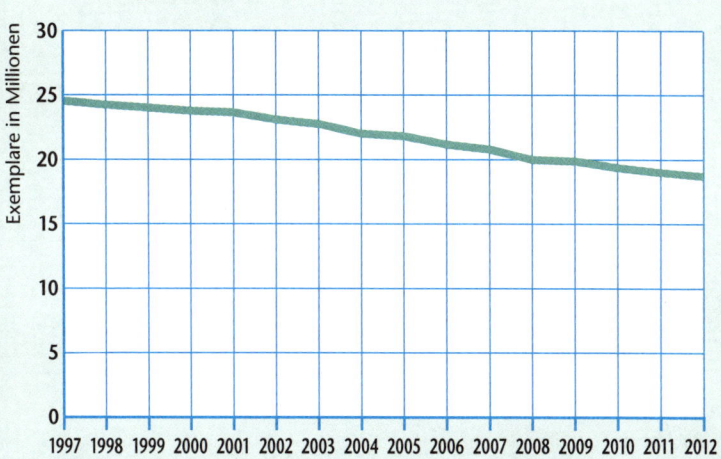

## M 1b Onlineangebote der Tageszeitungen in Deutschland

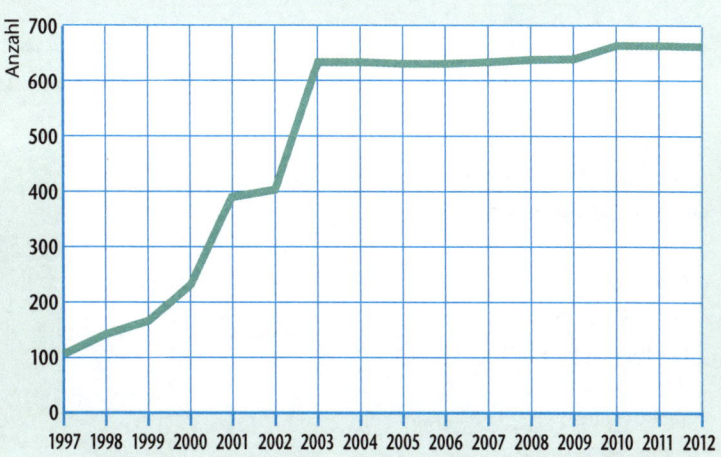

*Nach: Bundesverband deutscher Zeitungsverleger 2012*

## Anhang mit Musterklausur und Arbeitstechniken

### M 1c Reichweiten der Tageszeitungen in Deutschland 2012

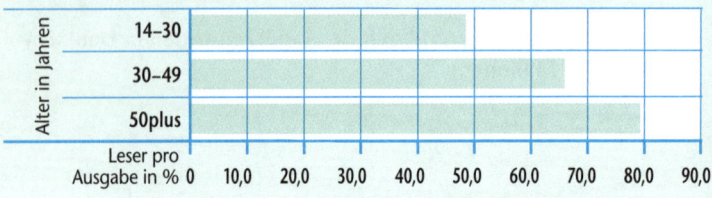

Quelle: Media-Analyse 2012

### M 1d Netto-Werbeeinnahmen erfassbarer Werbeträger in Deutschland 2012 und die Veränderungen zum Vorjahr

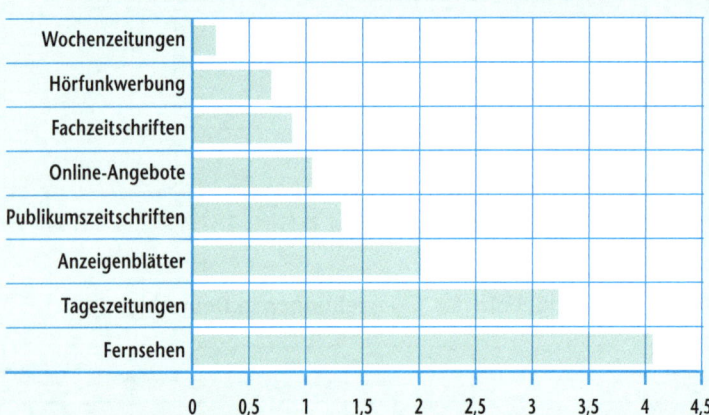

Netto-Werbeeinnahmen in Mrd. €

| Medium | Veränderungen zum Vorjahr in % |
|---|---|
| Wochenzeitungen | -6,4 |
| Hörfunkwerbung | 1,4 |
| Fachzeitschriften | -1,9 |
| Online-Angebote | 8,0 |
| Publikumszeitschriften | -11,1 |
| Anzeigenblätter | -2,9 |
| Tageszeitungen | -9,1 |
| Fernsehen | 1,7 |

*Beide Statistiken nach: Zentralverband der deutschen Werbewirtschaft 2012*

## Beispiel für eine Abitur-Musterklausur

## M 2 Zeitungen auf einen Blick 2013

| Zeitungen | Anzahl | Auflage |
|---|---|---|
| Lokale und regionale Abonnementzeitungen | 313 | 12,94 Mio. |
| Überregionale Zeitungen | 8 | 1,24 Mio. |
| Straßenverkaufszeitungen | 8 | 3,36 Mio. |
| **Tageszeitungen gesamt** | **329** | **17,54 Mio.** |
| Wochenzeitungen | 20 | 1,73 Mio. |
| Sonntagszeitungen | 6 | 2,93 Mio. |
| **Gesamtauflage der Zeitungen** | | **22,20 Mio.** |

*Quelle: BDZV/Schütz, 2013*

## M 3 Entwicklung des Zeitschriftenmarktes – Marktanteile der Verlage

| Marktanteile der fünf bzw. vier größten Konzerne 2000 bis 2010 inklusive Beteiligungsunternehmen, in % | | | | | | | | |
|---|---|---|---|---|---|---|---|---|
| | Fünf Konzerne gesamt | | Vier Konzerne | | | | | |
| Konzern | 2010 | 2008 | 2010 | 2008 | 2006 | 2004 | 2002 | 2000 |
| Bauer | 19,0 | 19,5 | 19,0 | 19,5 | 20,7 | 21,1 | 23,4 | 22,3 |
| Burda | 15,4 | 16,5 | 15,4 | 16,5 | 15,5 | 13,5 | 12,4 | 10,8 |
| Springer | 13,4 | 15,1 | 13,4 | 15,1 | 16,1 | 16,3 | 15,7 | 15,4 |
| Gruner+Jahr | 9,5 | 10,8 | 9,5 | 10,8 | 10,6 | 9,5 | 9,7 | 10,1 |
| WAZ | 7,7 | 6,6 | | | | | | |
| Marktanteil der fünf bzw. vier größten Konzerne | 64,9 | 68,5 | 57,3 | 61,9 | 62,9 | 60,4 | 61,2 | 58,6 |

*Mediaperspektiven, Basisdaten 2011, S. 56*

## M 4  Ausgewählte Kennzahlen von Gruner + Jahr

*Unternehmen Gruner + Jahr*
Die Gruner + Jahr AG und Co. KG* erreicht mit mehr als 500 Medienaktivitäten, Magazinen und digitalen Angeboten Leser und Nutzer in über 30 Ländern. Bei G + J erscheinen u. a. STERN, BRIGITTE, GEO, CAPITAL, P.M.-Gruppe, NATIONAL GEOGRAPHIC.
G + J hält jeweils 60 % an einem der größten Fachzeitschriftenverlage in Europa und am Dresdner Druck- und Verlagshaus (u. a. Sächsische Zeitung).

*AG & Co. KG = Kommanditgesellschaft, deren Komplementär eine Aktiengesellschaft ist

### Gruner + Jahr in Zahlen
(Angaben – außer bei Mitarbeitern – in Tausend Euro)

| Positionen | 2011 | 2012 |
|---|---|---|
| Mitarbeiter | 11 747 | 11 775 |
| Bilanzsumme | 1 744 352 | 1 651 676 |
| Umsatzerlöse | 2 286 780 | 2 218 780 |
| Gewinn vor Steuern | 202 206 | 50 143 |
| Jahresüberschuss /-fehlbetrag | 160 131 | - 11 333 |
| Finanzanlagen | 39 021 | 42 319 |
| Eigenkapital | 580 150 | 350 349 |
| Sachanlagen | 315 273 | 261 415 |
| Fremdkapital | 1 164 202 | 1 301 327 |
| Forderungen aus Lieferungen | 268 932 | 260 295 |
| Personalaufwand | 689 201 | 758 096 |
| Verbindlichkeiten aus Lieferungen | 193 933 | 194 803 |

Nach: Geschäftsbericht Gruner + Jahr 2012

## M 5 Johannes Ritter: Unruhe am Baumwall
### In: Frankfurter Allgemeine Zeitung, 6.7.2013

Die Spannung war groß, als Julia Jäkel jüngst vor ihre Mitarbeiter trat. Viele im Auditorium von Gruner + Jahr am Hamburger Baumwall dachten, die neue Vorstandsvorsitzende des Zeitschriftenverlags („Stern", „Brigitte") würde allerlei Grausamkeiten verkünden. Schließlich ist den gut 11 000 Beschäftigten längst klar, dass die Dinge nicht einfach so weiterlau-
5 fen können wie bisher. Denn die Dinge laufen nicht gut. Sinkendes Anzeigenvolumen und sinkende Auflagen ließen das Betriebsergebnis von Gruner + Jahr im vergangenen Jahr um 28 Prozent auf 168 Millionen Euro abschmelzen. Aufgrund hoher Sonderaufwendungen, unter anderem für die Schließung der „Financial Times Deutschland", machte der Verlag unter dem Strich sogar Verlust. Mit einem Umsatz von zuletzt 2,2 Milliarden Euro
10 zählt G + J zu den mit Abstand größten Zeitschriftenhäusern Europas.
Spätestens seitdem im April [2013] Jäkel das Oberkommando übertragen wurde, schwant den Mitarbeitern, dass die Zeit für Veränderungen gekommen ist. Tatsächlich sprach die 41 Jahre alte Managerin in ihrer Rede in der Verlagszentrale, die im Intranet in alle Außenbüros übertragen wurde, ausführlich darüber, das sich Gruner + Jahr unbedingt bewegen
15 muss. Der Verlag soll besser, schneller, digitaler werden. Über den dafür erforderlichen finanziellen Aufwand und über die konkreten Folgen der Neuausrichtung für die Mitarbeiter sprach Jäkel aber nicht. Darüber will sie erst nach dem Sommer informieren.
Nach Schätzungen dürfte die Transformation in den nächsten Jahren bis zu einer halben Milliarde Euro verschlingen. Das ist ein Kraftakt, für den der Verlag die Unterstützung
20 seiner Gesellschafter braucht. Dies sind der Gütersloher Medienkonzern Bertelsmann (Anteil: 74,9 Prozent) und die Familie Jahr (25,1 Prozent). Der Abbau von Arbeitsplätzen steht nicht im Vordergrund des Umbauprogrammes. Trotzdem sorgt dieses Thema naturgemäß für große Unruhe im Haus. Noch liegen keine präzisen Zahlen vor. Am Ende könnten wohl 250 bis 400 Stellen wegfallen. Das klingt dramatischer als es ist. Denn zum einen soll der
25 Abbau nicht Knall auf Fall, sondern im Verlauf des auf drei bis fünf Jahre angesetzten Transformationsprozesses vollzogen werden. Zum anderen will der Verlag so sozialverträglich wie möglich vorgehen. Dabei hilft die Alterspyramide: Allein am Stammsitz Hamburg arbeiten rund 200 Kollegen, die in den nächsten zwei Jahren 65 Jahre alt werden. [...]
Gruner + Jahr war in der Vergangenheit vom Großaktionär Bertelsmann knappgehalten
30 worden und hatte es sträflich versäumt, nennenswert in das Digitalgeschäft zu investieren. Auf diesem Feld „sind wir Anfänger", gab der neue Produktvorstand Stephan Schäfer auf der Betriebsversammlung unumwunden zu. Doch nun hat sich die Führungsriege viel vorgenommen: „Halten Sie sich fest", rief Schäfer den Mitarbeitern zu: „Wir wollen Europas größter Publisher für E-Magazines und Apps werden."

35 Um das zu schaffen, wollen Jäkel und Co. nicht nur in die dafür erforderliche technische Infrastruktur investieren. Sie wollen das Digitalgeschäft über Akquisitionen stärken. Ein erster Schritt in diese Richtung war der Einstieg bei Tausendkind, einem Online-Händler für Kinderartikel. Inhaltlich sieht man hier eine Verbindung zu Titeln wie „Eltern" oder „Brigitte Mom". [...] Die geplante Digitaloffensive kostet freilich viel Geld. Für den Ausbau der ei-
40 genen IT- und E-Commerce-Zukäufe werden intern insgesamt 200 bis 300 Millionen Euro veranschlagt. Hinzu kommen Restrukturierungskosten in dreistelliger Millionenhöhe.

© Alle Rechte vorbehalten. Frankfurter Allgemeine Zeitung GmbH, Frankfurt. Zur Verfügung gestellt vom Frankfurter Allgemeine Archiv.

## M 6  Vom Zeitschriftenhaus zum Inhaltehaus
Auf: www.guj.de, Pressemeldung, 10.9.2013

Der Vorstand der Gruner + Jahr AG hat heute den Startschuss zur Transformation des Verlags von einem klassischen Zeitschriftenhaus in ein Inhaltehaus gegeben.
Der Vorstand geht dabei von drei Prämissen aus: erstens: Es wird auch und gerade in Zukunft einen Markt für hochwertige, relevante Inhalte geben. Zweitens: Das Digital-
5 Geschäft gewinnt rasant an wirtschaftlicher Bedeutung; wie G + J mit den großen Chancen umgeht, wird für den Erfolg entscheidend sein und drittens: G + J betreibt ein hochprofitables und sehr erfolgreiches Zeitschriftengeschäft. Gut gemachte Magazine haben eine große Zukunft – denn Print ist nicht gleich Print.
Dazu Julia Jäkel, Vorstandsvorsitzende G + J: „Viele Magazine von Gruner + Jahr laufen
10 hervorragend, unser Anzeigengeschäft liegt in Deutschland über Vorjahr. Die Auflagen in vielen Segmenten entwickeln sich gut. Neue Magazine haben ihren Platz im Markt gefunden, unsere Flaggschiffe STERN, BRIGITTE, GALA und CAPITAL sind nach redaktionellem Handanlegen auf gutem Weg."
Basis des neuen Denkens und Handelns bei G + J ist das radikale Denken in Inhalt und die
15 Orientierung an den Interessen der Leser, Nutzer und Kunden.
Gruner + Jahr setzt sich das Ziel, „best in print" zu sein. Das bedeutet, höchste Maßstäbe an inhaltliche Qualität, Herstellung, Vertrieb und die Anzeigenvermarktung zu legen. Neben der schon begonnenen Erneuerung der Printprodukte und der Investition in neue gedruckte Magazine startet G + J auch eine umfangreiche Produkt- und Innovationsoffen-
20 sive im Bereich Digital. Im ersten Schritt wird der Verlag die Inhalte seiner Zeitschriften auf Digitalformate übertragen. Hier nutzt G + J die Besonderheit seiner unzähligen, langlebigen Inhalte, wie beispielsweise bei der GEO App. Zudem werden bestehende Inhalte zu einzelnen Themenbereichen neu zusammengestellt [...]

Kern des zukünftigen Geschäfts ist es, den Kunden Inhalte über alle relevanten Plattformen hinweg anzubieten. Dabei gilt der Anspruch, qualitativ hochwertige Inhalte zu erstellen – Inhalte, die so relevant sind, dass Kunden bereit sind, dafür zu bezahlen. Entweder direkt oder indirekt in Form von Anzeigenbuchungen.

Julia Jäkel, Vorstandsvorsitzende G + J: „Als Haus der Inhalte sind wir Experten für die Interessen unserer Leser und Nutzer und für die Themen, die sie bewegen. Daher können wir ihnen die besten Angebote machen. Durch unsere Inhalte und meist marktführende Stellung in einzelnen Communities of Interest haben wir eine relevante Reichweite. Wir werden keine Diversifikation in Geschäfte betreiben, die losgelöst sind von unseren Communities. All unsere Akquisitionen und Investitionen stehen im Zusammenhang mit unseren Inhalten." [...]

## M 7 Ansoff Matrix

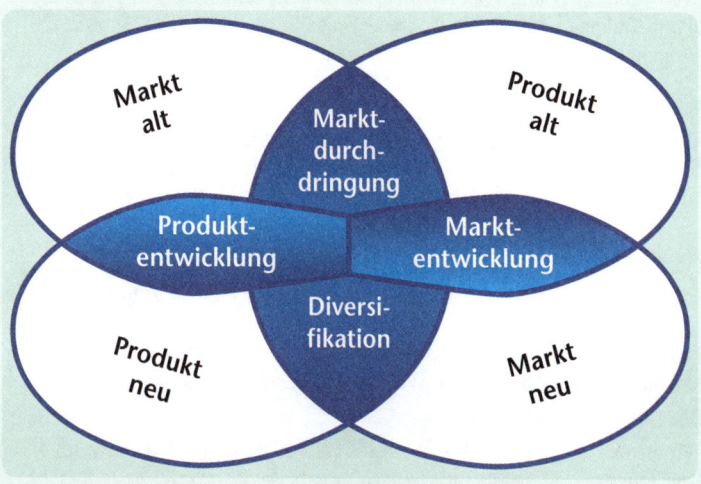

www.mevaleo.de, entnommen 20.07.2014

### Anhang mit Musterklausur und Arbeitstechniken

### Beispiel für eine mögliche Lösung der Aufgaben

*(Vorschlag des Autors)*

**1.** „Charakterisieren" heißt hier, typische Merkmale des deutschen Zeitungs- und Zeitschriftenmarktes in Bezug auf Tageszeitungen anhand des Materials zu beschreiben und in ihren Grundzügen zu bestimmen.
Die Statistiken aus Media-Analyse, BDZV und ZAW von 2012 und 2013 (M1, M2) geben Aufschluss über typische Merkmale in diesem Markt: Print- und Online-Angebote, Stellung der Tageszeitungen im Gesamtmarkt, Veränderung von Werbeeinnahmen, Leserstruktur.

| Mögliche Strukturierung und Ergebnisse: | |
|---|---|
| **Verhältnis Print-/Online-Angebote:** | Insgesamt zeigen sich im dargestellten Zeitraum kontinuierlich rückläufige Zahlen der Printauflagen (M 1a: von 1997 bis 2012 um ca. 7 Mio. Exemplare) und eine steigende Anzahl von Onlineangeboten (M 1b: mit einer Unterbrechung 2001–2002 steigen diese von 1997 bis 2003 stark an von 100 auf über 600 Angebote, danach ist der Anstieg bis 2012 nur noch gering). Dabei sinken die Werbeeinnahmen bei Tageszeitungen (M 1d: von 2011 zu 2012 -9,1 %) und steigen bei Onlineangeboten (M 1d: von 2011 zu 2012 +8 %). |
| **Stellung der Tageszeitungen im Gesamtmarkt:** | Die absoluten Zahlen bei Auflage und Werbung (M 1a, M 1d und M 2) zeigen noch eine starke Stellung der Tageszeitungen, auch im Vergleich mit Wochen- und Sonntagszeitungen (M 2). Dabei nehmen lokale und regionale Tageszeitungen sowohl von der Anzahl als auch von der Auflage mit Abstand den größten Raum ein (M 2). |
| **Probleme der Tageszeitungen:** | - Sinkende Auflagen und Werbeeinnahmen (M 1a und M 1d).<br>- Selektive Reichweiten: Erreicht werden zwar 80 % der über 50-jährigen Konsumenten, aber nur knapp die Hälfte der 14–30-Jährigen (M 1c) → neue Herausforderungen |

**2.** „Erläutern" bedeutet hier, den Materialien Informationen zur wirtschaftlichen Entwicklung von G + J zu entnehmen, diese im Zusammenhang zu beschreiben und anschaulich mit Belegen zu erklären.

## Beispiel für eine Abitur-Musterklausur

### Mögliche Strukturierung und Ergebnisse:

**Ausgangssituation**

Im Geschäftsbericht von 2012 (M 4) und dem Artikel „Unruhe am Baumwall" von J. Ritter aus der FAZ vom 6.7.2013 (M 5) wird deutlich, dass sich die wirtschaftliche Situation von G+J 2012 im Vergleich zu 2011 verschlechtert hat. Dies zeigt sich hauptsächlich am Jahresfehlbetrag von 11,3 Mio. € im Jahr 2012 (M 4), der u.a. auf die Schließung der „Financial Times Deutschland" zurückzuführen sei (vgl. M 5, Z. 8 f.). Ebenso ist der Gewinn vor Steuern im Vergleich zu 2011 um 75 % zurückgegangen und der Umsatz um knapp 70 Mio. € auf 2,2 Mrd. € gefallen (M 4). Damit ist G+J aber immer noch eines der größten Zeitschriftenhäuser Europas (vgl. M 5, Z. 10).
Auffällig ist außerdem die Abnahme des Eigenkapitals um ca. 40 % bei gleichzeitiger Zunahme des Fremdkapitals um ca. 12 % (M 4). Und trotz stagnierender Mitarbeiterzahl hat sich der Personalaufwand im Jahr 2012 gegenüber 2011 deutlich um ca. 10 % erhöht (M 4).

**Herausforderungen**

- Im Vergleich zu den großen deutschen Mitbewerbern im Verlagswesen liegt G+J, was die Marktanteile betrifft, allerdings nur an vierter Stelle in einer sich verschärfenden Wettbewerbssituation: Der gemeinsame Marktanteil der fünf großen Verlagskonzerne, der 2008 noch 68,5 % Marktanteil betrug, ist nämlich rückläufig (M 3).
- Rückgang des Betriebsergebnisses um 28 % (M 5, Z. 5ff.).
- Der größte Anteilseigner Bertelsmann, der ca. 75 % der Anteile hält (vgl. M 5, Z. 20f.), habe den Verlag G+J in der Vergangenheit „knappgehalten" (M 5, Z. 29).
- Dem Konzern werde aufgrund seiner wirtschaftlichen Situation ein kostenintensiver Transformationsprozess (vgl. auch M 6, Z. 1) wegen des Einstiegs in das Digitalgeschäft bevorstehen (vgl. M 5, Z. 25ff., Z. 39ff.).

**Lösungen zur Bewältigung der Herausforderungen**

- „Vom Zeitschriftenhaus zum Inhaltehaus" (M 6, Z. 2)
- Stabilisierung der Print-„Flaggschiffe" (M 6, Z. 12)
- Qualitätsführerschaft im Printmedium (vgl. M 6, Z. 16ff.)
- „Produkt- und Innovationsoffensive im Bereich Digital" (M 6, Z. 19f.)
→ Ziel des Unternehmens ist es, qualitativ hochwertige „Inhalte über alle relevanten Plattformen hinweg anzubieten" (M 6, Z. 24f.). Diversifikation.

### Anhang mit Musterklausur und Arbeitstechniken

**3.** *„Erörtern" heißt hier, die Chancen und Risiken verschiedener Finanzierungsarten von G + J für das Unternehmen abzuwägen und begründet zu beurteilen.*

| Mögliche Strukturierung und Ergebnisse: | |
| --- | --- |
| **Finanzierungsarten (Beispiele)** | Aus Materialien zu entnehmen:<br>- Außenfinanzierte Eigenfinanzierung (Rechtsform AG und Co. KG)<br>- Außenfinanzierte Fremdfinanzierung (Kapitalbeschaffung über einen Kredit)<br>- Selbstfinanzierung<br>- Unternehmensanleihen<br><br>Über das Material hinaus z. B.:<br>- Rückstellungen, Abschreibungen<br>- Verkauf von Beteiligungen |
| **Chancen und Risiken der Finanzierungsarten** | Beispiel Außenfinanzierte Eigenfinanzierung<br>- Chance: z. B. Erhöhung der Einlagen, Ausgabe neuer Aktien wegen des gesunkenen Eigenkapitals (M 4), aber Zustimmung des Hauptanteilseigners Bertelsmann nötig (vgl. M 5, Z. 19f.)<br>- Risiko: z. B. größeres Mitspracherecht weiterer Kapitalgeber sowie deren mögliche Forderung nach kurzfristiger Rendite<br><br>Beispiel Außenfinanzierte Fremdfinanzierung<br>- Chance: z. B. Kapitalbeschaffung über einen Kredit, wenn mittelfristig die zu erwartenden Gewinne die Kreditkosten übersteigen<br>- Risiko: z. B. erhöhte Abhängigkeit vom Kapitalmarkt (Fremdkapital wurde von 2011 auf 2012 erhöht, vgl. M 4) |
| **Begründetes Urteil** | Nach einer Erörterung zu den Möglichkeiten und Grenzen der Finanzierungsarten sollten die Schülerinnen und Schüler ein Ergebnis ihrer Erörterung formulieren. Ausschlaggebend ist allerdings nicht das Ergebnis, sondern die Konsistenz und Plausibilität des Urteils. Vollständigkeit wird nicht erwartet. |

**4.** *„Beurteilen" bedeutet hier, die Auswirkungen von Produktentwicklungen auf die Stakeholder eines Unternehmens anhand von Kriterien zu prüfen. Dabei soll von G + J ausgegangen werden, allgemeine Ausführungen ohne*

## Beispiel für eine Abitur-Musterklausur

*Materialbezug darüber hinaus werden erwartet. Für die Erreichung der vollen Punktzahl ist die Plausibilität des Urteils ausschlaggebend. Vollständigkeit wird nicht erwartet.*

### Mögliche Strukturierung und Ergebnisse:

| | |
|---|---|
| **Produktentwicklung** | Produktpolitische Maßnahmen, neue oder veränderte Produkte in bestehenden Märkten zu etablieren und dadurch Wachstum zu generieren (M 7). |
| **Beurteilungskriterien** | U. a. können folgende Kriterien herangezogen werden: Effizienz, Effektivität, Nutzen, Gerechtigkeit, Nachhaltigkeit, Legitimität, Wohlfahrt. |
| **Auswirkungen auf die Stakeholder mit Beurteilungs-Kriterien** | Stakeholder sind alle Anspruchsgruppen innerhalb und außerhalb eines Unternehmens, die von unternehmerischen Tätigkeiten direkt oder indirekt betroffen sind, wie z. B. Mitarbeiter, Manager, Lieferanten (Gläubiger), Kunden, Eigentümer, Staat und Gesellschaft. |
| | Im Falle der *Eigentümer* von G + J scheint der Einstieg in das Digitalgeschäft *effizient* zu sein, weil angesichts der Verluste im Printmedienbereich und der Entwicklung bei den Onlineangeboten (vgl. M 1) mit einer Steigerung der Rendite zu rechnen ist. |
| | Für die *Mitarbeiter* kann die Entwicklung neuer bzw. veränderter Produkte zu einem Ausbau von Arbeitsplätzen (G + J: Mitarbeiter mit IT-Know-how), aber auch zu veränderten Arbeitsplatzanforderungen bis hin zu Arbeitsplatzverlusten (G + J: im Printbereich) führen (*Gerechtigkeit, Nachhaltigkeit*). |
| | Für den *Konsumenten* kann es zu einer Erweiterung (G + J: E-Paper, Apps) und Verbesserung (G + J: Aktualität, Interaktivität) von Angeboten kommen (*Effektivität, Nutzen*). |
| | Darüber hinaus kann durch Produktentwicklung der Innovationsgrad einer *Gesellschaft* und einer Volkswirtschaft erhöht werden und daraus zusätzliches Einkommen entstehen, das möglicherweise als Nachfrage am Markt wirksam wird (*Wohlfahrt*). |
| | Steigende Steuereinnahmen und sinkende Transferleistungen führen zu einer erhöhten Finanzkraft des *Staates* für die Erfüllung seiner Aufgaben (*Wohlfahrt, Legitimität*). |

**Anhang mit Musterklausur und Arbeitstechniken**

## 2. Erläuterungen zum Operatorenkatalog

| Anforderungsbereich | Operator |
|---|---|
| **Anforderungsbereich I**<br>umfasst das Wiedergeben und Beschreiben von fachspezifischen Sachverhalten aus einem abgegrenzten Gebiet und im gelernten Zusammenhang unter reproduktivem Benutzen geübter Arbeitstechniken. Dies erfordert vor allem Reproduktionsleistungen.<br>• Wiedergeben von grundlegendem Fachwissen unter Verwendung der Fachterminologie<br>• Bestimmen der Art des Materials<br>• Entnehmen von Informationen aus unterschiedlichen Materialien<br>• Benennen und Anwenden von Arbeitstechniken und Methoden | nennen<br><br>herausarbeiten<br><br>beschreiben<br><br>charakterisieren |
| **Anforderungsbereich II**<br>umfasst das selbstständige Erklären, Bearbeiten und Ordnen bekannter fachspezifischer Inhalte und das angemessene Anwenden gelernter Inhalte und Methoden auf andere Sachverhalte. Dies erfordert vor allem Reorganisations- und Transferleistungen.<br>• Erklären kategorialer, struktureller und zeitlicher Zusammenhänge<br>• sinnvolles Verknüpfen und Einordnen unterschiedlicher, z.B. politischer, ökonomischer, soziologischer, historischer, raumspezifischer Sachverhalte<br>• Unterscheiden zwischen Sach- und Werturteil | erstellen<br><br>darstellen<br>analysieren<br>ein-, zuordnen<br>begründen<br><br>erklären<br><br>erläutern<br><br>vergleichen |
| **Anforderungsbereich III**<br>umfasst den reflexiven Umgang mit neuen Problemstellungen, den eingesetzten Methoden und gewonnenen Erkenntnissen, um zu Begründungen, Folgerungen, Beurteilungen und Handlungsoptionen zu gelangen. Dies erfordert vor allem Leistungen der Reflexion und Problemlösung.<br>• selbstständiges Erörtern unterschiedlicher Sachverhalte<br>• Entfalten einer strukturierten, multiperspektivischen und problemorientierten Fragestellung<br>• Reflektieren der eigenen Urteilsbildung<br>• problemorientiertes Umsetzen von Kenntnissen und Erkenntnissen in gestaltender Form | überprüfen<br><br>beurteilen<br><br>bewerten<br><br>erörtern<br><br>gestalten |

## Erläuterungen zum Operatorenkatalog

### Erläuterung

entweder Informationen aus vorgegebenem Material entnehmen oder Kenntnisse ohne Materialvorgabe anführen

Informationen und Sachverhalte unter bestimmten Gesichtspunkten aus vorgegebenem Material entnehmen, wiedergeben und/oder gegebenenfalls berechnen

wesentliche Informationen aus vorgegebenem Material oder aus Kenntnissen zusammenhängend und schlüssig wiedergeben

Sachverhalte und Vorgänge mit ihren typischen Merkmalen beschreiben und in ihren Grundzügen bestimmen

Sachverhalte inhaltlich und methodisch angemessen graphisch darstellen und mit fachsprachlichen Begriffen beschriften (z. B. Fließschema, Mind Map, Diagramm, Wirkungsgefüge)

Strukturen und Zusammenhänge beschreiben und verdeutlichen

Materialien oder Sachverhalte systematisch und gezielt untersuchen und auswerten

Sachverhalte, Vorgänge begründet in einen vorgegebenen Zusammenhang stellen

komplexe Grundgedanken argumentativ schlüssig entwickeln und im Zusammenhang darstellen

Informationen durch eigenes Wissen und Einsichten begründet in einen Zusammenhang stellen (z. B. Theorie, Modell, Gesetz, Regel, Funktionszusammenhang)

Sachverhalte im Zusammenhang beschreiben und anschaulich mit Beispielen oder Belegen erklären

Gemeinsamkeiten und Unterschiede gewichtend einander gegenüberstellen und ein Ergebnis formulieren

vorgegebene Aussagen bzw. Behauptungen an konkreten Sachverhalten und innerer Stimmigkeit messen

Aussagen, Behauptungen, Vorschläge oder Maßnahmen im Zusammenhang auf ihre Stichhaltigkeit bzw. Angemessenheit prüfen und dabei die angewandten Kriterien nennen

Aussagen, Behauptungen, Vorschläge oder Maßnahmen beurteilen, eine persönliche Stellungnahme abgeben und dabei die eigenen Wertmaßstäbe offen legen

zu einer vorgegebenen Problemstellung durch Abwägen von Für- und Wider-Argumenten ein begründetes Urteil fällen

sich produkt-, rollen- bzw. adressatenorientiert mit einem Problem durch Entwerfen z. B. von Reden, Streitgesprächen, Strategien, Beratungsskizzen, Szenarien oder Modellen auseinandersetzen

nach: http://lehrerfortbildung-bw.de/faecher/gwg/fb1/modul1/geo/operator (16.01.2015)

## 3. Hinweise zur Materialbearbeitung

Es wird erwartet, dass jedes Material bei der ersten Verwendung knapp vorgestellt wird: Nennung des Autors bzw. Herausgebers, Titel, Art des Materials, Datum, Quelle.
Eine inhaltliche Zusammenfassung/Beschreibung des Materials wird nicht erwartet, sofern die Aufgabenstellung dies nicht verlangt.

Werden für eine Antwort mehrere geeignete Materialien herangezogen, gilt für die Materialienbearbeitung folgendes:
- Text: Keine inhaltliche Zusammenfassung des gesamten Textes nötig; es müssen die Informationen herausgearbeitet werden, die für die Aufgabenstellung relevant sind.
- Statistik/Grafik: Es wird keine Gesamtbeschreibung verlangt; es müssen die Informationen herausgearbeitet werden, die für die Aufgabenstellung relevant sind. Beschreibungen dienen als Beleg für entnommene Informationen.
- Karikatur: Die bisher erwartete Beschreibung der Karikatur muss nun nicht mehr zu Beginn geleistet werden; die Beschreibung dient vielmehr als Beleg für die herausgearbeitete Aussage des Karikaturisten. Daher ist bei der Beschreibung auch nur das herauszuarbeiten, was für die Gesamtaussage der Karikatur relevant ist.

Belegstellen werden weiterhin mit Verweis auf das Material erwartet: Bei Verwendung des Materials muss darauf in verkürzter Form verwiesen werden (z. B.: vgl. M 2, Z. 5). Bezieht sich eine Schülerthese auf mehrere Quellen, ist eine Reihung möglich (z. B. vgl. M 1, Z. 7; M 3). Wörtliche Zitate müssen den formalen Kriterien entsprechen.

Es muss eigenständig eine geeignete Materialauswahl zur Bearbeitung der Aufgaben getroffen werden, sofern die Aufgabenstellung nicht explizit davon abweicht.

*Hinweise der Abiturkommission des Landes Baden-Württemberg, 2014*

## 4. Hinweise zu einzelnen Operatoren

**Operator „Erörtern"**

### 1. Fragestellung genau beachten
Grundlage einer Erörterung im Fach Wirtschaft ist entweder eine These, die dem Operator voran gestellt ist, oder eine problemorientierte Fragestellung. Das heißt, es handelt sich bei der Erörterung immer um eine dialektische Erörterung.

### 2. Argumentationstabelle erstellen
Mit Hilfe einer Tabelle können Pro- und Contra-Argumente für die in der Erörterung verlangten Gegenüberstellungen zunächst stichwortartig veranschaulicht werden.

### 3. Aufbau eines Arguments
These (= Behauptung) → Begründung → Beleg (z. B. Statistik) und/oder Beispiel (z. B. eigene Erfahrungen, aktueller Bezug, Wissen)

### 4. Einleitung formulieren
Grundlage des Erörterungstextes ist der Einleitungssatz, der die Fragestellung und Problemorientierung in einem Satz zusammenfasst und in die eigentliche Erörterung überleitet.

### 5. Mögliche Lösungsstruktur

| 1. Möglichkeit (empfohlene Variante) | 2. Möglichkeit |
|---|---|
| **1. Teil: enthält nur negative Argumente**<br><br>1. Argument (das *wichtigste* Contra-Argument)<br>...<br>Letztes Argument (*unwichtigstes* Contra-Argument) | Hier findet eine wechselnde Argumentation statt:<br><br>Pro-Argument – Contra-Argument<br>Pro-Argument – Contra-Argument<br>usw. |

# Anhang mit Musterklausur und Arbeitstechniken

| 1. Möglichkeit (empfohlene Variante) | 2. Möglichkeit |
|---|---|
| Wendepunkt | Die Reihenfolge ist austauschbar (Pro-Argumente entkräften dann Contra-Argumente); entscheidend ist, welche Position der Verfasser vertritt. |
| **2. Teil:** **enthält nur positive Argumente** 1. Argument (*weniger wichtiges* Argument) ... Letztes Argument (*wichtigstes* Argument) | Wichtig ist es hierbei, durch Absätze zu signalisieren, dass ein neuer Aspekt diskutiert wird. |
| Teile 1 und 2 sind austauschbar; entscheidend ist, welche Position der Verfasser vertritt. Die Argumente für die **eigene** Position stehen immer im zweiten Teil. | |

### 6. Schlusssatz

Eine dialektische Argumentation mündet in eine Synthese, die einen Lösungsvorschlag beinhalten sollte. Am Ende kann eine Prognose aufgestellt oder auch eine Position bezogen werden.

### Operatoren „Beurteilen" und „Bewerten"

**Möglicher Aufbau: Beurteilen**

1. Feststellung eines Sachverhaltes bzw. einer Fragestellung/These entsprechend der Aufgabenstellung;
   Definition von Fachbegriffen und/oder zentralen Begriffen
2. Überprüfen des Sachverhaltes/der Aussage mit Hilfe von Kriterien
   - Hierbei können verschiedene Perspektiven eingenommen werden, z. B. die politische, soziale, ökonomische oder militärische.
   - Es kann ferner hilfreich sein, zuvor verschiedene Teilbereiche zu unterscheiden und diese dann einzeln zu überprüfen.
3. Urteil finden

## Hinweise zu einzelnen Operatoren

**Möglicher Aufbau: Bewerten**

1.–3. Siehe Beurteilen
4. Bestimmung der Werte, die in den angesprochenen Funktionen/Sachverhalten umgesetzt oder verletzt werden
Darlegung, welche Maßstäbe für das eigene Urteil/die eigene Entscheidung von besonderer Bedeutung sind und warum
5. Wertentscheidung

Schülertexte zu beiden Operatoren weisen folgende Struktur auf:
- Einleitung: Hinführung zum Thema, Definition von Begriffen
- Hauptteil: Anwendung der Kriterien/Werte auf die Frage
- Schluss: Urteil/Wertentscheidung

**Achtung!**

Die Aufgabenstellung genau beachten! Denn:
- Eventuell sind schon bestimmte Kriterien für die Urteilsfindung vorgegeben.
- Nicht jedes Kriterium passt zu jeder Fragestellung.
- Es geht nicht nur um die Menge von Kriterien, die angelegt werden, sondern auch um die genaue und vertiefte Auseinandersetzung mit der Problemfrage.

**Mögliche Kriterien für die Operatoren „Beurteilen" und „Bewerten"**

| | |
|---|---|
| **Effektivität** | welche Maßnahmen sollen zum Ziel führen (Ziel-Mittel-Relation)? |
| **Effizienz** | welche Auswirkungen können bestimmte Maßnahmen haben (Kosten-Nutzen-Abwägung)? |
| **Gerechtigkeit** | z.B.: ist die zu beurteilende Maßnahme gerecht im Sinne von Leistungs-, Bedarfs- und Generationengerechtigkeit? |
| **Nachhaltigkeit** | ökologische, ökonomische, soziale Nachhaltigkeit gegeben? |

Weitere mögliche Kriterien:
Anreizfunktion, Macht, Legitimität, Verantwortungsbewusstsein usw.

## Anhang mit Musterklausur und Arbeitstechniken

**Operator „Gestalten"**

### Einen Kommentar gestalten

Der Kommentar ist die subjektive Bewertung eines aktuellen Ereignisses/ Problems oder einer Meinungsäußerung anhand sachorientierter Kriterien. Er fragt vor allem: Warum? Wozu? Wohin (führt das)? Der Leser erfährt, wie ein objektiv festgestellter Sachverhalt von einer mitdenkenden Person verarbeitet und zu einem eigenen Standpunkt gebracht wird.

### Anforderungen
- Der Kommentar muss informativ sein.
- Der Kommentar muss meinungsbetont (kritische Fragen, Argumente, Ironie) sein.
- Der Kommentar muss appellativ (auffordernd, warnend) sein.

### Mögliche Bestandteile einer Schülerantwort
1. Sachverhalt darstellen
2. Problem benennen
3. Sachverhalt bewerten
4. Änderungsvorschlag machen
5. Folgen erläutern
6. Zu Handlungen auffordern.

### Achtung!

Weder bloßes Interpretieren noch das Benennen von Hintergründen und Zusammenhängen machen einen Kommentar aus, es geht um Stellungnahme und Meinung. Der Kommentar setzt Sachinformation voraus.

### Eine Strategie gestalten

Die Strategie zielt auf den richtigen Einsatz bestimmter Mittel, wobei sie sich im Allgemeinen auf ein übergeordnetes Ziel bezieht. Unter Strategie in der Wirtschaft werden die meist langfristig geplanten Verhaltensweisen der Akteure zur Erreichung ihrer Ziele verstanden.